許すな！悪文と不正確発音

正統的な日本語能力養成のために

赤塚 伊三武

大学教育出版

はじめに

あなたは日本語で文章を書くことが得意ですか。いや、得意であっても苦手であってもよろしい。文芸作品以外の文章という意味での「論述文」に限っては、一義的で誤解を生じぬ文章については、母語である日本語で書くことのほうが英語で書くことよりも実は難しいのであるということを知っておられましたか。この「事実」は、英語による科学研究論文の執筆歴ならびに30年に及ぶ和英技術翻訳歴から導き出した体験による実感です。

母語で論理明晰な文を書くことが運命的に難しいことを実感したときの比較文化論的なショックは相当なものでありました。とくに臨床系の医学論文の日本語のひどさが、日本語で論理的な文を書くことの問題点について考えるきっかけとなりました。

そこで、科学と技術とが重視される時代での伝達手段として明晰であるべき日本語文章の執筆に関して、日本語の運命的な欠点を克服して、論理明晰な文を書く技術の基礎となる「間違い分析法」を皆さんに広めなければならぬと決意したわけです。

話は変わりますが、日本語で明晰な考えができるならば、英語での論述文に必要な英語そのものの知識は中学校文法で十分なのです。TOEICやTOEFLといった英語能力検定で出題される科目の中に出る日本人が苦手な句動詞（phrasal verb）の知識は必要ありません。単独の動詞を使えばよいからです。さらには仮定法過去完了を代表とする特殊な時制もほとんど必要ありません。

そういうわけで、明晰な構造の文を書く上で日本語が元来持っているいくつかの欠点のせいで、日本語による論理明晰な文章を考えることの方が英語で論文を書くことよりも難しいのです。そのお手伝いをすることが本書の目的の1つであります。

2006年11月7日、朝日夕刊、p.1、「私の教育再生」欄、数学者フランクル氏の回で、「日本人が英語ができないのは日本語ができないこと。つまり自己

表現力の低さ」と述べてあるので我が意を得たりであります。

　本書を手にとってくださったあなたは、日本語の乱れへの警鐘が方々で鳴らされていることを気にしておられる方に違いありません。そのような折、30余年にわたって収集した日本語悪文例がかなり集まったので、誤っている点および好ましくない点を分析し、現象を分類して名前を付け、改訂例を示し、正確であるとともに読者に誤解を与えぬような日本語執筆能力の養成に役立たせる目的を第一として、一般向けに公開することにしました。

　第二および第三の目的は、発音のなまくら化がとくに関東地方で進んでいることに対して注意を喚起することおよび教育制度への提言を与えることであります。

　副次的な効果として、逆説的ではありますが、英語、とくに英語での論述文の書き方、を真剣に身に付けることを望んでいる方々にも本書は効果があります。その理由は、本書での分析方法を身に付けることによって、一義的であって、かつ誤解を与えぬ文を母語で書く訓練を積むことになるので、文の構造への鋭敏な感覚を鍛えることができるという点にあります。

　その結果として、日本語にくらべて硬い、つまり語順を変えることができる自由度が非常に低い、構造を持つ英語への適用が可能となるからであります。実際、ここで公開する悪文例の一部は、某大学で技術英語を、技術系翻訳学校数校で特許明細書の英訳技法を、教えた際に教材として用いてきたものであります。

　「言葉は変化するものだから…」という乱れ容認記述および発言を方々で読み、また聞きます。それからすると本書は、多勢に無勢という状況に逆らう不可能な社会運動を起こそうとしているか、あるいは高齢者が若者に文句を言うという、ギリシャ時代から知られている型の主張をしようとしているにすぎないのかもしれません。

　しかし、本書の題に「正統的」と書いてあるように、教養ある人士と見なされたければ、書き言葉では一義的な文を書き、一方、話し言葉では無アクセント化を容認することなく、音楽的抑揚がある京都式アクセントと呼ばれる5種類のアクセントと語末の開音節（母音で終わる音節）とを正確に使うための正統的な作法を少なくとも公的な場面では守ったほうが良いということは言えま

す。

　本書での執筆形態の特徴は、個別の例ごとの分析と改訂例とを一種の反面教師的なデータベースとして与えている点にあります。新聞、雑誌、広告、市中の掲示、駅や電車内でのアナウンス、ならびに公共放送、その他のできるだけ公共性が高い場面から 30 年以上にわたって収集した文法違反や不適切な用例、さらには非標準的な（訛った）発音を、できるだけ出典あるいは責任者名付きで個別に解説してあります。

　なお、本文が事実の列挙ばかりであるせいで読者は読むことにお疲れになるかと考え、できるだけ写真を入れることにしました。掲載した写真は、日常生活での移動の途中で見かけた悪文例をデジタル・カメラで撮影したものであります。

　これらの写真の被写体の多くがプラスチック板なので、光が反射して質が悪い出来になっておりました。それを修正するための画像処理を編集部がしてくださいましたが、原版が悪い写真では芸術的水準にはなり得ませんのでご容赦ください。

　出典あるいは責任者名を与える方針を採ることにした理由は、執筆者や発言者、さらにはアナウンサー（実際の文責はアナウンサーにはあらずして、そのニュース原稿を書いた者にあるのではあるが）の実名を露出させて関係者への警告を発することにあります。

　この個別例ごとに与えた分析と解説とを面白いと感じてくだされば、あなたは正しい「日本語使い」に向かって一歩を踏み出していることになります。そして、毎日の生活で発言および書き物をする際に注意を怠らぬように努力すれば正しい日本語が次第に身に付くはずであります。

　本書は基本的には断片的な事例の集合体であって、個々の悪例の説明が比較的に短いものが多くあります。それゆえ、電車内の立ち読みであっても、普通の書物でのように長いパラグラフを途中で中断せねばならぬ恐れが無く、簡単に読むことができる点も本書の特徴であります。

　読者はそれぞれの事例をどこがどのように誤りであるのか、そして正しい表現が何かを考える練習問題集としても使うことができるので、各種の学校ある

いは勉強会の教材としても適しております。さらに、既刊の悪文系の書物には、ページ数が不足したとか、くどくなることを避けるためとかの理由で生のデータを証拠として挙げなかったとの断り書きを与えているものがあるので、本書のような、出典付きの書物がこの分野の研究者の役に立つこともあろうかと少し期待します。

　最後に、素人が書物を出版する時代になったと主張している、自費出版テクニックに関する本が近年数種類現れていることに触れておきます。そのような時代になっているならば、文を書くという知的活動の経験が少ない人はいろいろな違反を犯すことが明白です。そこで、本書は、文を作成する上での種々の違反を未然に防ぐための参考書として、一書をものにしようと狙っている人々にとってもまた役立ちます。

2007 年 5 月 20 日

著　者

許すな！ 悪文と不正確発音
―正統的な日本語能力養成のために―

目　次

はじめに……………………………………………………………… i

記述原則の解説……………………………………………………… xi

第1部　文法と表現……………………………………………… 1

1. 中止法での読点の脱落　*2*
2. 中止法の濫用にともなう問題の発生　*6*
3. 無生物主語に対する動詞を受動態にする罪　*7*
4. 「書かれ…」の蔓延　*19*
5. 「描かれ…」の蔓延　*24*
6. 助詞の使い方の不適切　*25*
7. 使役形を使う能力の退化現象　*39*
8. 使役形を使う能力の退化現象の変形：受動態　*46*
9. 敬語法の誤用　*46*
10. 連語の用法の問題　*70*
11. 省略する罪　*71*
12. 「れる、られる」問題　*72*
13. 「先生」と「様」という敬称　*76*
14. その他の誤用または不適当用法セット　*78*
15. 「自分」は軍国少年用語　*89*
16. 量的な誤り表現　*90*
17. 誤訳　*90*
18. 不必要かつ混乱を生じる地理用語の使用を止めよ　*91*
19. 多義的言葉を意図的に用いる傾向　*93*
20. 一般動詞の代わりに be 動詞たる繋辞「です」を使う罪および「ます」との関係　*94*
21. 「ないです」⇒「ないのです」、「ありません」　*96*
22. 配語法違反　*97*
23. 動詞、助動詞、副詞、接続詞、連体詞の活用の誤りおよび好ましからざる用法に関する罪　*100*

24. 文と文との間に接続部分を欠くせいで、一読して理解できぬ文を書く罪
                                                                    101
25. 「つなげ…」症候群　*102*
26. 「…べき」の一つ覚え症候群　*104*
27. 比較の対象を明示せずに形容詞と副詞の最上級を使う罪　*104*
28. 副詞句の末端処理の失敗　*105*
29. 不注意による単語の誤用のうちで許容範囲外のもの　*107*
30. 「いる」と「ある」との好ましからざる交換　*108*
31. 文語使用上の問題　*109*
32. 比較の対象の欠如　*110*
33. 大和言葉を使わずに合理的な理由の無い漢字熟語を使う罪　*112*
34. 新聞見出しの短縮化による意味不明化　*115*
35. 列挙する際の対称性の欠如　*116*
36. 主節の主格の「が」と述語との間に従属節を挟んで理解不能にする罪
                                                                    117
37. be 動詞のみを連続させて敬語と思い込む罪　*117*
38. 「ぬ」および「ず」に対する「…ない」　*120*
39. 素直に表現せぬ罪　*121*
40. とか弁およびその変形　*124*
41. 技術翻訳指南書の記述に見られた紺屋の白袴現象の事例　*125*
42. 差別語　*125*
43. 数字の好ましくない読み方　*127*
44. 不完全文　*128*
45. 文芸系の陳腐な比喩の時代錯誤的な横行　*129*
46. 直接的表現を理由無く避ける罪　*129*
47. 二義的な略語および定義が不明瞭である用語を使う罪　*130*
48. 漢字を使用する際の誤り　*133*
49. 冗語　*134*
50. 東日本方言の話し言葉「いい」を印刷物に使う罪　*141*

51. 受動態の雑多な問題点　*142*
52. 古くから存在する文化に関する言葉にことさら「和」および「日本」を冠する罪　*143*
53. サ行変格活用の動詞について　*144*
54. カタカナ語以外の語の語末の長音文字「う」を記さぬ罪　*145*
55. 話し手と聴き手に関する思考の混乱または無思考　*145*
56. 意味を辞書で確かめぬ罪　*146*
57. 句または節の並列での動詞への対応の切断　*147*
58. 副詞を活用させる無知　*148*
59. 固有名詞の背景を理解せずに誤った使い方をする罪　*149*
60. 芸名に「さん」（様）をつけてはならぬ　*149*
61. 相手の理解が可能かどうかを考えずに自分本位の表現をする罪　*149*
62. 書き言葉を話し言葉に使うな　*150*
63. 外来語の不必要な使用　*151*
64. 2つの動詞から造語した複合名詞で用いる活用形の誤り　*152*
65. 自動詞と他動詞の区別に鈍感な罪　*153*
66. 形容詞を副詞的に使う罪　*153*
67. 一般動詞を使うべきところにbe動詞を使う罪　*154*
68. 疑問文に疑問の助詞「か」を使わず、しかも語尾を上げずに発声する罪　*154*
69. 記述の不足によるあいまいさの発生　*155*
70. 本来の意味を無視した勝手な用法の漢字熟語を作る罪　*155*
71. 下品な言葉　*156*
72. 言い換えの変遷の記載ならびに言い換えの限界　*156*
73. 多重誤り、動詞の活用違反、文法的説明が不能な事例、構造破壊文、および通信文作法　*158*
74. 方言で公的な掲示をする罪　*165*
75. 限定句の欠落による誤解の発生　*165*
76. 品詞の誤解による、存在せぬ動詞の語尾変化　*166*

77. 返事の始めに「わぁ、↓」と叫ぶ自己中心人間　*167*

78. 複合カタカナ語には中黒を入れよ　*168*

第2部　不正確発音の事例集　　*169*

1. 撥音の母音化　*171*
2. 撥音の脱落現象　*171*
3. 無アクセント化　*171*
4. 元来無アクセントである言葉の第1音節にアクセントを付けるな　*186*
5. 元来無アクセントである言葉の第2音節以降にアクセントを付けて新語を作るな　*191*
6. 第2音節以降が高くなる言葉のアクセントを逆転させる型　*191*
7. 語頭が高いアクセントを逆転させる型　*192*
8. 外来語のアクセントの逆転化　*192*
9. 子音⇒h⇒母音方向への1文字脱落型の現象　*193*
10. 「関東ベエ」の濫用　*202*
11. 子音⇒子音型のなまくら発音化　*203*
12. ［子音＋母音］のセット⇒［別の子音＋母音］のセット　*206*
13. 言葉の最初の1音節の脱落　*207*
14. 文末の音節の脱落　*211*
15. 「〜い」＋「い〜」⇒「〜い〜」および他の母音での、転化現象　*212*
16. ［子音A＋い＋子音B＋い］⇒［子音A＋いい］とする訛　*214*
17. 「う」と「お」を含む音節を脱落させるな　*215*
18. 長母音、二重母音、および「ん」を短母音化あるいは脱落させるな　*216*
19. 連続する2つの長母音からなる言葉の後ろを短母音化させるな　*217*
20. 連続する2つの［子音＋母音］セットからなる文字列の後ろを脱落させる早口の罪　*217*
21. 短母音を長母音化させるな　*218*
22. 促音の脱落　*219*

23.　助詞の脱落　　*219*
　24.　サ行とザ行とは舌先を下の歯茎に付けて発音せよ　　*220*
　25.　拗音およびウ列母音のなまくら発声によるイ列化　　*221*
　26.　発音の表記法違反　　*221*
　27.　特殊業界での早口に起因する意味不明表現　　*222*
　28.　息継ぎが不適当　　*222*
　29.　語末の二重母音の後ろを脱落させる罪　　*223*
　30.　促音便の濫用　　*223*
　31.　現代の日本語に無い音で外来語を読む罪　　*224*
　32.　『NHKアクセント辞典』における矛盾　　*224*
　33.　漢字熟語の長音を促音便化する罪　　*227*

第3部　正しく美しい日本語を全国に浸透させるための提言……………*229*
　1.　東日本での義務教育で拗音と母音との発音訓練を厳しく実施せよ　　*232*
　2.　関東および東北、すなわち東国、および九州での発音矯正が必要　　*234*
　3.　サセ使役形の運用能力の回復方法　　*236*
　4.　敬語法その他の重要な問題に関する正書法を政府が決めて公示せよ　　*237*
　5.　できる限り漢字熟語を排して大和言葉を使おう　　*237*

引用文献……………………………………………………………………*239*
あとがき……………………………………………………………………*241*

記述原則の解説

　誤りの事例をはじめ、問題があるとして分析する語や句の例は、太字にしてわかりやすくしました。基本的に第１部では、誤りの事例にかっこ内に入れた出所を添えてからそれに対する改訂例を⇒で示すとともに、「　」。で終止させ、解説は次の行に送ることによって、データとしての誤り事例を見やすくしました。しかしながら、第２部では細かな例の列挙が多いせいで見にくくなることを防ぐため、誤り事例の後ろで改行することはできるだけ避けた。

　文体については、文語と「です、ます、である」調とをわざと混在させました。こうすることによって、文体にうるさい方々であっても誰しも認める現代仮名遣いによる文末の単調さ（「です」と「ます」あるいは「である」ばかりとなること）を無くすようにしました。

　同様の考えで、「いる」の意味でほかにも「おる」と「ある」もまた用いた。否定の助動詞については「ない」は奈良時代には「なへ」であったと言われる東（吾妻：アヅマ）言葉なのでこれを退け、古典文芸作品に根拠を持つ正統的な日本語の否定辞である「ぬ」と「ず」および前者の音便形「ん」を用いた。後者の用例として、「あらず」およびその類似表現を採った個所がある。

　そのような目的を持っての不統一をわざと作ったのであるから、「他人の文章の用語の不統一を非難している著者自身が…」という非難はお控えくださるようお願いいたします。

　「である」または「です、ます」調で統一せよとの指示や解説が一般的に見られる。後者は前者の丁寧型であるので、結局同じ文末形式である。敗戦前は文を書くことは「大多数の」（通常は士族の子孫かあるいは地主以外の）国民には事実上不可能であったと言われる難しい知的行ないであった。文語（書き言葉）での文末には多数の型があったことがその難しさの一因であった。敗戦後に「大多数の」国民に対して高等教育を開放するという政策のために、金田一京助が主導した国語審議会の強力な提言に従って文末を単純にする国語改革が行な

われた結果が「である」または「です、ます」調で統一することであった。この政策は、文（末）の単調化を最大限まで進めることとなり、生き生きとした描写を不可能にし、逆に断定をあいまいに化かす表現を気軽に許すこととなったので、まったく間違った国語改悪政策であったと言ってよい。

　事例については、同じ型に属する事例をいくつかまとめてその型の名前と同じ見出しの中に掲載したが、しかし、その解説はできるだけ互いに異なるように努めた。同じ分類群の事例を多数掲載した理由は、いろいろ異なる組織や機関で同じ種類の間違いを犯していること、あるいは一流とされる組織や機関でも同じ型の過ちを繰り返していることがわかるので、その型の誤りは十分注意すべきであることがわかるという効果を期待し、少し違った角度からではあるが、かまわず何度も解説したということです。

　「きもい」を例とする若者の隠語については、成人したら使わぬようになることが期待できるし、早晩消え去ると予想するので取り上げません。一方、「拍車がかかる」を例とする**「文芸系の陳腐な比喩の時代錯誤的横行」**については、悪文とは違う。しかし、特定の出来事に組み合わさった形としてこの手の決まった漢字熟語がニュースにたびたび出てくることは耳障りや目障りであることに加えて、事実を伝えることが目的であるニュースという番組で文芸に属する比喩表現を多用することにはやはり問題があると考えて、本書に含めた。

　アクセントの位置を示すやり方には問題の言葉を平仮名やカタカナ書きにし、該当する音節の文字を太字にした場合がある。

　かぎ括弧「　」の使い方には一貫性を持たさず、前後の構造を明らかにするために適宜用いた。

　「be 動詞」というときには「ある」、「いる」ならびに「おる」のすべてを含む。

　日本語文法に関する近年の説を比較すると、西洋文法を日本語に当てはめることがそもそも間違いであると考えるのが良いようであります。しかしながら、時制に関する用語に加えてパラグラフ、主節、従属節、自動詞、他動詞、be 動詞、そして一般動詞という用語を使って説明するとわかりやすいので、本書ではこれらの用語を使うことにする。

朝日および毎日とあるのはそれぞれ私の自宅で購読している（いた）朝日新聞および毎日新聞の東京都八王子版、JR とは JR 東日本、NHK のラジオと総合 TV とは NHK 東京中央放送局それらのことを意味します。
　「読者」と書いてある場合は文字通りの印刷物の読者ばかりではなく、ラジオ聴取者とテレビ視聴者とをも含めてあります。
　「平板アクセント」という用語が近年使われ始めている。この用語はまるでそのようなアクセントが存在するかのような印象を与える。ところが実際には、アクセント（本書では一般人の理解と同じく、「高さアクセントの位置」の意味で使っている）を置く音節が存在せぬのであるから、この用語を用いることには賛成せず。であるから、以前から使われている「無アクセント」という用語を使うこととする。
　必然性が無いにもかかわらず漢字熟語を使うという態度を批判する立場なので、「女性」と「男性」のような非学問語については「女」および「男」を使った。たとえば「女ナレーター」や「男アナウンサー」がそれであるので、差別表現と誤解せぬように願いたい。
　第 2 部と同じく第 1 部でもニュースからの記録にはできるだけアナウンサーの名前を付けた。しかし、通常その執筆者は別人であるとの返事を NHK から得てあるので、その場合の悪文執筆の責任は、アクセントは別として、その原稿を読み上げたアナウンサーには無い。
　コンピュータ関係の書籍については悪文または直訳調の文の塊であることで悪名高いので、悪文の分析と抽出との作業が過重となることを避けるために、本書ではこの種の書籍をほとんど取り扱わぬことにした。
　日本語の乱れについては近年、多くの出版物がある。しかしそれらのほとんどには、出典付きの実例を含んでおらぬせいで、現実味が感じられぬことが欠点である。そこに本書を出版する意義がある。ところが、放送から記録した実例を日時とアナウンサー名まで出すと当然くどいし、相対的に文が占める割合が減る。
　しかし私としては、別の角度からの分析のための材料として他の研究者の役に立つことをも考えに入れているので、出典部分を無視して我慢して読んでく

ださることを望むしかありません。本書では、問題表現を分類して名前を付けて見出しとして取り上げた項目の数が類書の中で比較的に多いので、分析の快感を味わっていただきたし。

第1部

文法と表現

1. 中止法での読点の脱落

　元来、中止法は、長文を音読する時に休みを入れるための、文の特別な形式であって、一義的伝達を究極の目標とするならば、望ましいのは、いったん文を終えてから接続詞「そして」を用いて次の文を始めるという単文の連続なのである。中止法を使う場合であってもなお、上記目標の達成のためには読点のあとに「そして」のような接続詞を使うことが望ましい。ところが、中止法での望ましい作法（文部省国語調査室、1946）たる読点を打つことが少なくなってきている。この作法を義務教育の国語の時間に教員がおそらくは教えておらぬことが遠因である。

　断定を嫌う日本人の民族性が災いして、句点（。）を打って記載や主張をはっきり終わらせることにためらいがあること、および新聞などの見出しに字数制限による中止法の濫用が広まったと思えること、に関係して近年の読点無き中止法の爆発現象がもたらされたと考える。次に私がこれまで記録してきた読点無き中止法による意味不明な、および好ましからざる事例を列挙して分析する。

　「新大関で休場を含み負け越しは」（朝日新聞の記事）⇒「含む、」「含んだ」または「含んでの」。

　読点が無いので「含み負け越し」と一息で読んでしまうが、しかし、そのような複合名詞は無いし、中止法には読点が要るとの規則はやはり厳格に守るべきであることがこの種の事例からわかる。

　「インターフェロン、人により効く」（1992年10月18日、朝日朝刊、日曜版の記事の見出し）⇒「人によって」。

　ここでの「より」は文脈上、単なる動詞「寄る」の連用形での中止法にあらずして、「によりて」および「によって」の形で接続助詞的に用いる特別な用法であるべし。ところが読点が無いことが誤解を招いている。その誤解とは、翻訳から流行してきた more の意味の副詞としての機能を「より」に持たせはするものの、比較の対象を書かずに用いる型として動詞「効く」を修飾させて使っ

ているとの解釈もありうるので、二義的となっている。

　「私なりにない知恵を**しぼり**育てたつもりですが」（1992 年 10 月 18 日、朝日日曜版の投書）⇒「しぼって育てた」。

　「しぼり」と「育て」との間には読点が無いので形式上は 1 語に見えるが、そのような言葉は無いので、2 語から成っているならば「しぼって育てた」とすべし。加えて、このように短い文で中止法を使うことがそもそも好ましくない。無理に使うならば正式に読点で切って「しぼり、育てた」とすべし。

　「**視察し驚いた**」（2003 年 9 月 29 日、朝日朝刊「ひと」コーナー）⇒「視察して驚いた」。

　上とまったく同じ中止法での読点欠落の問題である。とくにこの例では見出しにあらずして記事内容について読点はずしの罪が犯された点、そしてパラグラフの最後に 1 文字分の空きがあるので、上に示した改訂をしても字数が増えることが無い点が新聞編集上の問題を知らせている。

　「子供の面倒を**見ることで働くことではない**」（1993 年 9 月 8 日、朝日朝刊）⇒「見ることであって、働くことではない」。

　中止法に必要な読点を欠いているので、ここの「で」は「によって」の意味になっている。その上、文全体としては最後の「ない」が「によって働く」を否定している。つまり、全体を肯定文に直してみると、形式上は「子供の面倒を見ずに働くこと」の意味になっている。しかし記事本体からは訂正例の意味であることがわかる。

　「僕は**医者で法律**の専門家ではありません。」（2005 年 11 月 3 日、朝日朝刊、p. 29、「憲法ってなに」記事）⇒「医者であって、法律の」。

　この文には読点がないので、一気に「僕は医者で法律」まで脳内音読すると、法律「を」どうかするのかと受け取って次を予想した。ところが、さにあらず。読者を惑わすことを避けるためには、「で」のうしろで消されている be 動詞の位置に読点を打つことが最低限必要なり。

　「プライバシー保護のため暗号化されること無く送信されます」（web browser program である Netscape でアンケートに答えて送信しようとするときの警告メッセージの、おそらくは翻訳文）⇒「プライバシー保護のための暗号化

処理をせずに、送信します」。

「送信する」の前に中止法の読点を打たぬと、表面的な形式からは、暗号化処理をせぬことでプライバシーが保護されるという、おそらくは文の目的に反する意味になってしまう。Netscape 自身が実行するのであるから擬人化して能動態を使うべし。

「交換機がパニック状態になり起きるもので」（1992 年 2 月 1 日、朝日夕刊）⇒「なって起こる」。

中止法では読点が必要であるにもかかわらず、いやその規則を知らずにか、脱落させたため、音読すると「ナリオキル」という 1 語のように読まねばならぬことになる。それを避けるには「なって起きる」と、助詞「て」を入れて中止法をはずせばよいし、こうすることによって音読でも滑らかとなる。

この、音読で滑らかという点が元来言葉が持っているべき性質なのである。合衆国で刊行した英語科学論文の執筆法関係の参考書には、英語論文を書いた後で音読すればどこが悪いかわかると書いてあるくらいである。ついでに言えば、「起きる」は「立ち上がる」および「目覚める」の意味であって、生じるは「起こる」と使い分けすべし。なお、他動詞は「起こす」である。

「社員の健康のために良かれと思い、作った制度が」（2005 年 5 月 12 日、朝日朝刊、p.34）⇒「思って」。

「作った」という行為に対する理由を述べているので読点を打つと意味が切れすぎるし、一方、音読すると息継ぎを強制されるのでやはり意味が途切れてしまって何を作ったのかとの疑問が一瞬生じることになる。

「島北部にある日本政府が建てた…碑へ向かった」（2005 年 6 月 28 日、朝日夕刊）⇒「島北部にある、日本政府が」。

この場合はそのまま理解するならば、サイパン島の北部に日本政府が存在すると読める。論文とは違い、新聞記事は深く考えずに流し読みすることが多いので、この例のような誤解を避けるためには、一読して話の流れのままに疑問なく頭に入らねばならぬ。そのためには、この例でわかるように、文の構造つまり形式上、適した位置で読点を打つことが極めて大切である。読点の位置について考えるならば、英文法でいう従属節の次ではかなり必須と言えそうであ

る。

　紺屋の白袴的な誤りをいくつか記録してある。留学生に日本語を教えている佐々木（1994、p.74）の、「録画し見せたことがある」という文では、これは当然、読んだ際の滑らかさを考えると、望ましくは「録画して見せたことがある」か、または中止法の規則に従えば機械的に「録画し、見せたことがある」とすべきであった。

　「鉄くずなどを拾い生計を立てる人々」（2005年8月22日、朝日夕刊、p.3）⇒「拾って」。

　連用形での中止法を使うことは、2番目の動詞「立てる」との密接な関係上好ましからず。両動詞は対等な並列になってはおらず、前者の動作「拾う」ことによって後者の動作が起こるのであるから「によって」の短縮形である「て」を使うべし。加えて、中止法ならば読点が必要である。

　「カード番号が店に渡らない世界で初めての試み」（2005年8月2日、朝日朝刊）⇒「渡らない、世界で……」。

　読点が無いので、従属節の動詞「渡らない」が直後の名詞「世界」を修飾している。読者はそういう世界についての話と受け取ってしまう。

　北原（2004）はその編集書『問題な日本語』の序文の中で「疑問を持ち考えるときの」と書いている。中止法であるにもかかわらず読点を打たぬこの人の文こそ「問題な」文である。「持って考える」とすると滑らかに音読できる。

　話かわって、江戸時代後期に現れたと言われる否定辞「ない」を接続形にするならば、「なくて」であるべし。さらに好ましいのは正統的な否定辞「ず」を使って「ず、」とすることなり。ところが「なく、」と読点で中止法処理する違反をたまに見ることがあり、例は次のごとし。

　「変わらなく、」（2004年12月21日、NHKラジオ第一放送、「地球ラジオ」番組の中のトリポリのレポーターである田中マユコ）⇒「変わらず、」。

　最後に立川駅ビル内での掲示の写真を示す（写真1）。

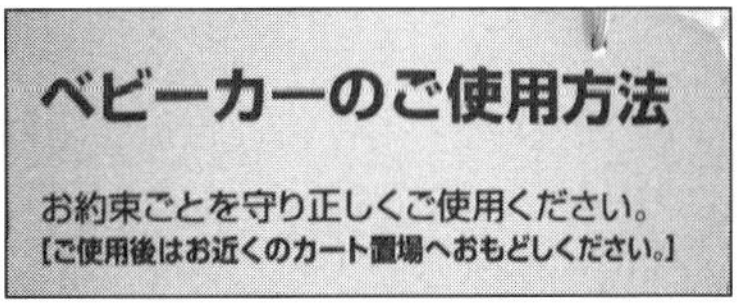

　ここでは「守り正しく…」が問題であ

写真1

る。「守って正しく」または「守り、正しく…」とすべし。

2. 中止法の濫用にともなう問題の発生

　2005年5月12日の朝日夕刊、吉村昭の小説『彰義隊』の「**駕籠が宮に献じられ、さらに夜具、蚊帳を差し出し、受領した**」という文では、主語が1つしか無いにもかかわらず、最初の動詞が受動態になっていることに対して、第2と第3の動詞が能動態となっているせいで、文全体の主語述語の関係が非常に混乱してしまっている。結果として3つの動作について誰が何をしたのかの対応がまったくわからぬという、構造上の悪文の極致となっている。この文の直前の文での主語が「使者」なので、後続部分でも主語がこれと同じならば省略が可能であるが、しかし、「献じられ」という受動態が災いしてその処理が不可能となっている。

　「駕籠を宮に献じ、」として目的格と能動態とに変えるならば第1と第2との行為の主体が同じになる。ところが、この改善案では前記とは違って第3の動作が「使者」ではあり得ぬ意味内容なのでこの改善案も使えず、結局、行為の主体が異なる3つの動詞に対してすべて中止法を使ったことが悪文を生んだのである。

　この事例ではまだ最後の問題点が残っている。それは、この文の構造ならびにこの文と前文との関係を調べてもなお、最後の動詞「受領した」の主語が誰であるのかがわからぬ点である。気になるのでさらにもう1つ前の文を見ると、「宮は」とある。しかしその文の次の「使者」とある文で段落を作ってあるので、この部分については英文法にならえばパラグラフになっている。それは新しい話題を始めたことになるので、この「宮」を問題の「受領した」の主語と判定するほどの確信が無くなる。それゆえ、誰が受領したのかは結局は形式上不明である。

　構造が壊れる原因となった中止法の例をさらに挙げる。

　「選手たる者、サッカーに**集中して**、引退後の生活などは考えなくていい」

（7月2日（年は記録忘れ）、朝日朝刊、be ページ、「読み解くスポーツ」欄）⇒「…集中すべきであって、…」。

　読点の前後が並列文の構造になっているが、しかし、前文の動詞が連用形の中止法になっているので、第2文の本質的な意味たる禁止の命令形「考えるな」との対称性が壊れている。

　「飛行機に**乗らない空港**を見物するだけの客を」（2005年8月20日、朝日朝刊、p. 10、中部空港の記事）⇒「乗らない、空港を」。

　「飛行機に乗らない」の部分は従属節なので素直に読んでいくと先行詞が直後の「空港」になっている。読点を補うことで修飾先を後ろの名詞に変更できる。

　「州知事、有罪手続き」（2005年8月20日、朝日朝刊、見出し）の「、」⇒「を」または「の」。そして「**有罪手続き**」⇒「有罪手続きに」または「有罪手続きへ」。

　新聞見出しでの「、」は普通、主格の助詞「が」の代わりに使うことがほとんどである。ところがこの例では記事内容を見るとその使い方とは違っており、州知事を有罪に問う手続きをする記事なのである。有罪手続きをするという動作の対象と主体とを、読者に取り違えさせるような見出しを書く記者は、文章修行がまったく足らぬ。

　「**政治家**、総会屋に提供」（2005年8月2日、都内版（？）朝日夕刊、p. 1、見出し）⇒「政治家と」。

　この読点は「と」の略である。新聞見出しでは字数制限がある。ところがこの場合はまったく字数を減らすことにならず、加えて致命的なことには、読点がどの助詞の代わりなのか探れぬ例であり、下品なだけである。

3. 無生物主語に対する動詞を受動態にする罪

　無生物主語とは翻訳に関する用語であり、文字どおり、生物とは違う有形物および無形物が文の主語になっている場合、その主語をそのように呼ぶのである。なにゆえ生物と無生物とを区別するかというと、元来日本語では受動態は

特殊な表現であって、生物、とくに人間、が主語となった文での受動態は、代表的用法から、「迷惑の受動態」とも呼ばれる限定的な面でのみ使う形であるからである。

　つまり、日本語では、生物とは違って、無生物主語に対しては、述語としての動詞には受動態は元来存在せぬのである。このことを義務教育時代の子供の脳にしっかりと叩き込まぬから翻訳調と言われるこの形が蔓延してきたのである。役所が決めた学習指導要領の中に記述があっても無くても、教室で指導すべきであるという点で義務教育での国語教員の責任は重大なり。

　パソコン・マニュアルに多い翻訳調の罪は方々で非難されている。ネット関係をも含めて本書でも少々事例を挙げておく。web browser である NetScape の場合では、営業活動用の WEB Site に置いてあるアンケートの書式に記入した後で送信しようとすると、出してくるメッセージが下記である。

　「プライバシー保護のため暗号化**されることなく送信されます**」⇒「暗号化することなく送信します」。

　日本語では許されぬ無生物主語の受動態を、あろうことか続けて二度も使っている。この文は、パソコンが出す警告メッセージであり、パソコン自身が擬人的な行為の主体であるから、訂正例のように表現すべし。

　検索サイトである Google の画面での表示、

　「上の 2 件と似たページは**除かれています**」では誰（何）が除いたのかという行為者名の明示が無いが、除くという行為の主体は法人たる Google なのであるから、「除きました」または「除いてあります」とすべし。

　NHK ラジオ 第一放送で収集した例を次に列挙する。

　「軍配が**返されました**」（2004 年 7 月 13 日、16：55、相撲中継）⇒「軍配が返りました」。

　「今**作られている**のは」（2004 年 11 月 5 日、19：15、社会部の松枝アナウンサー）⇒「作っているのは」。および、

　「濃硫酸が**積まれていた**が」（2004 年 11 月 9 日、19：35、ニュースでの仙台からのレポート）、同様に「**積まれていた**」（2005 年 5 月 13 日、03：00、NHK ラジオ深夜便のニュース係の佐藤アナウンサー）⇒「積んであった」。

「迫撃砲弾が**埋められて**いるのが発見された」（2004年12月31日00：04、セタ・アナウンサー）⇒「埋めてあるのが」または「埋まっているのが」。

　これらの例を聞くにつけてつくづく思うことは、NHKは無生物主語の受動態を奨励し、自動詞の意味領域のうちの静的事象を表す「アル型」（「ある」および「いる」を含む）の文（金谷2004が言う「ある文」）を排除しようとしているとしか思えぬ。そうでなければ個々のニュースなどの原稿を書いた者の日本語力が劣っているとしか説明がつかぬ。NHKのニュースその他の原稿を書く係および外部に発注した原稿を校閲する担当者は、この問題について一度勉強すべし。さらに示すと、2004年11月19日、19：50、ニュースでは、

「現場に**残された**」⇒「残っていた」。および、

「**印刷されて**いますが」⇒「印刷してありますが」。

「郵便受けに**入れられて**いる」（2004年11月18日、23：15）⇒「入れてある」。

「病院に記録が**残されて**おらず」（2004年11月18日、15：05、ニュース、ツエダ？アナウンサー）⇒「残っておらず」。

「**止められて**いた盗難車が」（2004年12月7日、03：01、ニュース）⇒「止めてあった」。

「…注意報が**出されて**います」（2005年1月3日、19：58、天気予報）⇒「出ています」。

「課題も**残されて**います」（2005年1月12日、19：27、工藤ノリコ・レポーター）⇒「残っています」。

「**置かれて**いる」（2005年1月12日、19：35、広島放送局の村上アナウンサー）⇒「置いてある」。

「センサーは校門の脇に**置かれて**います」（2005年3月18日、19：40、ナレーター）⇒「置いてあります」。

「歌碑が一つ**置かれて**いる」（2005年3月11日、15：55、梅津正樹アナウンサー）⇒「置いてある」。

「このお札は一週間トイレに**置かれて**いました」（2005年6月17日、20：35、4ch TV、「まさかのミステリー」番組の女ナレーター）⇒「置いてありました」。

「公衆トイレになぜドル札が飾られているのか」（同、男ナレーター）⇒「飾ってあるのか」。および、

「油のようなものが撒かれた跡が」（2005年1月23日、19：10）⇒「を撒いた跡が」。

「氷の下に隠されています」（2005年3月12日、女レポーター）⇒「隠れています」。

「木が吊るされています」（2005年3月11日、15：25）⇒「吊るしてあります」。

また、

「山盛りに盛られたご飯」（2005年2月16日、22：20、ニュース）⇒「盛った」。

「研究が続けられてきたようで」（2005年3月17日、00：25、モントリオールのレポーターであるカタカミ・ナオコ）⇒「研究を続けてきた」。

「サクラが植えられている」（2005年3月17日、18：25、女アナウンサーとゲスト（農水省の森林総合研究所の研究員）とがともに言った表現）⇒「植えてある」。

「強風の注意報が一日中出されていました」（2005年3月23日、01：03、ニュース、タケイ・アナウンサー）⇒「出ていました」。および、

「路地に止められていた車が」⇒「止めてあった」。

「その名で売られている商品」（2005年4月12日、23：13、ニュース）⇒「売っている」。

「お手紙の中に添えられていたのが」（2005年4月13日、01：35、ラジオ深夜便、宮川泰夫アナウンサー、原稿無しでの自己発言）⇒「添えてあったのが」。

これと同じ動詞で、

「言葉が添えられています」（2005年5月11日、02：20、ラジオ深夜便、水野節彦アナウンサー）⇒「添えてあります」。

「一両目の車両にはまだ10人くらいが残されている」（2005年4月28日、03：00）⇒「残っている」。

「地元で**育てられた**コスモスを**植えられた**」（2005年6月26日、00：55、関東ニュース）⇒「…育てた…植えた」。

これは、関係代名詞を省略した形による2件の受動態の連続。

「家族から行方不明の届出が**出されていました**」（2005年7月13日、22：05）⇒「出ていました」。

またNHK-TV、1chでの採集例を以下に列挙する。

「避難勧告が**出されています**」（2004年11月6日、17：05、ニュース）⇒「出ています」。

「避難勧告が**出されたままで**」（2005年3月16日、22：55、ニュース）⇒「出たままで」。

「何か顔に**塗られています**」（2005年1月2日、21:20、楼蘭王国の特番）⇒「塗ってあります」。および、

「羊の毛の織物が**掛けられてありました**」（同）⇒「掛けてありました」。

さらには、

「二階の天井が**はずされてあります**」（2005年1月18日、19：24、ニュース、女アナウンサー）⇒「はずしてあります」、または状況によっては自動詞を用いて「はずれております」。

「テントが**張られていた**」（2005年1月23日、18：15）⇒「張ってあった」。

これは、原稿執筆者に責任があるニュースの読み上げとは違って、NHKの道傳アナウンサーが行なったインタビューでの発言なので、この人自身に責任がある。

「マンモスに脳が**残されている**」（日付不明、22：23）⇒「残っている」。

「道路に**埋め込まれた**」（2005年3月18日、22：20、ニュース、原稿無しでの鎌倉千秋アナウンサーの生発言）⇒「埋め込んである」。

「ひまわり**から送られてきた**画像」（2005年3月24日、22：13、有働アナウンサー）⇒「が送ってきた」。

さらに有働アナウンサーは、年月日不明の22：30のスポーツ番組で、「**踊られています**」と言った。間違っているのではと自分でも不安にならぬことが不思議なほどの珍しい翻訳調受動態なり。

「優勝という可能性も残されています」(2005年5月21日、17：17、相撲中継のアナウンサー)⇒「残っています」。

前記のNHKラジオ第一放送でこの「残され」の型の誤りが多いことがわかるが、テレビでも同様であることがわかる。他の例は、

「犯行の現場に残されていた血痕」(2005年6月1日、22：03)⇒「残っていた」。

2005年6月4日、19：20、畠山アナウンサーは画面の字幕で「残っているのは」と正しく出ているにもかかわらず、「残されていれば」と言った。

最後に、「ある文」になっているにもかかわらず、無生物主語の受動態となっている残念な例。

「宿舎などが置かれていた」(2005年6月1日、20：45)⇒「置いてあった」。

「油も撒かれてありました」(2005年6月22日、22：03、ニュース)⇒「撒いてありました」。

一方民間テレビでは、12 ch-TVの「なんでも鑑定団」のナレーター(が読む原稿の作者に責任があるのかもしれぬが)は翻訳調の問屋なり。2005年6月21日はとくにひどくて、連続採集した例が次のとおり3件もあった。

「骨董品が並べられてありました」(女ナレーター)⇒「並べて」。

「屏風が飾られていた」(同)⇒「飾ってあった」。

「古銭が入った壺が置かれていた」(男ナレーター)⇒「置いてあった」。

他にも、

「重要な手がかりが隠されています」(2005年3月18日、20：40、4ch、女司会者)⇒「隠れています」。

「飾られていました」(2005年4-5月、12 ch-TV、20：55、「なんでも鑑定団」の女ナレーター)⇒「飾ってありました」。

「社名ロゴが入れられた」(2005年、4-5月、12 ch-TV、21：00、「なんでも鑑定団」番組の男ナレーター)⇒「入れてある」、または「入っている」。

「お食事券がプレゼントされます」(2005年、7月3日、19：25、6 chの「からくりテレビ」番組)⇒「お食事券をプレゼントします」。

プレゼントという行為をする主催者側は、能動態文で書くことによって首謀

者が判明することが無いように受動態で書いたという、百姓一揆の参加者のようである。

　隠れた関係代名詞が導く従属節の形では本違反が最も気軽に使われる。列挙すると、

　「郵便に**貼られている**切手」（2004年11月13日、朝日夕刊、内藤陽介）⇒「貼ってある」。

　この方は、文筆業も兼業している人であるらしい。

　「農道に**とめられている**車」（2004年11月11日、01：05、NHKラジオ第一放送、ニュース、石平アナウンサー）⇒「とめてある」。

　「全国から**集められた**デザインが」（2005年5月1日、00：50、NHKラジオ第一放送、ニュース、関野アナウンサー）、および、

　「**集められた**情報」（NHK総合TV、2005年7月3日、19：20、ニュース）⇒「集めた」または「集まった」。

　ついでにテレビでもラジオでも出てくるNHK自身の宣伝文句である、「皆様の受信料で**作られています**」にはまったくあきれる。おいおいNHKさんよ、正しい日本語表現は「作ってあります」、「作っております」または「作っています」ですよ。何でことさら直訳の英文和訳みたいな受動態にするのか。

　衒学的または権威主義に侵されているとしか思えず。受動態にすると格好が良いとか学問的で偉そうに聞こえるとか無意識に考えているのかもしれぬ。残念ながらNHKのニュース原稿執筆者は無生物主語という言葉をご存知ありませんね。

　当然ニュース原稿を書いた者に直接の責任がある。しかし、アナウンサー室か校閲部かは知らねども、文法や用法に対する違反が無いことを検査すべき部署の担当者を日本語学校に通って勉強して来いと叱りつけたい。

　地下鉄の車内アナウンスの悪文として、「優先席が**設けられてあります**」を記録した。これは、「設けてあります」であるべし。「ある文」になっている点が惜しい。

　極めて珍しい、のけぞって驚くべき文例では、

　「…に糞を**垂れられた**」（2003年10月9日、朝日夕刊、p. 18）⇒「垂らされ

た」。

「垂れる」は元来「直接目的語」をとらぬ自動詞なので、そもそも受動態を作ることができず。受動態を機械的に作ってみるならば、「…に」に呼応するこの自動詞に対応する他動詞形「垂らす」の受動態たる「垂らされた」を使うべきであった。このように、音読すれば奇妙だとすぐ感じるはずである文を書いた記者は、文というものは読んで滑らかに耳に入って違和感が無いものであるべしという原則をわかっておらぬ。

朝日新聞から採集してある例を次に列挙する。

「20円台で**売られている**」(2005年6月4日、beページ、特集「料理の知恵袋」で森川敬子)⇒「売っている」。

「ふきんがおしぼり状にねじって**詰められているのが見つかった**」(2005年2月26日、夕刊、社会面)⇒「詰めてあるのが」。

「文章が**添えられている**」(2005年3月5日、朝日朝刊、p.7、「地球24時」欄)⇒「添えてある」。

朝日新聞からの例はまだまだ続く。

「手にピストルが**握られており**、」(2005年6月4日、beページ、「愛の旅人」欄の穴吹史士)⇒「ピストルを握っており」。

この例はこの論題で分析するよりもむしろ、日本語の特徴たる「ある、いる、おる」文の形にしようとしたことが根本原因であるとの分析が適している。形式上の注目点は助詞「が」と「を」とに対する日本人の深層心理である。考え無しに「が」を使う場合が多いので種々の違反が生じる。

なぜ「が」を多く使うかと考えると、「ある、いる、おる」文の形にしやすいからである。一方、「を」を使うと、英語の形式たる「する」文の形にせざるを得ぬことになるので、日本人の深層心理としては行為の責任を追及されることを避けたい無意識が働くのである。同様の理由で、表面的には無生物主語の受動態をとる文が生まれることになる。

「水が**張られた**浴槽」(2005年3月9日、朝日夕刊、p.15)⇒「水を張った」。

「棒の間に網が**張られた**」(2005年4月12日、朝日夕刊、p.2)⇒「網を張った」。

「机の上に**置かれてあった**」（2005年5月12日、朝刊、p. 34）⇒「置いてあった」。

「**食欲が失われて**」（2005年3月9日、夕刊、p. 15、吉村昭の『彰義隊』）⇒「食欲を失って」。

「れる、られる」の用法のうちの自発と取れなくもないが、やはり受身の意味に偏っていると判定する。

近年の国語力の低下によって、作文時にはまず思いついた名詞には「を」ではなく「が」を自動的に無意識につけてしまう傾向が強まっていると感じる。

英語教育の専門家は、翻訳とくに理系文書の翻訳の経験が無いせいか、無意識にこの受動態違反をするようである。その例は、和泉・伊佐原（2004）の「コーパス内の誤りに**付与されている**エラータグ」である。これは著者らが付与したのであるから、主語を書かずに済む日本文でも、当然「付与した」、または行為主体を明示したくないならば「付与してある」でなければならぬ。

しかし、多くの言語に通じているらしくて日本語と英語との主語の有無の問題その他で活発な出版活動をしている金谷（2004）が、「誤字や誤植**が直され**、…行を加えた」という一文内に、ここの論題に関して「が直され」と「を加え」という無生物主語の受動態と能動態とを混在させた不統一な表現をしたことは、紺屋の白袴現象である。前者は当然「を直し」であるべし。

一方、技術文書の作文技法の指導を業としている三島は、自身が刊行したテクニカル・ライティングの参考書（2001）のp. 142で次のようなこの違反を犯している。

「本章は次のような内容で**構成されている**」⇒「構成してある」。

この人は翻訳家にあらざるゆえ、本項の原則に無知であるのかもしれぬ。

専門家が違反したさらに罪深い例は、大阪工業大学言語表現技術研究会（2005）の「はじめに」で現れる「**本書は…で構成されている**」、およびその他の本型の誤りである。訂正文は前記に同じ。

「ご**登録されている**皆様宛に配信させて頂いております」（OLYMPUS CAMEDIA Mailing Listから）⇒「登録なさっている」。または、敬語を使わずに、「登録している」の方が事務文では適している。

「れる、られる」を尊敬に使うことは受動態と混同されやすいので止めるべきである。この主張は萩野（2001）がその独特な著書で述べている、「敬語としての『れる、られる』は使わない」、という大原則を立てさえすれば問題のほとんどは解決できる、との主張と同じである。

　動詞の中でも特別である「する」に「れる」を付けて「される」としても敬意は出ず。なぜかと言うと、上記のごとく、受動態に感じられるからである。なぜ受動態に感じられるかをこの機会に考えたところ、このサ行変格活用の中心たる「する」という動詞は語幹（？）がサ行の1文字しか無いのに変化語尾の「れる」の方が2文字で長いせいで軽い感じを与えることが根本的な原因であるとの説明に至った。そのせいで私は「された」、「された」と聞くと、日本語では受動態は迷惑の受身といわれる特別な場面でのみ使うべきなので、何か迷惑を被ったのかと感じてしまう。人の行為「する」に対して敬意を表するには独立の尊敬動詞「なさる」を付けることを義務教育時代の国語の時間に叩き込む必要がある。なお、敬意を表すべきときに独立の尊敬動詞を使うならば「ご」はそもそも要らず。

　この「れる、られる」を尊敬に使ってあっても、まずは受身に受け取ってしまう現象は、高嶋（2006）が言うには、「敗戦後の日本語政策に甚大な影響を与えたのが民主主義の平等社会なのであるから、動詞の敬語は「れる、られる」で良い」と、国語審議会の敬語部長としての金田一京助が提言したことに起因する。また工藤（1995）は「れる、られる」の意味について、受身は尊敬に優先するから、上記が戦後の国語政策の中で最も愚劣であったと言っている。同じ意見の文献を知って嬉しく思う。

　「日本に**伝来された**インドの神々」（都立中央図書館内のポスター）⇒「伝来した」。

　この文での「された」の用法がわからず、二義的となっている。その用法として考えることができるのは、「受動態」と「尊敬」である。前者ならば「伝来した」あるいは「伝わった」と、後者ならば「伝来なさった」と改訂することができる。しかし後者では「伝来する」が自動詞なので神々が自分で勝手に海を泳いで渡ってきたことになる。それを防ぐには訂正例のようになる。

「れる、られる」を尊敬に使っても、敬ってもらったと感じることができずにむしろぞんざいに扱われたと感じるのは、筆者のように年齢が高い者だけであろうか。少なくともそのように感じる人間は世代として大勢いるはずである。上記の多義的な問題を生じやすい欠点と合わせて、この２つの助動詞を尊敬に使うことを止めるように義務教育段階の国語の授業で教え込むべきであると考える。

　2004 年 11 月 30 日、21:01 の 12ch–TV の「なんでも鑑定団」のナレーターは、この日ばかりでなく常に無生物主語を受動態にした表現ばかりを使っている。たとえば、「使用説明書が**添えられている**」とか、「大皿が**飾られた**床の間」とか言っている。「添えてある」および「飾ってある」と素直に言わぬのはなぜか不思議である。改まった言い方と誤解しているのか、大げさに言いたいのか、はたまた権威主義的な気分になっているのか。本書を読んだ関係者からの言い訳を期待する。

　言語系の専門家がこの誤りをすることは見苦しい。岡田（2005）は英語辞書研究会の口頭発表での配布物で、「データ**は文字化され**、…**並べられた**」と書いた。もちろんこの文は、行為者が筆者自身なので「を文字化し、…並べた」であるべし。しかも矛盾があることには、その直後に「特徴を分析した」と、行為者が自分であるので日本語で許される主語省略によって書いているのである。そのため前記誤りとの一貫性が無い。どうせ犯すならば同じ誤りをくり返すべし。日本人英語教師は母語を正しく読み書きせねば、軽んじられるに違いない。

　「火薬の材料が**保管されていましたが**」（2005 年 8 月 14 日、23：05、NHK ラジオ第一、あべようこアナウンサー）⇒「保管してありましたが」。

　「大きな課題が**残されました**」（2005 年 8 月 10 日、NHK 総合 TV、07：10、ニュース）⇒「残りました」。「残る」という自動詞を知らぬのではないか。

　「ドラマが**隠されています**」（2005 年 8 月 9 日、20：20、NHK 総合 TV、「黄金の大河アマゾン」、女ナレーター）⇒「隠れています」。自動詞の知識の問題。

　「未解決の問題が**残されています**」（2005 年 8 月 8 日、22：55、NHK 総合 TV）⇒「残っています」。自動詞の問題。

　「…が**デザインされているのが特徴**」（2005 年 8 月 3 日、07：40、NHK 総合 TV）⇒「デザインしてあるのが」。

「手荷物はしっかりと固定される場所に」(2005年8月1日、羽田発大分行きのJAL機内アナウンス)⇒「固定できる場所に」。

「水が撒かれる様子」(2005年7月29日、23:17、NHKラジオ第一、古屋和雄アナウンサー)⇒「水を撒く様子」。

「心臓が残されていなかった」(2005年7月27日、東京の4ch(日本TV)21:00からの「世界仰天ニュース」、男ナレーター)⇒「残っていなかった」。これは、自・他動詞の知識の欠如。

「店に備えられた」(2005年2月23日、03:03、NHKラジオ第一、天気予報、瀬田アナウンサー)⇒「備えてあった」。

「注意報が各地に出されています」(2月4日、19:55、および1月30日、00:53、宇田川清江アナウンサー)⇒「出ています」。これも、自動詞の知識不足。

「などの発表がおこなわれた。これらの発表は、その後さらなる改訂・発展を経て、…としてまとめなおされた。」(『作文教育改善のためのデータベース・ツール活用』、国立国語研究所、p.ii 13-14行)⇒「などの発表があった。その後さらに改訂・発展を経て、これらの発表をまとめなおした」。

この例のうしろの文では、「発表」という言葉を思いついた瞬間に、いつもの癖による「は、」を使う話題の提示として書き留めたせいで目的格にできず、その結果として選べる形式としては受動態にするしかなくなった例である。

「と述べられているが、」(「大学受験代々木ゼミナールメディカル模試『小論文・解答と解説』2006年度11月実施」の「小論文①、解答例1」の3行目)⇒「述べてある」。

大手予備校の小論文の講師が近年大学へ出前講義に出かけていることが話題となっている。その講師が出題したのであろうが、しかし、翻訳調の小論文の指導をしているとしか思えず。

WEB SITE「楽天」での本の検索で、

「商品が登録(入荷)されたら通知します」⇒「を登録したら」。

「登録」については動作の主体が出品者なので厳格には「出品者が商品を登録したら」として、「商品」については格を主格から目的格に変更するべきである。

しかし、格の変更をするまでには、分析を行なって動作の主体が「出品者」であることを決定する段階がいるので、学者とは違う通常の人間にそこまで要求することは実際的にあらず。よってこの部分については無生物主語の受動態は許すことにする。

ところが、そのことに影響されたことが明白である部分が括弧内の「入荷」なり。この言葉に関しては絶対に許されざる自動詞と他動詞とを混同する罪に加えての、自動詞では不可能である無生物主語の受動態の形を作るという罪を犯している。

4.「書かれ…」の蔓延

「書く」は、翻訳調たる無生物主語の受動態を使った表現の中で格段に出現頻度が高い動詞であって、もはや止められぬ段階になったと感じるほどいろいろな場面で頻出している。その感想を抱くに至った最新の出来事は、あろうことか某学校の英語教師が、会議で自身が配った資料について説明した際に、「**書かれている**」と発言したことにある。「書いてある」と素直になぜ言わぬか。英語だけやっていて母語がおろそかになっているとは嘆かわしい。

他に少々列挙していくと、

「看板にこう**書かれていた**」(2003年9月6日、朝日朝刊、天声人語) ⇒「書いてあった」。

同上の悪文。大学入試に使われるという天声人語欄のこの日の話題は悪文なのであるから冗談がきつい。

「**書かれ…**」はテレビで非常に多く現れることを始めとして、最近完全に一般化してしまった。たとえば、NHK-TV 1ch では次の事例を集めてある。

「何が**書かれてある**のじゃな」(2003年10月19日、「武蔵」) ⇒「書いてある」。

時代考証を売り物にしているテレビ番組が大河ドラマシリーズである。しかし、この作品集の中で使ってある言葉が信用ならぬことは以前から指摘され

てきた。この例は国内の方言の不完全さの点ではなく、外国語たる英語の無生物主語の受動態文の直訳の影響、つまり翻訳調と言われる表現を時代劇で使った点で最も罪深い例である。

2005年3月では16日19：10、ペナン島のレポーター池光アナウンサー、
「船を識別するための番号が**書かれていました**」⇒「書いてありました」。
さらに同日、20：00、同アナウンサー、
「船籍が**書かれていた**」⇒「書いてあった」。
同月18日、22：40、韓国人が九州のゴルフ場でプレーする報道特集での韓国人プレイヤー担当の日本語吹き替え担当者が、
「ハングルで**書かれていて**」と翻訳して発話し、かつ字幕でも堂々と表示した。「書いてあって」が正しい。
他のチャンネルのテレビでは、2005年3月2日20：45、NHK-TV、3ch、コクドの堤義明の事件で、
「ウソが**書かれていることは知っていた**」⇒「書いてあることは」。および、
「ウソが**書かれていると思っていた**」⇒「書いてあると」。
2005年1月3日19：30、6ch-TV、「新春もずばり言うわよ」番組のナレーター、
「**書かれてあります**」⇒「書いてあります」。
NHKラジオ第一での収集例は、次のとおりである。
「法律には**書かれている**」（2005年1月26日、19：25）⇒「書いてあります」。
「さまざまな願い事が**書かれた**」⇒「書いてある」。
これは、ニュース原稿の読み上げにあらざるゆえ、この人に責任がある。
「犯行の内容が**書かれていた**」（2005年3月4日、03：50）⇒「書いてあった」。
「今日の記事に**書かれているのは**」（2005年3月17日、00：25、モントリオールのレポーターであるカタカミ・ナオコ女史）⇒「書いてあるのは」。
「差出人が**書かれていない**封筒」（2005年4月13日、00：00、ニュース）⇒「書いてない」。
朝日新聞では、

「逆に**書かれた文章**のように」(1988年1月19日、夕刊、「日本文化論を考える」欄)⇒「**書いた文章**」。

　この文では他の欠陥として「逆に」の次に読点が無いせいで、「逆に書いた文」と読める。何に対して逆に書いたのかはもちろん、示してはあらず。

「食べ物の包みに**書かれている**」(2005年2月19日、夕刊、p.6、「調べてみよう」記事の中)⇒「**書いてある**」。

「調査は真剣に**なされ**、報告も専門的に**書かれている**」(2005年2月12日、朝刊、p.6、「安保理の責任追及カギ」記事の中)⇒「…**行なってあり**、…**書いてある**」。

「触れてはならないと**書かれていたと言う**」(2005年2月12日、朝刊、「週間アジア」欄)⇒「**書いてあった**」。

「目的などが**書かれていても**」(2005年5月12日、朝刊、p.33)⇒「**書いてあっても**」。

「疑問点が**書かれている**時より、」(2005年5月22日、朝刊、p.20、「国立大生学力低下防げ」記事)⇒「**書いてある**」。

　この文例では他にも好ましからざる点がある。それは、他の項でも書いた、危険なので使わぬほうが良いと提言しておいた「より」が、警告したとおりに二義的となっている。すなわち、「時」に続けて「より」があれば from や since と受け取ることが自然なり。ところが、次を読むと than の意味で使っていることがわかる。この使い方に特定するには、「よりも」にすべし。

「『…を認める。』と**書かれている**」(2005年5月25日、夕刊、p.2)⇒「**書いてある**」。

「漢字で**書かれてあった**」(2005年5月31日、夕刊、p.3、「愛：ピンポン大使」記事の中)⇒「**書いてあった**」。

「『全日空』と大きく**書かれた**」(同じ記事の写真の説明文)⇒「**書いてある**」。

「エピソードがしっかり**書かれているので**」(同じ夕刊の p.4、「炎の作文塾」欄)⇒「**書いてあるので**」。

　この欄は文筆業志望者が添削を受けるという趣旨なので、塾長がこのような間違いをするようでは困る。この間違いは、不注意というよりは本論題の禁止

原則を知らぬ、単なる無知である可能性が高いと見る。それにしても翻訳調の汚染拡大は恐るべきことなり。

　言葉に関係する本であるにもかかわらず、有名出版社でも書名でこれを許している例が多い。岩波書店の

『辞書には**書かれていない**言葉の話』（仁田、2002 年）⇒「書いてない」。

　ならびに、町田健（2000）の『日本語のしくみがわかる本』の「はしがき」や金谷（2004）の「名前が**書かれていた**」がその例である。もちろん「書いてあった」であるべし。

　外国人のための日本語教育の専門家であって多数の大学で教授を歴任し、講演や著書が多数ある佐々木瑞枝（1994）が、その著書『外国語としての日本語』の「あとがき」の中で「**書かれている**」を使っていることには驚きを禁じ得ぬ。その上、あろうことか氏は本文中（p. 108）で、留学生の発言である「何と**書かれていますか**」を「書いてありますか」と教育的指導として訂正しているのであるから、自己矛盾がはなはだしくて何をか言わんや。加えて、他の言語専門家の例では柴崎秀子（2004）が雑誌論文で「外国語で**書かれた**」と書くとともにそれに基づく講演のスライドで「『について**書いてある。**』と書かれた用紙を与え」という表現にて、正しい表現と好ましくない表現とを列記するという矛盾を示した。日本語と英語とのそれぞれの言語学的分析のこれら専門家は、互いの重要問題や重要論点（ここでは無生物主語の受動態の禁止のこと）を知らぬのではないかと思えて興味深い。

　専門家にしてこの状況では、翻訳調が許される時代と考えるべきなのか。そうであるならば、辞書にも翻訳調として掲載してある、比較の対象を与えぬ修飾語としての比較級の「より more」もまた容認せざるを得ぬことになるので、私はやはり翻訳調の使用に強く反対する立場を取る。いまや義務教育で翻訳調を排除する国語教育を集中的に行なうべき段階になっていると考える。

　翻訳従事者は殊のほか言葉に注意深いものと思いきや、さにあらずして、辻谷（2003）は「一本の線の上に**書かれている**」と書いている。このような違反をすることからは、この著者が用法の一貫性や統一に無関心であることがわかる。さらに同様な技術英語分野での誤りの例として中野（1991）の

「書かれてある」⇒「書いてある」。

　話題を変えて、英語をものにするにはまず日本語で正確な文を書く能力が必要であるとは言い古されたことである。この著者は正確さが目標である理系英語の専門家らしいにもかかわらず、日本語が間違っているとは困ったものなり。翻訳調にもいろいろあるが、中でも無生物主語の受動態は日本語では最も許されざる表現なり。

　高等教育機関のうち、まず大学に関係する事例としては、大阪工業大学言語表現技術研究会（2005）には「はじめに」の中で、「本書は次のような人々に向けて**書かれている**」と「本書はまた日本語は特殊ではないという立場に立脚して**書かれた**」とが現れている。両者ともに「書いてある」または「書いた」が正しい。大学で使う教科書としてのこの書物の目的から考えて見逃せぬ失態である。日本語での受動態は「迷惑の受身」と言われるほどであるから、「書かれ」という形が許されるのは「悪口を書かれた」くらいなものである。「はじめに」ではもうひとつ無生物主語の受動態の違反を犯しているがそれは別の項目に譲る。

　次に、津山工業高等専門学校の教授募集の公的掲示の中の提出書類の注意書きで、

　「①，④については英語を母語とする方も日本語で**書かれている**ことが望ましい」⇒「書いてあることが」。

　2005年8月28日、朝日、新刊紹介欄で現れた例は、

　「**書かれてあるのは**」⇒「書いてあるのは」。

　この書評の執筆者である小池昌代は詩人との肩書きであるが、無生物主語の受動態の波に影響されている。

　「書かれ」の変種では、

　「**書き込まれています**」（2005年7月29日、22：43、NHKラジオ第一、男アナウンサー）⇒「書き込んであります」。

　「それにそって**書かれている**」（成田（2001）、国立国語研究所の出版物に掲載した論文中）⇒「書いてある」。

　この研究所は方針として無生物主語の受動態を認めているのか。そうであ

るならば非常に問題なり。

5.「描かれ…」の蔓延

NHK総合テレビでの採集例を以下に列挙する。

「絵が**描かれて**います」（2005年3月18日、20:53、ニュース）⇒「描いてあります」。

「顔が**描かれて**」（2005年6月4日、19：20、畠山アナウンサー）⇒「描いてあって」。

「如来像が**描かれて**いるのが特徴です」（2005年5月3日、19：55）⇒「描いてあるのが」。

民間テレビでは、12 ch テレビの「なんでも鑑定団」のナレーター（が読む原稿の作者に責任があるのかもしれぬが）は翻訳調の問屋なり。2005年6月21日はとくにひどくて、連続採集した例が4件もあった。そのうち女ナレーターが言ったのは

「見事に**描かれて**いる」⇒「描いてある」。

朝日新聞では、

「鳥が**描かれた**一枚に」（2005年1月3日、朝刊、天声人語）⇒「鳥を描いた一枚に」。

「壁いっぱいに**描かれた**富士山」（2005年6月15日、朝刊、「頑張れ銭湯」欄）⇒「描いてある」。

「コーヒー飲料が**描かれた**」（2005年6月18日、夕刊）⇒「描いてある」。

「女性が**描かれ**」（2005年6月4日、beページ、「愛の旅人」欄の穴吹史士）⇒「描いてあり」。

「力士の絵が**描かれて**いる」（2005年1月15日、土曜の別冊「be on Saturday」のe7ページ、「B級ラジオ」記事）⇒「描いてある」。

「グラフィックスで**描かれた**山が」（2005年8月27日、夕刊、p.14）⇒「描いた」。

無生物主語の受動態の事例のうちで最多である「**書かれ**」とともに、「**描かれ**」の洪水には抵抗できぬ段階に達したのかとの感想を抱かざるを得ず。無生物主語の受動態を無意識に多用する記者は、英語では受動態になる表現を日本語で表す場合には動詞を「てある」、つまり金谷氏が言う「ある文」の形にすべきであるとの知識を身に付けておらぬのである。そしてこのような新聞記者が増えつつある。

　母語の表現は中高生時代に小説の名作を多数読んで自然に身に付けるべきなれど、本を読まぬといわれる昨今の若者にはこのような理論から教育する必要がある。本書を読んだ報道業界人は社内で「ある文」の文体を意識して使うよう、勉強会を開くくらいはしても良かろう。

　言葉に鈍感な人は何かを記述する場合に、機械的に「名詞＋が」を頭に浮かべるのかもしれぬということをこの無生物主語の受動態の事例で思いついた。それが原因となって、他動詞を使う場合には構造上当然受動態にせざるを得ぬこととなるのである。これを防ぐには、名詞ではなくて動詞を中心に文を組み立てる必要がある。

　ここで「書かれ」と「描かれ」とを並べて眺めてみると奇妙なことには「かれ」という活用語尾の部分が共通している。何か不思議な感じを覚えるが、まあ偶然であろう。

6. 助詞の使い方の不適切

　古くから、他の品詞と同様に助詞の用法もまた変化してきた。しかしながら、意味が誤解されるような用法や、文の構造があいまいになるような用法はやはり止めるべし。日本語を含むウラル・アルタイ語族は名詞の格変化を持たぬ膠着語であるゆえ、文全体の構造を決める重大な役割がある助詞は正確に使わねばならぬ。日本語を正確に使いこなせるかどうかは、助詞を正確に使いこなせるかどうかにかかっている（本田勝一、2003）。問題が多い助詞の用法の事例を次に列挙する。

(1)「も」

NHK、新聞、その他の報道機関をはじめとして、誤りに近い「も」の使い方が増えてきている。それは、「同類の列挙」のためにではなく、厳格には「が」を用いて主格を表すべきときに「も」を使うことである。文系の研究者が著した悪文批評系の書物ではこの使い方の存在を容認し、「他にも存在することを暗示する使い方」と説明しているものがある。しかし、暗示の多用を許すと正確な伝達の目的を果たすことができぬので、とくに理系文書および報道系の、正確な伝達を目的とする文書の執筆者はその立場を排除せねばならぬ。

なぜこのような誤用が蔓延してきたかというと、何度も指摘してきたが、断定を嫌っていてあいまいにしておきたいと望む日本人の民族性に起因すると考える。個人的な会話ではない、事実の客観的報道をすべき機関が常に「同類が他にもあるよ」との暗示を用いるようでは困る。私的な会話ならいざ知らず、組織や機関が記述を行なう場合には、他にも例があるならばそれを明示すべし。

この問題は、近年若者言葉としてマスコミで時折取り上げられる、「AとかBとか」の形式では「とか」を繰り返さずに、1回だけ「とか」を使うから不明瞭な感じが出てしまう「とか」弁と同じ、思考停止に基づく表現の例である。はっきりした例が1つしか無いならば、暗示の過剰使用は止めて明示できるもの1つだけを「が」で提示せよ。

「**韓国人と結婚**し、**韓国籍取得**も考えている」（1992年6月5日、朝日夕刊）。「も」によって、一見並列形式を伴う中止法になっている。しかし、対称性が壊れている。名詞で並列させるならば「との結婚および韓国籍の取得」、そして動詞で並列させるならば「結婚すること、そして取得すること」とすべし。

しかし、最近よく見られる、日本人のあいまいさ好みが原因となって、この事例では also のつもりにはあらざるにもかかわらず「も」を使った可能性を考えると、実は対照させておらず、前後で別のことを述べているかもしれぬことに気づく。新聞記者特有の文体として、前者を中止法で荒っぽく処理したために「結婚した」という過去の事実と「取得したい」という将来の希望とが無理に対称的に配置された可能性があるが、本当のところは取材対象者に尋ねてみぬことにはわからぬという多義的（equivocal= obscure）な構造の悪文で

ある。

　前にある文とまったく無関係な単独文で
「空気中でも$εr ≒ 1$となる」（工業高校電気科用教科書で出現）⇒話題が変わったのであるから「でも」は「では」であるべし。

(2) 「で」

　意味①「…であって」とbe動詞を使うべきところを「…で、」とbe動詞「である」の前の助詞「で」だけを用いて省略する書き方が一般化している。この場合、「で」には英語でのbeならびにbyまたはwithにあたる2つの意味が与えられていることが問題となる。「で」だけを用いることによっては両方の意味を区別して読者に伝えることができぬ場合があるので、このようにbe動詞「ある」を省略して書いたり放送で話したりすることを止めるべし。事例は、
「**近視で**やったことは無い」（2005年1月8日、朝日夕刊、カンニング特集の記事）⇒「近視なので」または「近視のせいで」。
「カンニングをしたことがあるか」という問いへの読者からの投稿の1つの冒頭の文であるが、「近視」によって何を「する」のかと考えてしまったため、投稿者が理由を述べているのであることを知るには数分間かかった。
「自治体が強権的な手法をとっているのは**行き過ぎで、**」（2005年3月22日、朝日夕刊、p.18）朝日新聞の編集部では「で」一文字による短縮形を認めているのであろうか。

　意味②「…であって」以外の意味、あるいは文の構造上判定不能である場合。
「北朝鮮側の契約不履行**など**で**成功した例はほとんど無い**」（2005年9月7日、朝日朝刊、p.8）⇒「などが原因となって、成功した例は」。
　この文には読点が欠けているせいで、素直に読むと「で」を「によって」と解釈することになる。しかし現実の意味からはこの解釈は成立しがたい。そのようなわけで、私が添えた改訂例で大切な点は言葉よりもむしろ、読点を打つことにある。この読点の大切さは、すでに中止法の項をお読みになった賢明なる読者におかせられては容易に理解なさるはずなり。
「**書留で**よろしいですね」（立川郵便局の窓口）⇒「 書留ですね」。

係員は確かめているのであろう。この場合「で」の意味は by であるが、しかし、多肢選択式の1つを提案している意味になっているので、客が先に発話して書留を指定したあとで客に選択を求めている形になっているので順序が逆転している。客に確かめるならば「書留でお出しになりますね」または「書留でお出しになるのですね」が完全な意味を表す尊敬表現である。なぜ、「良い」という余計な言葉を挟むのか。それは例の、断定嫌いの深層心理が働くためである。次に、

「地震活動の極めて低いところで、…予測するのは極めて難しい」(2005年3月21日、朝日朝刊)。

この読点以前の部分は、「ここは地震…ところなので、」か、あるいは「地震〜では一般に、」か、いずれであるかがわからぬこととなっている。

「…や単なる法令違反の主張で適法な上告理由に当たらない。」(2005年3月23日、朝日朝刊、p.37、クルド人退去訴訟の記事)。

読点が無いせいで中止法の形になっておらぬので、with の意味に受け取ってしまう形となっている。しかし、最後まで読んでもこの「で」の働きがよくわからぬままとなっている。この例はむしろ読点の重要さを説明する目的にかなうかも知れぬ。「で」の前の部分に動詞が無いので直前の例とは微妙に違っており、読点があったならば「であって」の下品な短縮形として理解できる。

2005年10月1日、朝日夕刊、p.15、

「イスラエル船籍で日本に捜査権はなく」⇒「であって、」。

「で」どうしたと、このような意味不明文を書いた記者に尋ねたくなります。この部分を読んで何も気にするところが無いと思う方々は、学生時代の読書量が足りぬと自覚すべし。改良案として「で、」と単に読点を打ったとしても問題は解決せず。なぜ解決せぬかというと、ここの「で」は見たとおりの助詞だけにあらずして動詞が隠れているからなり。私がすでに何度も言ってきた、「で＋ある」の「ある」は be 動詞を意味する文字列である。あるいは「なので」か。

朝日新聞夕刊の村上昭の小説『彰義隊』(2005年5月6日)で、「板倉勝静は、慶喜の第一の腹心で、慶喜を朝敵として切腹させずにはおかぬとしていた

大総督府は、勝静も許しがたい存在としてきびしく処罰しようとしていることはあきらかだった」が出現した。

　この文には読点が多い上に全体が長いことが一因となって、数分間にわたって最後の句点まで繰り返して考えつつ読み直しても全体の意味が取れず。分析にも随分時間がかかった。その第一の原因は本項の問題たる「で」に読点が付いて中止法となっている点にある。

　第二の原因は、読点付きの話題提示の「は、」が 2 か所もあって、何に付いて述べているのかの軽重、つまり（主）文の主語（部）と主動詞とが判定できぬ状態となっているからである。

　第三の原因としての、文中で最も大切な、主動詞と思える「処罰する」の目的語としての「を」を伴う名詞が形式上存在せぬことが、この文を意味不明にしている最大の犯人である。

　さて個別に問題点を調べていく。意味が宙ぶらりんとなっていて気持ちが悪いこの「で、」の意味あるいは役割は何かというに、そこまでの記述からは be 動詞たる「であって」であると考えることができるので、ここまでの部分は主文とは違うと推定できる。その後ろの部分を読むと、続く「慶喜を…大総督府は、」の部分が主部のように思える。

　大総督府のはるか後ろにある「処罰する」が主動詞らしいのではあるが、しかしその目的語が存在せず。実は、「勝静も許しがたい存在として」を「許しがたい存在として勝静をも」と語順を変えて目的語を動詞のできるだけ直前に置き、かつ目的語であることをはっきりさせるための助詞「を」を挿入することによって、ようやく「勝静」が目的語であることがわかった。

　加えて解説すると、「勝静も」の形は、通常は「もが」の形であるべき主部の変形として受け取ることが素直なので、全体としてまさか目的語がこれであるとは思いもよらぬ。そのせいで構造が壊れた文として受け取るしかなくなるのである。

　そういうわけで、隠れた最大の犯人はこの「も」であると言うことができる。その意味では「も」の項に入れることが適しているとも言うことができる。

　小説家は、読者が意味を取りにくい文を避けるように文章修行をすべきであ

る。とくに吉村氏は純小説とは違う、歴史的事実を読み物に仕立てる分野を専門とするのであるから、なおさら technical writing の手法に従うべきである。そうなっているかどうかを自身で検査することが面倒ならば、第三者にあらかじめ読んでもらうべきである。ついでに言うと、長文にすることが本当の原因である。

東京駅の八重洲南口の新幹線切符売り場の掲示（写真 2）で、

「Suica で入場券の購入はできません」⇒
「Suica での入場券の購入は」または「Suica で入場券を購入することは」。

写真 2

この事例は、二重助詞を使う能力の低下現象の 1 つである。

(3)「に」

「教育長に任命された『学力検査委員』」（朝日）⇒「教育長が任命した」。

この事例には受動態の問題をも含んでいる。「（とある職位）に任命される」という受動態の形の従属節は教育長になった人間を修飾するから、教育長＝学力検査委員になるので実際とは違って奇妙となる。

「この付近に駐車を禁ず」（よく見受ける、街中の掲示）⇒「この付近に駐車することを」または「この付近での駐車を」。

「大きな地震に原子炉は停止します」（日本原子力文化振興財団の新聞広告）⇒「地震では」。

「東大に変わる覚悟はあるのですか」（2004 年 9 月 14 日朝日 p.3、「東大新講座で一言」）⇒「東大には、変わる覚悟があるのですか」。

動作主体が明らかとなっておらぬ不完全文の形になっている。日本語では、自明ならば主語を欠いても良いが、ここでは「何が」東大「に」変わるのかが記述してあらざるゆえ、そうすることは許されぬ。しかし記事の内容を読むと「変わる」の動作主体は東大自身であることが判明する。

「アキノ氏は、デカストロ副大統領に権限委譲するよう求めていた」（2005 年 7 月 9 日、朝日朝刊）⇒「アキノ氏は、デカストロ副大統領へ権限委譲するよう、アロヨ大統領に求めていた」。

「に」に対応させ得る動詞が「委譲」と「求める」との2つある。加えて、これら動詞の片方に対応する名詞が欠けている構造であることによって関係者間の関係が不明になっている。直前の文との関係でも、この文だけで「アロヨ大統領に求めていた」ことが自動的にわかることはなし。いずれにせよ、「アロヨ大統領」を記述して明示すべき、構造上の意味不明文なり。一方、「に」を「へ」に交換せぬと、「に」が2回出るので音読での感じが悪くなる。

　上西俊雄（2004）「解説から**始まるのに**、…解説から**始まるのは**少ない」⇒「始まるにもかかわらず、…始まるものは」。

　両方の「の」は話し言葉では許されるが、しかし、書き言葉では厳格に書くべきである。とくに後者はぞんざいな省略形なので好ましからず。この著者は話し言葉の「の」が好きなようである。

⑷　「の」

　文の構成成分たる語と句との関係を良く考えることなくして文を書くときの便利な道具となっている助詞が「の」である。「の」を多用して勝手な意味を込めた文が増殖している。古代でのいろいろな用法は別として、現代では一義的な伝達がますます大切になるので、俳句や短歌分野を除いては所有格でのみ「の」を使うようにすべし。

　「旧ソ連諸国**の**援助は慎重に」（1992年10月31日、朝日朝刊）⇒「諸国への援助」。

　「の」は所有格の助詞なので旧ソ連諸国がどこか他国を援助した意味になるが、しかし、記事内容の意味はその逆である。

　「抵抗とコンデンサー**の**周波数選択回路」（工業高校電気科用の検定済み教科書に出現した文）。ここでの「の」はまったく誤りであって「とからなる」のように動詞を使うべし。

　「図4**の**湾曲部**の**電圧」（工業高校電気科用教科書）。図4が湾曲することは無いので、記述どおりに受け取れば誤った内容の記述となっている。説明のための修飾部分が欠けているせいである。その欠けている部分を補うと、「図4の曲線（またはカーブ）の湾曲部」となるはずである。あるいは「図4の中の

湾曲部」「図4での湾曲部」でも良い。

次に上野駅の掲示を右に挙げる（写真3）。

ここでは「ご利用のお客様は」となっている。このままで問題がないと感じる者は修行が足りぬことを知るべし。ここでの「の」はそのままでは所有格として使ってあるが、実は表現の目的としては、「の」の直前が動詞起源の名詞たる「利用」なので、尊敬の動詞「なる」を挿入して「ご利用になるお客様」とすべきなのである。

要するに日本人は名詞が好きであって、一般動詞を使って生き生きと表現することと行為の主体を示すことを避けたいとの無意識が原因となって悪文を作り出すのである。その上、漢字熟語では名詞か動詞かがわからぬことも行為の主体を隠すことに寄与しているという、二重障害による悪文が公的場所での掲示には多い。

「各社で、ライブドア側から役員の受け入れなどを見直す企業が相次いだ。」（2006年1月21日、朝日朝刊、p.23）⇒「からの」。

「から」と「役員」の間に「の」が無いせいで「ライブドア側」とそれ以降との関係の記述が切れている。

(5)「は」

現在標準的な解釈では「は」の機能は話題の提示であるから、池袋駅での右の掲示は「精算機について言うならば、直進せよ」という意味となる（写真4）。しかしこれでは駅の利用者に対して目的を表現しておらぬ点で不親切である。正しくは「精算機をご利用になる方は、直進してください」であるべし。

(6)「と」

意味①「取り組まないとならない」（2005年4月28日、朝日夕刊、「窓」欄で民主党代表の岡田氏の発言として引用してある。）⇒「取り組まねばならない」、

または「取り組まなければならない」。

　接続助詞「と」のこの奇妙な使い方は、「取り組まないといけない」と「取り組まなければならない」との合成であると思われる。

　岩波書店の雑誌「科学」の 2002 年、72 巻、p.436、座談会「ポスドクの問題は解決できるのか」の中の理研の神谷勇治の発言で、

　「開拓しないとならない」⇒「しないといけない」、または「しなければならない」。

　この交差表現は今後広まって行くのであろうか。

　意味②「通勤特快電車と待ち合わせのため、2 分間停車します」（中央線の豊田駅ホームのアナウンス）⇒「との待ち合わせのため」または「と…待ち合わせするため」の 2 種類の改訂が可能な事例なり。

　前者の改訂例からわかることは、後ろに名詞（句）が来る場合には修飾させるための「の」をつける必要があるということなり。この、「二重の助詞」の運用能力の低下は、「サセ使役形」の運用能力の低下に匹敵するくらいひどい状況にある。

　意味③「家来と待っていた」（2005 年 7 月 9 日、朝日夕刊、吉村昭の小説『彰義隊』）⇒「家来とともに」。

　助詞「と」の不適切な使用である。accompanied with の意味での「と」は話し言葉では許される。しかし、書き言葉では明確さに欠けるので好ましからず。しかもこの著者は歴史小説の分野の小説家なので、その作品には事実のように思える記述をしてある部分が多い。その場合には厳格な書き言葉を使うことが望ましい。

　名詞（句）の列挙では注意が必要である。たとえば、句を含む A と、B と、(D の C) とを列挙して書く場合、二義性が生じやすい。意味①は、このとおりの「A と B と (D の C) と」。意味②は、「(A と B と D) の C」。二義的となっている点は、所有格の助詞「の」による修飾と被修飾の問題に起因する。形式上最も厳格にするには、意味①のためには、「A と、B と、D の C と、の」のようにして最後の名詞（句）（被修飾語）のあとにも並列の助詞「と」を書くとともにそのうしろに読点を打って「の」と切り離すことなり。この最後の「と」

はすべての知識水準の読者に対して並列の境界を知るための有効な標識となる。意味②のためには、「AのCとBのCとDのCと」の形としてすべての修飾語の後ろにすべて同じ被修飾語を明記すること以外に誤解を防ぐ確実な解決法は無い。逆の例を挙げると、所有格の助詞「の」が列挙語群の前に修飾句として来る場合、「AのBとCとD」でも同じ二義性が起こる。「（Aの）BとCとD」か「（AのB）と（C）と（D）と」かである。この二義性の解決法も上述に習うべし。

　特例として、列挙部分が2つだけであり、両者を「と」でつないでうしろに「の」を付けて「（AとB）のC」として列挙する場合は、ことさら第2部分のあとにも「と」を入れて「AとBとのC」とする必要が無い場合がある。それはAとBに対するCの関係が読者には意味上明らかであって誤解を生じ得ぬ場合なり。この場合はくどくなることを避けるために後ろの列挙部分Bの後ろに「と」を入れる必要は無い。集合が「Aと（BのC）」であっても同じである。

(7)　「ので」
　「インピーダンスの逆数になるので出力アドミッタンスという」（工業高校電気科用教科書で出現）。
　単なる算術処理による定義をいう文であるから素直に「インピーダンスの逆数を出力アドミッタンスという」と書くべし。理由を述べてはおらぬにもかかわらず接続助詞「ので」を使うことは間違いであり、衒学的表現といえる。

(8)　助詞の脱落および助詞を読点で代用する罪
　この下品な書き方は、新聞記事の見出しの悪影響としか思えぬ現象なり。さて、実例はというと下記のようにいっぱいある。
　2005年10月28日、朝日朝刊、p.13、「女性天皇をどう考える」という見出しの最後には疑問の助詞「か」が欠けている。ところがこの見出しの背景にはシャドウがかかっており、しかもそのシャドウは左に3文字分左右不均衡に伸びている。つまり、この助詞「か」を正しく記述してもなお2文字分スペースが空くという状態なのであるから、この記事の執筆者およびそれを見逃した校

閲者は文法知識がないのか、あるいは目が節穴かと非難されても良い。新聞社は見出しに疑問詞があれば、それに対する助詞「か」を必ず削る規定を設けているのか。話し言葉的な省略をするな。

JR のホームでの放送で、

「**ドア閉まります**」⇒「ドアが閉まります」。

新聞記事の見出しではあるまいに、1 文字削って何か得することがあるのか。細かく聞くと、「ドア」のアクセントが後ろの「ア」に移動している。これでは吸った息の量の限界によって、「が」を言うための息が不足することになると分析できる。なにゆえ「ドア」のアクセントを逆転させるのかの分析は、ホームのその係員に尋ねること無しには不可能である。

「**魚を釣り行く**」(2006 年 2 月 27 日、17：40、NHK ラジオ第一、某アナウンサー) ⇒「釣りに行く」。

動詞の直前の「に」を脱落させる発話は関東地方でしばしば耳にするので関東方言と思う。昔、漫画などで中国人が日本語を話すときの助詞の脱落による訛りをからかう表現として良く使ってあったことを思い出す。母語でこれでは単なる無教養なので、すべての文字を正しく発音するような発声訓練を関東 (および東北も) 地方の小学校の国語の時間には特別に指導すべし。

「胃がんによる死亡率が全国**平均の 30% 以下**というデータ」(1992 年 9 月 17 日、朝日朝刊) ⇒「平均である 30% を下回る」。

現代では「の」は所有格の助詞であるから「平均の 30%」は平均に対する百分率すなわち平均値× 0.3 となり、結果として操作が統計上何を意味するのかが不明となっている。ここで推理をめぐらせて、「以下」という言葉に注目すると、30%に対してであるから、この 30％は平均＜である＞(ところの) 百分率であると考えることが可能である。つまりこの例では「の」＝「であるところの」なのである。「の」という、通常は所有格で用いる一文字助詞を単独で使うときは、機能をよく分析してその位置で前後の言葉との意味上の修飾関係が正しいことを確かめるべし。

「**抑制し語る青春の情熱**」および「**歴史語ることで両国の将来に光**」(どちらも 1991 年 2 月 24 日、朝日朝刊の見出し) ⇒「抑制して語る」および「歴史を

語ることで」。

　見出しで字数を制限し過ぎる問題であるが、この型はそれぞれ格助詞「て」および「を」を取り除いたものである。ところで実際に字数を少なくできたかというとそのようなことは無く、記事本体の面積からはそれぞれ 2 字分は取れる余地があったにもかかわらず荒っぽい処理をした例である。新聞記者にはこのような読点無しの好ましくない中止法を常用する癖がついている。

　「右太腿と右腕を刃物で**刺し殺した**疑い」(朝日) ⇒「刺して殺した」。

　「刺し殺す」は人体の全体に対して使う合成動詞である。この文では目的語が人体の一部分であるので「刺し殺す」を使うことは科学的にあらず。よって、「…で刺したことが原因となって」との表現をせねばならぬ。

　「**検事総長こそ注意したい**」(朝日新聞、投書の題目) ⇒「検事総長をこそ」。

　このままの形では「こそ (が)」と読むことができるので検事総長が行為の主体 (主格) となって誰かを注意する意味になっているが、他動詞たる「注意する」の対象が書いていない欠陥文となる。ところが、投書の本体を読むと目的格であることがわかる。わかりやすい例文としては「私こそ (が) 選ばれるべし」を挙げておく。主格の助詞ならば省略してもわかる場合が多いが、目的格の場合には主格にあらざることを示さねば理解を妨げる場合が多いので、この「を」は必須であって省略してはならぬ。

　「高さに**目回したり**しないわ」(1991 年 4 月 20 日、朝日夕刊) ⇒「目を回したり」。

　各記事の見出しは字数制限によって無理な形になりがちであることを認めるとしても、目的格の助詞「を」を取り除くとは下品の極致なり。形式上厳格に受け取れば「目回す」という独立の動詞があることになるではないか。実際にも私は、「目回し」までまとめて読んでしまってから、あれっ、と惑わされてしまった。

　「**四国と本州** (改行) **つながった**」(1987 年 8 月 12 日、朝日朝刊)。

　本州の後ろで改行してあることは脱落した助詞の変わりにならず。しかもこの 2 行見出し間は 1 文字ずらしてあるから助詞を省いて 1 スペース得たことになっておらず、下品になった効果だけが現れている。

列挙する場合には、英文法的に、3つおよびそれ以上では初めに読点を打ち、次には「および」や「ならびに」を使うのが列挙の終わりを明示することで読者を安心させるので好ましい。ところが最近、名詞を2つだけ読点でつないで列挙する型が悪文の一型となってきている。

　その悪文の型とは、2つの名詞の列挙では上記の2種の接続詞を用いるか、あるいは接続助詞「と」でつなぐべきであるにもかかわらず、読点を使うことである。新聞見出しに影響されたと考える。ところが新聞見出しの助詞と読点との関係については字数をケチる目的を達しておらぬ点を他で論じてある。そこでの論点と同じく、「と」などの主に助詞を使うべきであるにもかかわらず読点という記号を使うのは悪文である。

　工業高校用教科書で
　「トランジスタ Tr1 の**エミッタ、ダイオード** Ds を通して Tr2 に電流が流れる」⇒「エミッタとダイオード」。

　言葉を2つ列挙するだけであるにもかかわらず、助詞の「と」でなくて読点という記号をなぜ使うのか。この形式は近年よく見かけるが、しかし、その心理がわからぬ。次に東京駅での掲示の例を下に示す（写真5）。

　この例では、
　「**待合室、トイレ**」となっている。これは「待合室とトイレ」などとすべし。加えてこの例には他の項で論じた問題も含んでいる。それは、敬語の「お」と「ご（御）」とを機械的にほとんどすべての名詞に繰り返して付けて極端な過剰敬語表現になっており、かえって対象たる乗客を馬鹿にしているとも受け取れることである。「お」と「ご（御）」とは、最後の名詞にだけ付けるという規則を周知させる必要がある。

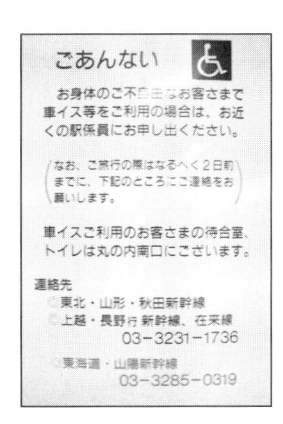

写真5

　ついでに、繰り返しによる過剰敬語表現の、街中の掲示で最も多く目にする型を挙げる。それは丁寧語「ます」を文中で繰り返すことなり。例は、TOTO 社の小便器の前の警告ラベルの表記。

「使用後、小便器から**離れますと**自動的に洗浄します。」⇒「離れると」。

　少なくとも特定の個人を相手にする、礼儀を守らねばならぬ文とは違うのであるから、事実だけを事務的に書けば良いのである。このような短い複文で二度も「ます」を使うと実に目障りとなる。

　最後に、文部省検定済み工業高校電気科用の教科書での例を挙げる。教科書であるから文章も見本になるかと思いきや、さにあらずという例が、「a, b どちらか 0 のときは」である。

　正しくは「a か b かのどちらかが 0 のときは」である。この教科書は物理系であるせいか、助詞を 2 種類で 4 つも脱落させて極端に短く粗雑な記述になっている。他には、前文とをつなぐ文が無くて論理の環が欠けており、そのせいで論理上意味を取りにくくなっている例も散見され、生物の教科書とくらべると随分違う印象を持った。職業高校たる工業高校系の教科書なので普通科系のそれよりも無責任な執筆になっているのであらざれば良いが。

　「科学技術」という言葉は好ましからず。なまくらをせずに助詞または中黒を使って「科学と技術」または「科学・技術」とすべし。なんとなれば、「科学技術」という複合語を作るならば、新しい意味が生じているべきであるからなり。等位接続助詞または中黒でつなぐ場合には複合語としての特別な意味が生じてはおらぬから、「科学技術」は無限に誤りに近い省略形である。このような「と抜き」の、下品というべき省略形は恐らく新聞、わけても見出し、から始まったはずである。

(9)　新聞の見出しで、助詞を読点で代用する罪

　新聞の見出しは字数制限が厳しいことは承知しているが、実は字数を減らすことになっておらぬ場合が多いことが問題であるので、そのような事例を中心として解説する。

　「個人差**教育、**差別ではない」（1985 年 1 月 31 日、朝日）⇒「教育は差別」。および、

　「生活科**、**何を教える」（1987 年 7 月 15 日、朝日朝刊）⇒「生活科で何を」。さらに、

「親知らず海岸、橋でつながった」（1987年11月12日、朝日夕刊）⇒「海岸が橋で」。

　助詞1文字をなぜ読点にするのか実に不思議である。見出しであるから短くする編集方針には同意するが、しかし1文字同士の交換では見出し全体の字数は短くはなっておらず、ただ下品になっている。

　助詞を削ると結果がどうなるかの分析が不足したことが原因となっての、複合語の造語による意味の逆転現象としては、

「**不正捜査**でひょっこり」（2004年7月16日、朝日夕刊）⇒「不正の捜査」。

　このままでは捜査が不正に行なわれたことになる。しかし実態は何かの不正行為を捜査したことであるので、意味が逆転している。

　NHKの天気予報では地名について助詞やその他の部分の省略の程度が高くて誤解を生じる場合がある。例は、「**伊豆諸島南部八丈島**」である。八丈島の位置は伊豆諸島の南部であるから同じ位置の島嶼群に属する八丈島をとくに明示したら、「伊豆諸島南部の八丈島」または「伊豆諸島南部に位置する八丈島」となり、結果として八丈島だけを含み、その他の伊豆諸島の島々を含まぬと理解することになる。「八丈島を含む伊豆諸島の南部」かもしれぬが、本当はどうであるかは不明。

7. 使役形を使う能力の退化現象

　伊藤ら（2004）によれば、使役形には語彙使役（「させる」を付けずにもともと使役の意味を持つ、「並べる」や「抜く」などの言葉を用いての形）と「させる」を付けて作る「サセ使役」（「並ばせる」や「抜かせる」）とがある。ここでは後者のみを扱い、それを単に使役形と呼ぶことにする。

　謙譲語「いただく」の一般化してしまった誤用と同じく、使役形もまた、話者および聴き手のほかの第三者（動作の対象）をも考えに入れることが必要である点で、文芸作品に親しんでおらぬ活字離れ年代の者には存在さえも知られておらぬように感じることができる形式に成り下がった。「サセ使役」の運用

能力の低下現象は文章の論理的な構造を壊す点で罪が深い。

一般用語の例としては、「**本質論を欠落した論議**」(小浜 (2000) の見出し)。

主格と直接目的格とを組み合わせる場合には、自動詞と他動詞との区別が大切であることがわかる間違いなり。「本質論を」と目的格になっているので動詞は他動詞であるべきであるが、動詞「欠落する」は自動詞であるため「欠落させた」の形で「サセ使役形」にせねばならぬ。一方、「本質論が」として助詞を変えて主格にするならば、「欠落した」という自動詞を使うことができる。

「八王子行きの電車を先に**移動します**」(2005 年 7 月 29 日、中央線の車内アナウンス) ⇒「移動させます」。

「サセ使役形」の能力が年々下がっております。自動詞と他動詞の区別と目的語の要不要との組み合わせについて義務教育での国語の時間に教えなかったことが問題なのである。

化学分野の実験操作用語として頻繁に現れる誤用例としての、「**乾燥する(した)**」や「**蒸発・乾固する(した)**」という、漢字熟語を使ったがために起こる、自動詞を他動詞のように誤解して用いる用法は、一般人の目に触れずに見逃しがちであるので問題が大きい。実験した人間が乾いたり固まったりすることはあり得ぬゆえ、「乾燥させる」および「蒸発・乾固させる」と書かねばならぬ。「を」という目的格の助詞を使ったならば直ちに、使役形を使うべき人称関係の可能性を考えなければならぬ。理想を言えば、次のような態度が望ましい。日常生活的な動作でない場合には専門用語を作り出す必要があるが、ここに挙げた類の実験用語には特別な科学的意味は無いので、「蒸発によって乾かし、固める」と大和言葉を使って書けばよい。わざわざ漢字熟語を作り、しかも文法的には誤用しているという情けない状態を化学界が放置していることは、この学界の構成員の言語能力に問題があることを示している。

マニュアルの日本語がめちゃくちゃであることで悪名高いパソコン分野で使い始められ、はやっている誤用の中で最も悪名高い例は、「**立ち上げる**」である。このことばはもちろん他動詞への自動詞「立ち上がる」の誤った変形であって、「立ち上がらせる」という使役形にすべし。PC に電源を入れた後には電気エネルギーによってそれ自身で動き始める。ところが、電源を入れなければ働

かぬし、動作に必要なその電源を入れるのは人間であってPCが自分で電源を入れて動くのではないから、人が機械を働かせるという意味で使役形を使わねばならぬのである。

　おかしいと感じる人がおらぬからであろうか、NHKでもこの文法違反動詞を普通に使っているのは問題である。まあこのような誤用は各自の生活体験から来るので、本を読まず、なまくら発音をする、最近の執筆者アナウンサーおよびニュース原稿、とくに関東地方出身者、にはもはや逆らえぬかも知れぬが、しかし、耳にとっては実に気持ちが悪い表現である。

　自動車の競売の購入方法に関する記事で、

「せりに出される車を下調べできる。**走行することはできないが**」（1992年9月28日、朝日朝刊）⇒「走行させ（てみ）ることはできないが」か「走らせ（てみ）ることはできないが」。

　「走行する」と書くと自動詞形となる。しかし事実は人間が車を走らせるのであるから、文字どおり使役形にせばならぬ。近年は使役形というものが存在することを知らぬとしか思えぬ新聞記者や文筆家が非常に多く、間違った自動詞の使い方および行為の主体の失念が目に余る。なお、この例では無生物主語の受動態表現の形にもなっているので二重の問題を含む悪文なり。

　「病院経営『温かい医療と**両立したい**』」（2003年3月1日、朝日朝刊、p. 15のインタビュー記事の見出し）⇒「両立させたい」。

　このままではインタビューを受けた人が医療と両立「したい」と言っていることになる。そのようなことは現実には不可能である。自動詞の使役形の「させる」を使うことができぬ人が非常に多くなっているが、文筆業である新聞記者およびそこのチェッカーがこのようなひどい誤りを紙面上では目立つ部分である題名の中で見逃したり、あるいはこれで正しいと思い込んでいたりする点で、今日の編集者の多くはアマチュア化していると感じてしまう。

　1983年12月13日、朝日朝刊12版、p. 14で「石井勲の漢字教室」の記事の、「**石井さんは**…を…に…定着させたいという願い**が強まっているようだ**」は微妙な問題を含んでいる。まず、「強まっている」を認めるならばこの動詞は自動詞になるので「願い」が自然と強くなってきたことになる。しかし、これ

は事実と異なる。石井さんが「強めている」のが事実だからである。形式が許されても実態と合致しておらねば誤りである。そこで、この文は、「石井さんは…を強めているようだ」に直すべし。しかしなお、日本語ではbe動詞またはbecomeを使って「自然にそうなる」型として書いたものがこなれた文なので、「強める」という「する」系の動詞はあまり好ましからず。そこで正解は、「石井さんには…強まって…」とすることなのである。

雑多な出版物での例を挙げると、

「家臣らは藩主を…と交代しようと」（歴史読本、2003年11月号、p.76）⇒「交代させようと」。

文系雑誌なのであるから文章ではしっかりして欲しいものである。

「風紀課に**転属された**」（2004年10月26日、朝日TV番組案内の中の映画の紹介）⇒「転属させられた」。

受動態になっているせいでなおさら複雑になるので、無意識な直感の能力試験になるほど難しい例かも知れぬ。

NHKラジオ第一放送の、主にニュースからの事例は次のとおりである。

「紛争を**終結する**ためには」（2004年9月17日、06：40）⇒「終結させる」。

この動詞は「終結する」という自動詞なので、他者にその行為をさせるには使役形にせねばならぬ。

「…を**持続する**」（2004年12月23日、夕方）⇒「持続させる」。

「技術を**向上していって欲しい**」（2004年12月23日、19：15）⇒「向上させて」。

「芸術言語として**定着していったときに**」（2004年12月？日、16：25、目白大学教員の小林ヨリコ氏）⇒「定着させて」。

引用した部分だけ読むと正しいように見えるが、しかし、発言の文脈からは目的語が想定されているので訂正のようでなければならぬ。

「すべての部隊を**撤退するよう**」（2005年3月6日、10：00、横山アナウンサー）⇒「撤退させるよう」。

「夏を涼しく**過ごしてやって**」（2005年3月11日、14：35、園芸相談の回答者）→「過ごさせて」。

「楽しく英語を**上達できる**」（2004年11月3日、01：15、川野一宇アナウンサー）⇒「上達させることができる」または「上達させられる」。

「お（御）＋動詞の連用形＋できます」と類似した、機械的に「できる」を接続させることによって誤った形になった例である。「英語を」という目的語が先行しているので、自動詞たる「上達する」を使うことはできず。そのため、第三者である英語については使役形を使うほか無し。

「都立大学を廃校にして来年4月に**開校する**」（2004年11月5日19：45、ニュース）⇒「開校させる」。

形式的には「開校する」という自動詞のように見える。しかし、学校は無生物なので、意志を持って自ら開くということはできず、人が開くのである。であるから使役形にせねばおかしいことがわかる。

テレビでの例は、

「自殺を**思いとどめようと**」（2004年12月30日、20：38、4ch）⇒「とどまらせようと」。

「関係を**悪化せずに**隣人の騒音を止めさせたい」（2005年9月17日、20：50、TBS-TV）⇒「悪化させずに」。

字幕で堂々とこの文法違反の文を掲げるとは、放送局の校閲部（もしあれば）は何をしているのか。

「ミキサーを**作動していたところ**」（2004年8月20日、19：25、NHK総合TV、ニュース）⇒「作動させて」。

「作動する」は自動詞であるから目的語には続けることができず、文法違反の形になっている。いやそれよりも、中身が高級な学問的用語でない場合には普通の動詞を用いて「使っていた」とすべきであり、そうしていたならば間違いは生じず。衒学趣味の罪といえる。

「雪が降るまでには何とか融雪パイプを**復旧したいと**」（2004年11月5日、19：10、NHK総合TV、ニュース、和田政宗アナウンサー）⇒「復旧させたいと」。

「復旧する」は自動詞であるので目的語を取らず。目的語を使うならば使役形にする必要がある。

テレビでの驚くべき例をさらに挙げると、2004年11月11日21：00の12chの映画「レニングラード」の吹き替えで出ていた田中実という声優は、映画の中で第三人称の他人についての発言なので「参謀幕僚に昇格させた」として使役形で言うべきセリフを、「**参謀幕僚に昇格した**」としたので、話者たる軍人が自分で勝手に階級を上げたことになり、まったくの誤りを生じさせた。もっとも、このセリフを別人の脚本家あたりが書いたとすれば田中氏には責任は無いのではあるが。

自動詞形と他動詞形との区別が難しい動詞の誤用の例は、NHKラジオ第一放送、03：05のニュースでの、「**砒素を食事に混入し**」である。「混入する」は自動詞なので目的語を使うならば「混入させる」であるべし。他の項で扱った「乾燥」と同じく、漢字熟語にするせいで自・他動詞の区別がしにくくなり、混乱を生じる問題がある動詞なり。大和言葉では形が異なる「混ざる」と「混ぜる」がそれぞれ自動詞と他動詞として存在する。ところが漢字熟語になると、「混合」ならば他動詞用法のみであることはわかりやすいが、しかし、「混入」は自動詞であることがわかりにくい。学術用語にあらざるにもかかわらず、何ゆえ漢字熟語を使うかが不思議なり。私はその態度を衒学趣味と考える。

自動詞形と他動詞形との区別を誤りやすい動詞の誤用の例をもう1つ挙げると、

「立場を**逆転する**」（2004年11月23日、日経新聞「コクド」の記事）⇒「逆転させる」。

「立場が」ならばこのままの自動詞でも良いが、目的語になっているのでこの形に直すべし。

官公庁のメールマガジンでは、たとえば、三重県科学技術振興センターメールマガジン第80号（2005/3/2）で、

「県民の意見などを科学技術振興施策に**反映する**ことを目的に」⇒「反映させる」。

この文の「反映する」は第三者に対しての動作なのでサセ使役の形を取るべし。

工業高校電気利用教科書で教員たる執筆者のサセ使役に関する無知が露見した例を挙げると、

「周波数を**変化しながら**」⇒「変化させながら」。

　逆に、「サセ使役」の形を使っているにもかかわらず非難すべき、珍しい例を採集したので次に解説する。
　「会見を**済ませた**後」（2005年8月2日、00：50、NHKラジオ第一放送、宇田川清江）⇒「済ました」。
　「済ませる」は辞書に無い「サセ使役」の形であり、もともと自動詞「済む」に対しては他動詞「済ます」が正しい言葉である。他動詞があるから必要が無いにもかかわらず、「サセ使役」の形を作ってしまったというわけである。
　2005年10月28日、朝日朝刊、p.13、「女性天皇をどう考える」という見出しの記事で大学法学部教授の横田耕一氏が書いた、
　「天皇制度をどうやって**永続するかを**」⇒「永続させるかを」。
　論理で飯を食っているはずである法律系の大学教授さえもがこの誤りを犯すとは、嘆くほか無し。事態は猶予ならざる段階に入ったと考える。この記事では見出しもまた文法違反を犯しているので、このことは別の項で述べてある。
　サセ使役形は最近、「ら抜き言葉」とともに悪名高い、余分な「サ」を挿入する「サ入れ言葉」になりやすい点も問題である。
　たとえば、NHKラジオ第一放送でゲストが言った「しゃべらさせてください」が例である。どうしてこの誤りが現れるかというと、動詞の活用形の知識が無いせいである。義務教育での文法教育の問題か、はたまた個人の資質の問題かはわからぬが、母語の運用能力を基準とする社会階層が分類できるように感じる。
　2006年12月初旬に多分NHKラジオ第1放送で下記の「サ入れ言葉」のひどい変種が現れた。
　「地方に**任せさせる**のは」⇒「任せる」。
　これを「二重サ行入れ言葉」と命名する。
　想像するに、動詞の活用形が身に付いておらぬ、外国人の日本語初学者並みの日本語力しか持っておらぬnative日本人は、元来の終止形が「せる」となる動詞には機械的かつ無意識にサ行の文字を1つに限らず入れることがわかる。

この現象はもちろん、「させていただきます」の蔓延によって無批判かつ無意識に影響されたために起きたことは明らかなり。
　2006年3月21日、朝日朝刊、社説で「世界を揺るがせる波だ」⇒「世界を揺るがす波だ」。
　どの項目に入れたらよいかがハッキリせぬため、仮にここへ置く。「揺るがせる」という連体形を持つ動詞は存せず。全国新聞の社説の見出しなのであるから、これほど恥ずかしい文法（動詞の活用）違反はあるまい。

8. 使役形を使う能力の退化現象の変形：受動態

「**送還させられる**」（2005年3月1日、朝日朝刊、「安どつかの間、難民認定されず」記事のp.6）⇒「送還される」。
　「送還する」は他動詞なので、受動態はそのまま「られる」を付けたらよい。ところが、基本形が「送還する」であることが頭に浮かばず、「送還させる」が基本形であると誤解してから受動態を作ると頭が混乱してこのような誤りに至る。
　「送還させる」は形としては存在するが、しかし、この形を使うことが考えられる場面は事実上存在せず。無理に話しを作って見ると、出入国管理事務所の所長が所員に命令して「させる」以外にはあり得ず。ところが、この記事では「させられた」対象者は難民なのであって、難民が所長から命令されて難民たる当人以外の第三者を送還させた事実の記事にあらず。

9. 敬語法の誤用

(1)　丁寧語の濫用による誤用
　かなり以前から敬語法については乱れを通り越して、使用不能者が増えてきている時代になったようである。しかし日本文化の特徴の一角をなすのであるから、敬語法の正しい運用能力の養成はとくに義務教育年代では重要である。

別の角度から見ると、敬語には発言文の主語が話者か相手かを示す作用がある（井上 1999）。

ところが、学校では用法、とくに誤用例、を用いて分析的に説明をして生徒に理解させるようにしておらぬのであろうと考える。この「誤用例を用いて分析的に説明する」という教育方法は生徒への印象を強く与えることができ、記憶に残りやすく、かつ効果が大きい手法であるから義務教育での国語教員にぜひ採用していただきたい。

3種の敬語法の中では謙譲語の「あげる」を人間とは違う動物や植物、挙句の果てには無生物にまで使うことが悪名高くて、多くの悪文系の書物で指摘されている。そこで二番煎じを避けるべく、ここではただ「あげる」の使用原則だけを書き留めることにする。その原則とは、漢字で「上げる」と書くとわかるように、もとは「差し上げる」に由来するのであって、相手への敬意を自分がへりくだる動作で表すべく、両方の手の平で捧げ持って与えることを表す言葉なり。

一方、丁寧語の「ます」および謙譲語の「いただく」の機械的でかつ過度の使用が近年目に余る。初めに「ます」を扱うことにする。

NHK TV 1ch での例は、

「取り付けられていました車体と」（2005年5月6日、19：00、畠山アナウンサー）⇒「いた」。ならびに、

「よく見ますと」（2005年3月18日、19：05、畠山アナウンサー）⇒「見ると」。

生じた事実を不特定多数の相手に伝達する役割であるニュース番組で、しかも文末ならまだしも、文の途中で丁寧語を挟むのは厳格には用法違反なり。ニュースは起こった事実だけをきびきびと読み上げていくべし。

あきれて物が言えぬ事例は、佐竹・西尾（2005）の『敬語の教科書』と銘打った本の中で「以上述べてきましたように、…述べています」と書いてあることである。

書き言葉では「敬語は文末に一度」を厳格に守らぬとくどくて目障りとなり、言いたいことの印象が薄まる逆効果しか生まぬことを肝に銘ずべし。

あろうことか、「ます」と「です」とを接着させて言う「ますです」は、最悪

の無教養のサインなり。1999年3月2日、23：26、NHKラジオ第一放送、カワムラ・ヨウコというアナウンサーが言った「ありますですね」には開いた口がふさがらず。

　いやいや、これはNHKではありふれた間違いのようである。その事例としては2005年3月1日、15：35、荒川香菊が言った「e-learningという言葉を聞いたことがありますでしょうか」、宇田川清江が2005年5月2日、00：15に言った「なりましたですよね」が挙げられる。話し言葉が専門たるアナウンサーなのにもかかわらず勉強不足であることにはあきれる。その上、TVと違って声だけで勝負するラジオに出演する覚悟が足りぬ。

　2006年2月22日20：40、NHKラジオ第二放送、高校講座英語2、担当講師の石田正近、「合っていましたでしょうか」⇒「いましたか」。

　本質的には「したです」の型に属する誤りである。英語が専門の教員が母語の敬語とアクセント（sectionが違うのでここには提示せず）とを間違うことは恥である。

　井上（1999）によれば「です」は幕末に現れ、いまだ発達中の言い方であり、「ますです」は「ます」だけでは敬意が足りぬと感じて「です」も付けるせいであると説明している。要するに過剰敬語である。

　「お送りいただきますようお願いいたします」（専修大学の書類送付案内状の文中で）⇒「お送りくださるよう」。

　「よう」の役割の文法的解釈はさておき、「いただく」のは発話者であるから、「いただきます（正しくは「ください」）」で文を切らずに「よう」で続けると、日本語では主語が省略されている場合には約束として発話者であることになるから、自分自身に「送ってくれ」と「願う」ことになるのでこの文は完全なる誤りである。

　さらに指摘する点がある。それは、もう何度も説明したことではあるが、「ます」は文の最後の動詞だけに付ける。そうすることが目障りにならぬので好ましい。知識と教養とを磨くための機関であるはずの大学なのに困ったことである。教員と違って事務員は無教養でも良いのであろうか。

　この表現は客商売の文に多い。たとえばフリーダイヤルでの問い合わせ用

電話にかけると、「このまましばらく**お待ちいただきますよう**お願い申し上げます」の類のテープ録音が流れる場合が多い。この表現もまた自動音声の吹き込み者が自分が「待つ」ことを自分自身に対して「願う」というおかしなことになる。「お持ちくださるよう」であるべし。

「発車と（または「に」）なります」（JR）⇒「発車します」。説明は同上。

「読み終わりました新聞は」（JR）⇒「読み終わった新聞は」。

掲示を書いた者自身が読んだのではないから丁寧語を使わずに単純な指示とすべし。

「降りましたホームでお待ちください」（JR）⇒「降りた」。および、

「降りましたホームの反対側で」（2005年8月2日、JR中央線の電車の車内アナウンス）⇒「降りた」。

日本語では話者たる主語の省略は許されている。ところが、この例では聞き手である客に対して「あなた方が降りた」と言っているのであるから、敬語を使うなら「お降りになった」と独立の尊敬動詞を使うべし。さらには、1文では最後の動詞のみで敬意を表せば良いという原則にかなっておらず。というわけで、三重の罪を犯している悪文なり。アナウンスした駅員自身が聞いて耳に障らぬのであろうか。不思議である。駅ではこの、文の中間に入れた「ます」が蔓延中である。

東京駅での例を右下に示す（写真6）。この例は、「**左側にあります**自動券売機**を**」と、単なる事実についての不必要な丁寧表現を不特定多数の利用者向けの通知文の途中で使う誤りなり。丁寧語は文の最後に1回使えば良いとの決まりを義務教育時代に頭に叩き込む必要がある。

(2) 丁寧語の濫用による誤用の変形：
「に＋連用形＋て（は）」の形に丁寧語を挟んで
「に＋連用形＋まし＋て（は）」とする誤り

① 「…にとりましては」の型

この型は、NHKラジオ第一放送では、ワールド・

写真6

レポートのカタカミ・ナオコ女史がたびたび使う。「…にとっては」を語尾変化させる誤りなり（説明は、後記の「につきましては」を見よ）。

② 「…に伴いまして」の型

「事故に伴いまして」（2004年11月19日、19：50、NHKラジオ第一放送、ニュース、交通情報の藤田）⇒「に伴って」。

③ 「によりますと」の型

「他の学科の教授によりますと」（1991年、朝日、投書「教師の英語力、見直しが必要」by デービッド・カールソン）⇒「によると」。

新聞や雑誌への投書では自分の文章を完璧に検査してから投稿すべきである。一方、編集者は通常の記事と同様、敬語法を含む文法チェックをすべきである。敬語は最近の日本人にも難しいから外国人には習得は極めて困難であることを認識させられる事例である。さてどういう点で敬語法違反かというと、丁寧語の問題である。丁寧語は、日本人でも最近よく間違って使っている敬語区分である。

事実を述べる場合に動詞「よる（寄る）」から生じた接続助詞的な形「によりて」または［によって］に対して丁寧語「ます」を使うのはおかしい。国会議員が演説でこの過剰敬語の一種を頻繁に使っているのは聞き苦しい限りである。

他の例を引用すると、次のとおりである。

「出版社によりますと」（2005年8月24日？、NHK総合TV、ニュース）、

「それによりますと」（2005年8月16日、22：25および23：03、ニュース）、

「東京都教育委員会によりますと」（2005年8月5日、20：48、NHK総合TV、ニュース）、

「警察によりますと」（2005年7月31日、22：05、NHKラジオ第一放送、阿部陽子アナウンサー、および2005年3月18日、21：00同チャンネル、畠山アナウンサー）。

「消費者物価によりますと」（2005年3月16日23：05、NHKラジオ第一放送）。

④ 「におきましては」の型

出現例はNHK、総合TV、ニュース、2004年11月6日、17：05。動詞の

「置く」とは違うので「においては」であるべし。ほかの例は、
　「新宿駅に**おきまして**人が線路に立ち入ったため」⇒「において」。
　この表現は大げさなので好ましからず。単に事実を伝えるには「新宿駅で」と素直に述べるほうが良い。ならびに、
　「霞ヶ関駅に**おきまして**エレベーター設置工事を行ないます」⇒「において」。
　この駅の構内での掲示である。公共機関での不特定多数の人間への純然たる通知で丁寧語を使うことがそもそも好ましくない。その上これら「おきまして」がさらに良くないわけは、問題部分が動詞にあらずして、小学館国語大辞典では「において」の形で格助詞的に用いるとある。当てる漢字からしてそもそも異なっており、「置いて」にあらずして「於いて」であるから、活用させることができぬ言葉なり。この場合も「で」を使う方が素直なので好ましい。

⑤　雑

　「…地方に**かけましては**」（2005年8月10日、22：50、NHKラジオ、天気予報係の関口イサム）⇒「にかけては」。
　「に＋動詞の連用形＋て」で接続格の連語を作る場合は動詞部分を語形変化させてはならぬ。さらに、後記の「**につきましては**」を見よ。笑ってしまうのは、この間違いのあとで二度正しく言ったことなり。この不統一がまた批判されるべし。
　「犯罪行為を**見かけましたときは**」（2005年8月3日、以下2例とともに、JR中央線の車内アナウンスで）⇒「見かけたときは」。
　何度も出てくる、不特定多数向けの放送で従属節の動詞に丁寧語をつける罪。敬語は、文の最後に1回だけ使うとくどさが減るし、かつ中身が早く伝わるので、好ましい作法なり。
　「喫煙所を**除きましては**」⇒「除いては」。
　放送している係員が取り除くのではないから丁寧に言う必要がなく、事実のみを単純に伝達すべし。後記の「**につきましては**」を見よ。
　「ご乗車に**なりまして**お待ちください」⇒「になって」。
　尊敬の動詞である「なる」で尊敬の形になっているので、丁寧語「ます」を付けても無意味。「なって」とすべし。比較的古い用法での「ます」には謙譲の

意味もあるのであるが、しかしそうなると立場が逆になって、乗車するのが発言者たる駅員ということになり、敬意の対象が自分に向くことになってなおさらおかしい。

(3) 尊敬語と謙譲語との誤用

　この型の間違いを生じる根本原因は従属節で使うことである。

　「…をいただいた（人名）さん」（1983年1月17日、20：50、NHKラジオ、ゲストの高見千佳）などの形が問題である。この例のように、たとえば相手のことを頭に浮かべて、「くださる」とすべき場合に、相手のことを頭に描かずに自動的に口が先走って「いただく」と言ってしまうことは枚挙の暇が無いくらい普通となっている。これが誤りである理由は、説明を英文法的な人称の間の関係図を書いて行なう必要があるので、なかなか面倒である。

　この文では、「いただく」という話者の動作であるはずの行為が従属節となっているせいで、第三者である誰かさんがいただいたことになる。そうなると、「いただいた」人間が実態とは違っているし、「いただく」の用法上も間違っている。論理が破壊されていることになる。

　「いただく」は一人称たる話者が自分のもらう行為をへりくだるために使う表現であるにもかかわらず、ラジオの聴取者の中の1人である二人称の相手に対する尊敬のつもりで使っていることが間違いの原因である。仮に英文であるとして、「いただいた」のうしろに関係代名詞があったとしてもなお誤っている。

　これは、「いただく」の後ろに新しい節（clause）を続けて言うことから生じる。主語を欠いた文であることのほかに、2つの文（節）を文（sentence）として終わらせずにつなぐことによって日本民族に特有である、断言を避けることの弊害が現れているわけである。「私が…をいただいた誰々さん」と、主語（話者）を明示することが「いただく」を使いたい場合に論理矛盾を避ける唯一のやり方である。もちろん、主語を言いたくないならば「くださる」と言わねばならぬ。

　目的格の助詞「を」が入っておらぬので上の例とは少し構造が違うが、印刷物での誤りの例は、日外アソーシエーツ（株）のCD-ROM辞書の発売案内文

書で、

「直接小社へご**注文いただいた方には**」⇒「**注文くださった方**」。あるいは、「いただく」を使うならば「小社が」であるべし。

謙譲語について井上（1999）は次のように言っており、私は氏の主張にまったく賛成する。すなわち、敬語で育ちや人柄までわかる。言葉は場面に応じた使い分けが必要である。敬語はよそ行きの服装にあたる。この意味で最も効果的なのが謙譲語である。謙譲語を使いこなせることが敬語能力の判別手段となる。

「お仕事が**決められたら**」「お仕事が**見つかられていない方**」「お**支払いされる**」「お仕事を**持たれていない方**」（2003年7月31日、13：30-16：30の雇用保険給付説明会での八王子職安の係員および失業認定日で書類返却担当の係員の言葉）⇒「決まったら」。「見つかっていない」。「支払いが（な）される」。「持っていらっしゃらない」。

おそらくこの役所では、敬語法のめちゃくちゃな誤用が全員に近く蔓延しているのであろう。最近間違う人が増えてきている、物や事を尊敬するという、敬語の役割をまったく理解しておらぬ例である。最後の例は聴衆に向かって敬語を使っているので人間を対象としていて正しいように見えるが、しかし、一般的な人間に言っており、特定の個人に対してではない。敬語を使わずに事実だけを述べるほうが良いにもかかわらず尊敬語を使っており、その上敬語を使用する対象の種類を無視している。この場合には、どうしても尊敬語を使いたい場合には上の訂正例が可能である。

しかし、仕事に「お」を付けているので、一文の中で動詞および補助動詞が2つ以上（最後の例では「持つ」と「いる」）使ってあれば丁寧語を含めた尊敬型にするための動詞は最後の1つだけにすべしという使用原則の知識が無いということになる。ここまで確信犯か、知識が無いかのどれかであろうと思える青年にお目にかかったことがないので、今後の敬語の行く末を暗示する出来事であった。

「症状が**お変わりにならない**場合は」（河野（2003）『場面別これが正しい接客の敬語です』、p.110）⇒「症状が変わらない場合は」。

この著者がこの例文で指導していることは「になる」を使えということである。しかし、そのような用法以前に、誰を尊敬するのかという、敬意の対象は人でなければならぬという思想がわかっておらぬ。この例文は敬語法上誤っている文の訂正表現として河野氏が示したものであるが、「症状」を尊敬しているので、完全な誤用である。
　ニュースのアナウンスで、
　「ウガンダから5人が**参加いたしました**」⇒「参加しました」。
　ニュース記事であって、アナウンサー自身が参加したのではないので謙譲形にしてはならぬ。
　誉めることも一度くらいはせねばなるまいということで、これは感心という例を1つ挙げておく。JALとANKの機内放送では「ご搭乗くださいましてありがとうございました」と言っている。さすがに航空会社は言葉遣いの研修がしっかりしているようである。普通の会社ならば最近流行の誤り表現「ご…いただきまして」を使って「ご搭乗いただきまして」というところなり。
　① 「いたします」
　「何にいたしますか」⇒「なさいますか」。
　よく取り上げられる、商店での誤用であり、客に対してその客が何を買いたいのかを尋ねるべき場面であるにもかかわらず、「する」の謙譲表現を用いて店側の話者が自分自身に尋ねる形になっている。次の記録例は、
　「(第三者たる芸人が)…で**デビューいたしまして**」(2000年10月19日、03：05、NHKラジオ、ニュース、宇田川清江アナウンサー)⇒「デビューして」、
　および、
　「(第三者たる芸人が)…に**入門いたしまして**」(2005年5月8日、19：45、NHKラジオ第一放送、玉置宏アナウンサー)⇒「入門して」。
　これらの行為をした者はアナウンサーたるこの人達が紹介している芸人であって、自分達自身がデビューあるいは入門したのではないからこの表現は誤りである。この両アナウンサーはこの機械的表現が口癖であるが、言葉が専門の職業としての厳しい自覚を持ってほしい。

さらに望ましくは、インタビューしていてこの芸人が目の前にいるのではなくて、過去の事実を報道しているのであるから、丁寧表現の「ます」も使わぬほうが良い。
　JRで、
「列車が**通過いたします**」⇒「通過します」。
　謙譲語である「いたす」は発言者が自分の行為についてへりくだる場合に使うべきであって、列車という無生物の移動の事実を伝える目的では使わぬほうが良い。
　またJRで、
「まもなく**電車が参ります**」⇒「電車が来ます」。
　および、
「**この電車で参りますと**」⇒「この電車で行くと」または「行きますと」。
　謙譲語「参る」を使ってホームの乗客に対して放送係員がへりくだる必要は無し。この表現は井上（1999）も取り上げており、謙譲語が自分側のものとは言い切れぬときにも使われる例として謙譲語の丁寧語化であると表現している。しかし、敬語法というよりは「参る」動詞の主語が食い違っていることが問題なのである。
　ここまでの事例によって、JRという公共輸送会社は日本語、とくに敬語の誤用例を多量に製造して空間に撒き散らす組織であることがわかる。毎日毎日間違った敬語を駅で大音量で一日中流し続けるならば、首都圏では甚大な悪影響をもたらすに違いない。英会話の勉強方法と同じであって、繰り返し耳から注入されると記憶が固定され、運用できる水準に達するからである。
　駅と電車内との放送の雑多な敬語表現の誤りでは次を記録してある。
「定期券を**購入される方は**」⇒「購入なさる方は」。
　「される」は、独立の尊敬動詞の存在を常に気にするようになることを期待して、受動態にのみ使うことが好ましい。「れる」と「られる」とが頻繁に現れると耳障りであるし、また単調になることも問題である。
　② 「いたします」の否定形
「忘れ物を**いたしませんよう**お気をつけください」（地下鉄東西線の車内放送）

⇒「…なさらぬよう…」。

この表現では発話者たる車掌が自分に警告していることになっている。

③ 「ご（お）…です」

商業の宣伝で

「**お使いですか**」。

「ご（お）…です」は謙譲表現である。ところがこれは尊敬のつもりのはずなので「お使いになりますか」または「お使いになっていらっしゃい（い）ますか」であるべし。訂正例の後者は三重敬語のように見えるが、しかし、「なる」と「いる」とは別の意味の動詞なので「なった状態にある」の意味となるので許され、丁寧語「お」と「ます」とは、これらを省くと侍が町人を見下して言うような感じになるので、必要である。

BICカメラの立川店では、買う商品をレジに持って行ってポイント・カードを出すと、「ポイントは**おため**ですか」と言ってくる。この表現では「おため」は名詞や形容詞になっている。もちろん「おためになりますか」と独立の尊敬用動詞を使わなければならぬ。この形に属する最悪の表現型は、食堂チェーン店たる「松屋」の各店舗で聞くのでマニュアルがあるに違いない、「**以上でお揃いですか**」なり。単なる敬語法の誤りに加えて、誰に対してものを言っているのかを自覚せずに、注文品を出したとたんにマニュアルに書いてある通りに機械的に従業員が発声することがこの問題表現の原因なり。この表現の通りに理解するならば、注文した客という人間に対して「勢ぞろいしたか」と尋ねていることになるし、さらには、注文したのは1人なのであるから人間の場合には隊列を組むことを表す自動詞「揃う」ことは、人数が足りぬゆえ不可能であるという何ともめちゃくちゃな状況となる。

④ 「ご（お）＋動詞起源の名詞＋できます（せん）」

たとえば、「**お買い求めできます**」⇒「お買い求めになれます」。

この例として東京駅構内の掲示を右に示す（写真7）。

否定形の例は、

写真7

「ご乗車できません」⇒「ご乗車になれません」。

　これは公衆に対する通知および通告でよく見られ、よく指摘されている、誤った形である。2005年8月1日、東京駅のホームのアナウンスで「ご乗車になれませんのでご注意ください。」と、独立の尊敬動詞を使っての正しい敬語表現を聞いた。それで、たまには誉める記事を載せようとしてメモした直後に、何たることか、同じ係員が「ご乗車できませんので…」と悪名高き誤り敬語の誤用表現を使ったので、あれれ。不統一な敬語表現になったことが残念なり。

　⑤　ご＋名詞＋動詞の連用形＋まして＋主節」

　たとえば最も多い例が、

「ご利用いただきましてありがとうございます」⇒「ご利用くださいまして」。

「ご…です」も「いただく」もともに謙譲表現なので、後続の「ありがたし」という表現にて礼を述べることと混在している点が間違いの元なのである。まず感謝すべき対象者（群）を頭に描き、「あなた（方）がご利用になる」という文を作ってから主節たる主語付きの文「私がありがたく思う」との文を作り、しかる後に両部分を結合しつつ敬語を決定するようにせぬことから生じる、サービス業に非常に多い誤り。この説明でわかりにくければ、次のようにぞんざい表現をすればわかるはずである。

　つまり、「使ってもらってありがとう」と「使ってくれてありがとう」との両者の発話者が自身か相手かのどちらを頭に浮かべたかを考えると良くわかるはずと思うがどうであろうか。本質は「もらう」と「くれる」の違いなり。前者は自身を考え、後者は相手のことを考えているから、いずれが相手を尊敬している表現かがわかるであろう。関東弁では両者共にgiveの意で使っている（た）が。

　さらにわかりやすく挿入句を加えて「私がもらう」に対して「あなたがくれる」と表現すれば誰にも完全に理解できる。このように誤った謙譲語表現が錯綜してしまう原因は日本語の特徴たる、主語を省くことにあるのである。礼を言う場合にその対象者のことを考えぬことは主語の省略とは異なる問題であるゆえ、無教養の結果としての罪が大きい。

「東京モノレールをご利用いただきましてありがとうございます」（2005年

8月1日、羽田空港から浜松町へのモノレール内のアナウンス）⇒「ご利用くださいまして」。

　上記のごとく、最近の敬語運用能力の低下の中の中心をなす言葉が「いただく」なり。この言葉は、たいていの場合では「くださる」と言うべき場面であると言うことができる。

　話者、聴き手、さらには第三者の関係を、敬意を表する相手を確定しつつ判定せねばならぬから敬語は難しいのである。この例では実際には「いただく」という「謙譲」ではなくて「利用して『くれた』」相手（アナウンスの聴き手）に対して「敬意」を表すべき場面なのである。大げさに言うならば、関係分析能力があり、かつ文章構造についての論理的な考え方ができる者でなければ謙譲語の厳格な運用はできぬと言うことができる。

　加えて、理想的には、日本語的な状態表現である「ありがたし」とは違う、英語的な動作表現用の他動詞、たとえば「お礼を申し上げる」または「感謝いたす」を使うべきなのである。これらの考察をまとめて完全文で訂正文を書くと、

　「東京モノレールをご利用くださったことに対してお礼を申し上げます。」

となる。この文ならば敬意を表す相手を言わずともそれが明らかになっている。

　とはいうものの、このような複雑な処理を経ねば正しい敬語表現とならぬ原因はこの表現のどこにあるのであろうか。

　問題には2つあって、1つは相手に礼を言うことが目的であるにもかかわらず、後の文で「感謝する」などの一般動詞である他動詞を使わずに、「有り難し（である）」という、英文法で言う「状態」を表しているだけであって、礼を言うべき自分の責任所在を表さぬ、be動詞を使うことにある。英文法で完了形と進行形の説明で使われる、動詞での表現に「状態」と「動作」とを分ける考えは、日本とインド・ヨーロッパ語族の国民との比較社会あるいは比較文化的な論題でもある。

　「自然にそうなる」と言いたくて、話者もそして誰も、起こったことに責任を負いたくありませんと宣言するためにbe動詞を使って「状態」表現で逃げるという、日本人の特質が現れておるのである。

　もう1つの問題は、「て」で二文をつなぐことが原因となって、前半の文（節

clause）では相手の動作に注目することによって「くださる」という尊敬動詞を用いて「利用してくださった」と表すべき内容が、自分の動作に注目する謙譲の「いただく」になってしまっていることにある。

　この問題事例でも表現の目的は相手を尊敬し、感謝したいのであるから、そもそも「話者」の行為を扱う動詞たる謙譲語「いただく」を単文以外で使ってはならぬと考えれば改善できるかもしれぬ。操作的には、「あなたが」と頭の中で言ってみてから文を作ると、「くれた」⇒尊敬語「くださった」を思いつくことができるようになる。逆に、頭の中で「あなたがいただく」と言ってみるならば、いくら分析力が足りぬ者でも主客転倒となっていておかしいということが直感的にわかると思うがどうであろうか。

　実は私はこの表現がおかしいことは直感で昔から感じていたが、なぜおかしいのかを説明できるまでに、時おり思い出した際に考えていたせいで、数十年かかってしまった。それほどこの表現は複雑な誤りの重層構造をなしているのである。本稿の執筆にあたって本気で分析に取り組んでようやく説明することができたほどに「いただく」問題はむつかしいと言える。

⑥　「ご利用」のいろいろな型

　東京駅の掲示を右に示す（写真8）。

　この変種の1つは、

「ご利用いただけます」⇒「ご利用になれます」。厳格には「ご利用になることができます」。

　外食チェーン店である松屋と東京駅との掲示で見た。後者の証拠写真を次頁に示す（写真9）。

　さらに他の東京駅での変種は次頁の写真10である。

　京王線電車での中つり掲示で、

「お客様がご利用しやすい駅をめざして」⇒「ご利用になりやすい」。

　独立した尊敬の動詞「なる」の知識の欠如であり、最近商売系で多い誤り。

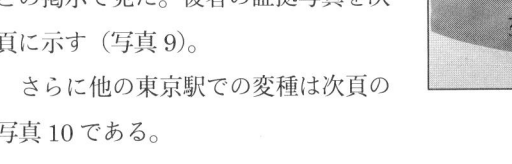

写真8

「させていただく」もそうであるが、どうして客扱い系は文法違反表現を煩雑に作り出して流行らせて日本語を乱そうとするのか。

「ご利用いただけます」の基本形としての「ご利用する」については、NHK ラジオ 第一放送、2004 年 11 月 18 日、14：25 で「子供の心相談」の担当者であった佐藤氏（順天堂大学精神科教授）が使った。加えて偶然、この大学の掲示についても間違っている文例を本書に収めた。

「ご利用…」にはいくつか変形がある。たとえば「ご利用下さい」については東京駅の掲示を右下に示す（写真 11）。

これは「ご利用になって下さい」でなければならぬ。

この例は多いので、さらに東京駅の掲示を挙げると下記のとおりである。

写真 12、13 の例では「ご利用される」となっており、問題が多い多義的な助動詞である「れる、られる」をいつでもどこでも機械的に使って済ます結果である。「ご利用になる」が正しい表現である。

駅では乗客相手の掲示が多いので、まだまだいくらでも変形を見つけることができる。次頁の写真 14 に上野駅の例を示す。

ここでは「ご利用出来ません」となっているが、しかし、正しくは「ご利用になれません」である。

同じ型の誤りとして、国税庁のホームペー

写真 9

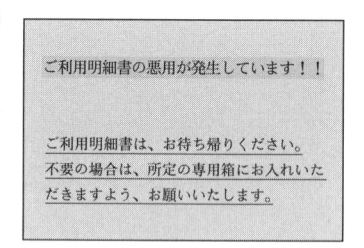

写真 10

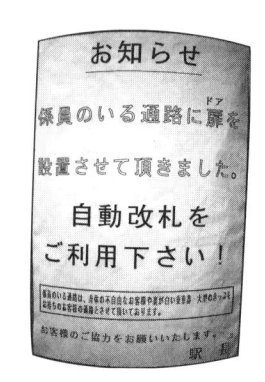

写真 11

ジの電子申告のページ https:// www. keisan.nta.go.jp/h17/ta_top.htm で、

「ご利用できない方」⇒「ご利用になれない方」。

最後の「ご利用」系の問題表現の変形は、方々で見たり聞いたりする。

「ご利用ありがとうございました。」

これは他の項でも説明したように、日本語の特徴たる「状態文」になっているので、相手のことを考える問題を取り扱う敬語論の場合には問題を元々はらんでいる。

この例では誰に礼を言うか他動詞を使って示してあらざるゆえ、形式上は一種の欠陥文となっている。他動詞を使って敬語に関して話者と聴き手との代名詞を明示してみると、「あなたが利用してくれたことに対して私があなたに礼を言う（または、感謝する）」となる。

両者が対面している場合には話者のだけでなく聴き手の代名詞をも省略することができるし、謙譲語の「ご」を使えば聴き手向けであることは明らかとなるので、欠陥を直した正解文は、「ご利用くださったことにお礼申し上げます」または「ご利用を感謝します」となる。

写真12

写真13

写真14

この改訂例の文では主語も敬意の対象者も明示してはありませんが、他動詞を使っているので聴き手に対して礼を述べたことが明らかとなっております。ところが「ありがたし」を使うと、「有る」ことの発生確率が非常に低いと言っ

ているだけとなり、聞き手のことを考えておらぬ形式になっているので、字面だけからは本当は礼を述べたことになっておりません。

　両改訂例の組み合わせも可能であって、次のようになります。「ご利用くださいまして、ありがとうございました。」

　この例では上記のごとく、「ありがたし」を使っている点で問題があります。しかし、これの前半分は「…くださった」という表現なのでこの動詞の意味から考えて、話者の代名詞を使わずとも「あなたが…してくれた」という、聴き手を考えた内容になっており、文全体としては聞き手への礼を表現してあることになります。

　念のために注意を喚起しておきます。誤用の例の割合の方が多いくらいである謙譲動詞の「いただく」を「くださる」の代わりに使うと、敬語に関する人称と敬意表示との関係が壊れるので絶対に使ってはなりません。この言葉の抑制は教養の現れといってもよろしい。ところが、商人を中心として、「いただく」を機械的に使う者どもが大増殖中なのであります。

　本書の読者が1年間、謙譲動詞「いただく」を使わずに尊敬動詞「くださる」を使うように努めるならば、育ちが良いとの評判を年配者から勝ち取ることができますよ。それほどに、近年、「くださる」はどういうわけか使いにくい尊敬専用動詞となってきているようであります。発声にエネルギーが要る「カ行」のせいかもしれません。

　しかし、ここで、誤用が多く見られる謙譲語の「いただく」を使うならば、敬語使用時の人称と敬意表示との関係が壊れることが、これまでの解説から、明らかなはずであります。

　こうして種々の型の「ご利用」を見てくると、このグループの意味の中心たる「ご利用」そのものを使わぬように輸送業界に指導することが必要であるように思えてくる。そもそも尊敬表現は個人間で使うべきものなので、集団たる乗客を対象とする通知や警告のような高度に事務的な文書であるにもかかわらず、丁寧語ならいざ知らず、尊敬表現を無理に使おうとするから、間違いが生じるのである。

　そこで提案としては、動詞起源の漢字熟語名詞たるこの言葉から「ご」を取

り去って「利用」だけにせよということである。文全体の例を示すならば、「ご利用できません」の代わりに単に「利用できません」の形で事実や決まりを伝えることなり。これは取りも直さず、理系作文技法の3原則の1つたる「conciseに書け」を学ぶべしということなり。

⑦　雑

さて代わって、電車の車内アナウンスでの例を列挙する。

「**お入れいただきますよう**」は「お入れくださるよう」であるべし。

「**ご乗車いただきましてありがとうございます**」（2004年11月13日、JR中央線の車掌）⇒「ご乗車くださいまして」。

「**ご乗車になられましたら**」（2004年10月26日、JR中央線の車掌）。

これは「ご…になる」という、それのみで完全に目的を達することができる独立した尊敬語に対してそれ以上は不要な尊敬用法の「られる」を加え、さらにもう1つ丁寧語の「ます」を重ねた結果として3層構造となった、過剰包装的な構造を持つ最悪表現である。井上（1999）の表現を拡張すれば「三重敬語による敬意低減」となっているのである。この形の他の例としては、同じ中央線の車内（2005年7月10日）での二重敬語（ご…なる＋ます）＋謙譲語（お）の型である、

「**ご乗車になりましてお待ちください**」⇒「ご乗車になって」。

ならびに廃品回収屋のアナウンスの二重敬語（ご…なる＋ます）である、

「**ご不要になりました粗大ゴミを回収いたします**」⇒「ご不要になった」。

尊敬語としてではなく一般動詞としての「なる」の奇妙な用例が、相撲放送で普通に現れている。それは、「**勝ち越しはなりませんでした**」や「**勝ち越しこそならなかったものの**」である。これらは、単純に言うならば、「勝ち越せませんでした」および「勝ち越すことができませんでした」であるべき表現である。素直に単独の動詞で表せばよい厳しいスポーツの勝敗を、なぜわざわざ名詞を使ってぼやかして言うのか。

やはり日本人の好きな、自然にそうなったと言いたい潜在意識が働くからであろう。しかし勝敗を争う競技の結果についてそのような態度で放送することはやはり好ましからず。

謙譲語の「伺う」を丁寧語として使った例は次である。2005年1月15日、NHKラジオ第一放送、23：10、ラジオ深夜便で、宇田川清江アナウンサー、「蔵王に**伺いまして**、」⇒「行って」。

これは対談相手に対しての発言であり、第三者である蔵王という地名は聴き手に関係する場所にはあらざるゆえ、謙譲表現をする必要が無い。好意的に解釈すれば、女房言葉的に丁寧に言おうとしたのかもしれぬ。

「ご」は他人の行為を表す名詞につく謙譲を表す接頭辞である。eflj というインターネット上のメーリングリストへの某教授の投稿として現れた「**ご尊敬している…先生**」の形は、自分の行為を現しており、しかも「ご」を動詞に付けている。二重の運用違反を犯していることになる。英語教育が専門たるこの教授がこのような表現を犯していることから、英語教員は母語の十分な知識と運用能力との上に英語という専門を築いているということにはあらざるかも知れず。

(4) 接続詞を活用させて丁寧表現のように見せかける誤り

「したがいまして」は、動詞である「従う」と接続詞である「したがって」とはそもそも品詞が違うとの知識が無い、無教養の現れであるから、本書の読者は気をつけられたし。さらに、「ですから、」が存在するのであるから、むしろ話し言葉としてはそれを使うべし。

たまには誉めることもしましょうかねえ。

「したがって」(2005年8月7日、00:40、NHKラジオ第一放送、「老いを豊かに」村田幸子)。

この接続用法の連語は、近年、「したがいまして、」として動詞部分を語尾変化させる間違いが普通であるし、加えて、女性一般に丁寧語や謙譲語を使いすぎる傾向があるにもかかわらず、丁寧語を挟まずに正しくお使いになったので、この方はさすが福祉 journalist として専門的に活躍している方であると感心しました。これは本当は感心するようなことではありませんので、困ったなまくら言葉時代であります。

(5)　「いただけます」

「ご利用いただけます」が蔓延中なり。可能を表す一般動詞「いただける」とは違って謙譲語の「いただく」は補助動詞であるから、連用形につけるべき「ます」を付けると「て」を伴って「利用していただきます」となる。ところが、この文の目的は可能を表したいのであろうから、無理に「いただける」を使って改訂すると「ご利用をしていただけます」となる。しかし「ご利用になれます」が正しい形、つまり尊敬表現である。つまり、「使うことができますよ」と知らせるときに謙譲表現をすることは、相手のことを考えておらぬ点で不適当なのである。

(6)　「させていただく」症候群

「ご登録されている皆様宛に配信させて頂いております」（OLYMPUS CAMEDIA Mailing List から）。

浄土真宗の、何事も阿弥陀如来様の「おかげ」であるとする思想から始まると司馬が説明し、近江商人によって広まったと池上（2003年）が推定する、悪名高い壊れた構造を持つ擬似謙譲表現としての「させていただく」である。これは、他に独立の項目としても論じてあるが、この再帰的使役形での言い方が良くないのは、発話者が発話者自身を「させて良いか」と聴き手に尋ねる形であることが自然にあらざるゆえである。

さらに、この形を万が一許すとしても、尋ねたことに対して「して良い」と許しを受けなければおかしいことになる。しかし、実は許しを受けずに発話者がすでにその行為をすることに決めてあって、そうするに違いないのでさらに奇妙な表現となる。発話者は自身が望む行為をすでに決めてあるのであるから、謙譲形を使わねばならぬ場面である。

「させていただく」系の表現の最悪な例は町内の小売店が出す、「お盆なので…**休ませていただきます**」である。これは、不特定多数の相手に対しての掲示であり、そのような大勢から休んで良いとの許可をもらったわけがないから、なおさらおかしな日本語になっている。

「させていただく」表現は敬語の丁寧語化の一種であると井上（1999）はみ

なしている。また氏は、恩恵関係と受恵関係とを前面に出して上下関係を薄めて、従来型の敬語表現を避けているとも言う。言語表現は明晰でなければならぬという原則を大切に思うならば、「丁寧語化」などという理屈付けは困る。

「させていただく」の話し言葉を、2005 年 5 月 14 日に立川市の国立国語研究所移転記念講演会での講演者であった所長の杉戸氏と研究開発部門の吉岡氏との発言から採集したことは何と皮肉であることよ。

「お知らせが無ければ**通過させていただきます**」（2005 年 11 月 15 日渋谷駅発世田谷区民会館行きの東急バスの車内放送）⇒「通過します」あるいは「通過いたします」。

ところが赤信号で停車して発車する際の放送では「発車いたします」と正しく表現している。両者の表現の違いは何か。それは降車ボタンに関係する。乗客が降車ボタンを押さぬ場合には停留所通過の確認のために尋ねたつもり、そして許可を得たつもり、になっている。でもねえ、「お知らせが無ければ」の部分で乗客に対して確かめているので、やはり「**させていただきます**」は要りません。流行に乗って、捻じ曲がった表現を使わずに素直になってね、東急さん。

「させていただく」表現の書き言葉の例として 2004 年 12 月に撮影した東京駅の掲示をいろいろ示す（写真 15-1、15-2、16）。

写真 15-1

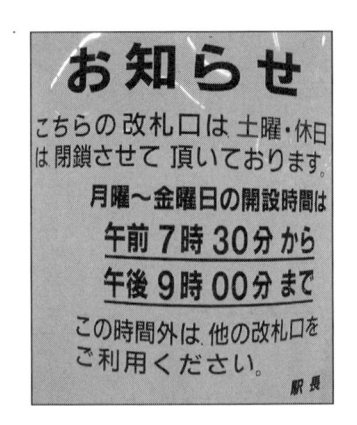

写真 15-2

写真16では左側のものがこの項の例である。「優先いたし（ており）ます」が正しい表現なり。その右側の掲示は敬語の問題として後段で論じてある、「**行かれる**」が使ってあり、これは「おいでになる」または「いらっしゃる」であるべし。

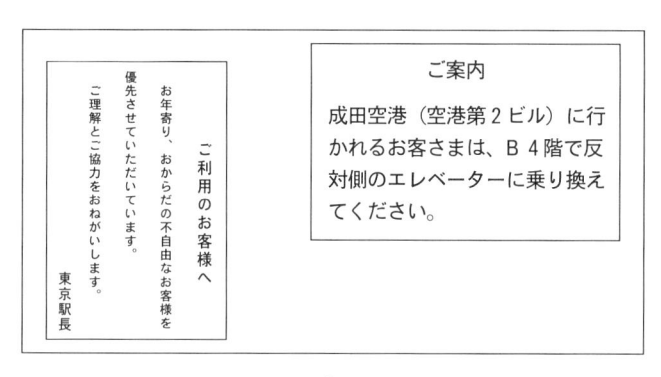

```
┌─────────────────────────────────────────┐
│  ┌──────────────┐   ┌──────────────────┐ │
│  │ご　お優お　ご │   │     ご案内       │ │
│  │理　ね先年利  │   │                  │ │
│  │解　がさ寄用  │   │ 成田空港（空港第2ビル）に行 │ │
│  │と　いせり、の│   │ かれるお客さまは、B 4階で反 │ │
│  │ご　して、お  │   │ 対側のエレベーターに乗り換え │ │
│  │協　まいお客  │   │ てください。     │ │
│  │力　すたかさ  │   │                  │ │
│  │を　。だら様  │   │                  │ │
│  │お　　いだへ  │   │                  │ │
│  │　　　ての    │   │                  │ │
│  │東　　い不    │   │                  │ │
│  │京　　ま自    │   │                  │ │
│  │駅　　す由    │   │                  │ │
│  │長　　。なお客様を │                  │ │
│  └──────────────┘   └──────────────────┘ │
└─────────────────────────────────────────┘
```

写真16

　2006年4月19日、23：30、NHKラジオ第一放送、岡崎市在住のレポーターである高木ヒロコ、「展示いたさせていただくのは」。
　この人は高齢であるにもかかわらず、昔は無かった「させていただく」を連発した。「やりもらい」関係での人称無視の機械的「させていただく」使用が高齢者にもはびこり始めた兆候である。その上、この人の場合、「いたす」という謙譲語を使いながら後ろに二重に機械的に「させていただく」をつけるという複合誤りを犯している。

(7)　文法的解釈ができぬもの
　「…しませんで」（NHKニュースと天気予報でよく現れる）⇒「せず。そして」または、「しません。そして」としてできれば接続詞を使うべし。
　最近講演などの場でこの「否定の丁寧形＋で」の形がはやっている。文法的分析以前に、直感的にも意味がはっきりせず。この「で」は本書中でそれ用に独立の項目を立てたほど誤用が頻出しているが、しかし、この例はそこで示した説明には該当せず。「ので」の省略形かと考えたが、しかし、理由を示すべき

文脈にはあらざりしゆえ、やはり説明できず。極端な省略の匂いがするので思い切って文字を多く挿入してみるならば、「ませんでしたので」であるような気がするが当たっておるかどうか。

　この「で」の役割を説明することはさておき、無理に丁寧語の「ます」を付けるとともに無理に中止法的な接続形にして後ろの文に続けようとするから理解不能な表現となるのであることを指摘しておく。誤解を生じぬ、正確な伝達を目標とする表現規則を適用すると、望ましい改訂法は改訂例のように、いったん文を切ることである。

　変形例を挙げておくと、「**予想していませんで**」（2005年8月24日？ NHK総合TV、ニュース、現地インタビューの相手）。

(8)　雑＋礼儀発言の間違い
「**花が咲いてくださいます**」（2005年3月11日、14：35、園芸相談の女回答者）⇒「花が咲きます」。
　女が始めたとされる、人間以外の第三者としての生物、あるいはひどい場合には無生物、に対して尊敬表現をとる誤りは、かなり以前から方々で指摘されている。しかし、この例のように、敬語法に関して誤って「いただく」を使わずに正しく「くださる」を使っている点は回答者の年齢から考えてさすがであるにもかかわらず、肝心の敬意を表する相手が植物とあってはその言語運用能力の落差に呆然としてしまった。
　嘆かわしいことは、この発言者が中高年女性であったことなり。中高年者が必ずしも正統な日本語を話すとは限らぬというデータを得たことになる。敬語体系の破壊は商人と女から始まる場合が多いようである。
　テレビのインタビューで、
「**おやりになる**」⇒「なさる」。
　単に独立の尊敬動詞「なさる」に無知なだけであるが、「する」のぞんざいな言葉である「やる」を使った時点ですでに下品となっている。それゆえ、それにいくら謙譲の「お」と尊敬動詞の「なる」を付けても敬意表現には転化せず、むしろ尊敬とぞんざいとの結合によって、どちらの立場で書いたのかがわから

ぬあいまいな状況を作り出しているという、書いた者の無教養が丸出しになった効果が出ている。どうせなら「されられる」とでもするほうが単に無知なだけであって、下品ではなくなるかもしれぬ。

　悪名高く、かつ多くの著述で指摘ならびに解説されてきた「れる、られる」問題については別の角度から論じるべく別の章を立ててあるので、ここでは扱わず。

　立川市のコンピュータと電化器具の販売店であるBICで支払う際に「ポイントは**おためでよろしいですか**」と尋ねてくる。「おため」は名詞であるが、しかし「でよいか」が続くと何を意味する言葉であるかが不明となる。相手の考えまたは行動を尋ねたいのであるから、「おためになりますか」と独立の尊敬動詞「なる」を使わねばならぬ質問文である。

　誤った敬意表現の最後の例として、松屋のような外食店で、若い客が「ご馳走様でした」と言い置いて出て行く姿をかなり目にする。「馳走」という言葉は、主人が客をもてなした時に食事のあとで客が礼を言うための表現である。「もてなし」は客が金を払わずに行なわれることに対して、食堂での飲食は客が代金を払った経済行為なのであるから、客が店側に礼を言うべきにあらず。礼を言うのはむしろ店側が客に対してである。

　まあ、最近の若者は本を読まぬと言われているから、単純に「馳走」の意味を知らぬだけであろうが、それにしても客がなぜ店に礼を言うのかとの社会現象としての不思議さは消えず。黙って店を出ることができぬ気の弱さか、それとも「…いただきまして」と同じくTPO無視で常日頃機械的にそう言っている癖なのであろうか。

　「(曲名)が**大ヒットをいたしました**」(2006年5月25日、02：50、宮川泰夫アナウンサー) ⇒ 「大ヒットしました」。

　どこが違うかよくわからぬ人がおるでしょうね。目的格の助詞「を」が間違いなのです。この助詞を挟んだせいで自動詞「ヒットする」が他動詞「する」に変わりました。まだそれが何で悪いのかわからぬ人が多いでしょうね。

　ここからは敬語法の問題なのであります。「いたす」は話者、つまり一人称が自分の「する」行為についてへりくだるために使います。ところが、意味から

は、「ヒットする」動作の主体は曲であって話者たるアナウンサーとは違うから、文全体としては間違いなのであります。

同日の同一犯人による次の間違いは、

「昭和45年にレコードで**ヒットいたしました**」⇒「ヒットしました」。

上記と同じ誤りを繰り返しておりますね。

この例では助詞「を」を使ってはおらぬゆえ正しいと思う人がおるやもしれぬ。しかし、敬語法からは、「いたす」を使った時点で自動的にこの文の動作主体は話者であることになるのであるから、上の例と同じく、意味上からヒットするのはチアキナオミの曲であって、人間たるお前がヒットできるわけが無かろうと非難されるべき表現なり。

この人の日本語が留学生並みである証拠はまだまだ続くぞ。お次は、

「**チアキナオミさんが**」⇒「チアキナオミが」。

芸名は本名にあらざるゆえ、面と向かって呼びかける場合以外は「さん＝様」をつけてはならぬ。

10. 連語の用法の問題

連語または複合語の特殊例に活用連語があるが、しかし、この節では活用せぬものについて分析する。まず「『に』＋動詞の連用形＋て（は）」の型の中の動詞を活用させる罪は、

「優先席…、それ以外の場所に**つきましては**」（JRの車内放送）。

小学館国語大辞典によれば、「については」は「就く」の連用形であって、格助詞「に」に付くことによって連語として全体で1つの格助詞または接続助詞のように用いるので、活用させて「ます」を付けて丁寧形にすることは用法違反。右に類似例として東京駅の掲示の例を示す（写真17）。

「それに**加えまして**」（2002年6月25日、19：10、NHK-TV、ニュース解説員および9：30、

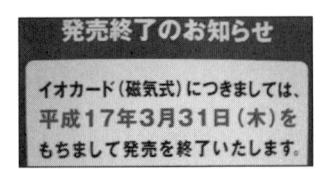

写真17

ニュース特集の国谷キャスターの発言）⇒「加えて」。

「に」に連用形を付けることによって接続助詞のように使う用法の一事例であり、丁寧語の「ます」をつけることは誤りである。

「にとりまして」（2003年8月、18：20、NHK-TVニュース）⇒「にとって」。

「に取りて」の連語であって、「にとって」の形で使われるものなので、活用させることも、丁寧語をつけることも間違いなり。この変形として「**おとなにとり少年時代は**」（4月12日、朝日夕刊、芸能欄、山本健一）を採集した。これを私は、「おとなにとり」と一息で読むべき独立の言葉かと一瞬思ってしまった。

その原因は2つある。1つは、本稿の主題たる「にとって」を活用させたせいであり、他は、「おとな」を「大人」と漢字で書かざりしためである。名詞はできるだけ漢字で書くことが、助詞その他と区別がしやすくなるので好ましい。

11. 省略する罪

「について知ってもらおうと、…する」（2004年11月3日、00：50、NHKラジオ 第一放送、川野一宇アナウンサー）。

この「…と、」は「…として、」であるべし。この「として」が「と思って」の意味の場合は、動詞「す」の原義が強く残っている用法（小学館国語大辞典）なので、「と」だけにすると中心部分の「する」が無くなってしまって意味が失われることになるという問題が生じる省略形なり。その上、中止法になっているからそこで1拍置くくらいならば、その間に非省略形の「して」を言うことができてかつ滑らかになるのであるから、何をか言わんやなり。

12.「れる、られる」問題

「ら抜き言葉」を中心とする「れる、られる」話題は近年方々で話題にされている。一部の書物では日本語の簡略化が文法と発音との両方で進んでいくのでこの問題も逆らえぬ現象であるように書いてあるほどなり。しかしながら、本節で扱うことは、通常論じられる、「られる」を「れる」と訛る「ら抜き言葉」についてだけにあらず。

(1) 尊敬表現には「れる」と「られる」とを使わぬほうが良い

　読者が受動態と混同することに加えて、独立の尊敬動詞の存在を知らぬという無教養の現れでもあるので、尊敬の意味ではこれらを使わぬことが望ましいと私は強く主張するものなり。また、「皇太子様が磁気浮上リニアモーターカーに**試乗されました**」(2004年10月7日、NHK-TV、3ch、20:55、ニュース)というように、皇族に対して独立の尊敬の動詞を使わずになまくらな「れる」を使うとは、失礼にもほどがある。「試乗なさいました」という、尊敬以外に受け取られることがない動詞を使って表現すべし。

　JRの清算機の録音アナウンスで、「**ご利用された**切符がほかにあれば…」。「ご利用になった」あるいは「ご利用なさった」と独立の尊敬動詞を使うべし。独立の尊敬動詞を使わぬせいで、「ご…した+名詞」の形では+記号の位置には関係代名詞が隠れていることになり、ここでの「された」は「切符が利用された」と受動態になってしまっている。したがって、「ご」を付けることで「利用する」という行為をする相手に対する尊敬のつもりで書いたであろう文が、「お客様が」が欠けているせいで切符に敬意を表した形で働いてしまっているという複雑な誤りの例である。このような事例を見るならば誰しも、「れる、られる」を尊敬の意味で使うことが良くないとわかるはずである。

　「(インタビュー相手の)予想が**当てられて**」(2005年5月1日、18:50、NHK総合TV、首都圏ニュース、草競馬の報道のインタビュアー)⇒「当たって」。

「予想」という抽象名詞に対して敬意を表す形になっているこの錯誤敬語表現が生じた原因の本質は、文中のすべての動詞を機械的に尊敬の形にしようとすることにある。受動態ともとれるが、状況からは目前の人間への敬意を表す気分であることが感じられる。

「**行かれる**」⇒「いらっしゃる」または「お出（いで）になる」。

上と同じ独立の尊敬動詞に無知な者が犯す誤りである。「れる、られる」は活用語尾風に口が滑らかになって付けやすいので、無教養人間が無意識に口を滑らせるのである。これらを尊敬用として使わぬように義務教育期間中に教え込むしかない。そもそも受動態と混同するときが多いのであるから、実用上も問題がある。

(2) 「ら抜き」にする罪

この現象は悪名高くて新聞や放送その他でよく取り上げられているので、現れることが少ない例をおもに挙げておく。その例とは、1987年8月8日、朝日夕刊、p.10、「車掌残して出発進行。次の駅ではドア開かず。乗れず**降りれず**25人」という見出し、および1992年4月21日、朝日朝刊、「地下室満杯」の見出しの記事内で、「最初はただで部屋を**借りれた**」。訂正例はそれぞれ、「降りられず」、「借りられた」である。

「おいしく**食べれる**」（1987年2月15日、朝日）⇒「食べられる」。

悪名高い、「見れる」、「出れる」とともによく知られ、指摘されている、頻発例の1つである。前者の例をもう1つ挙げておくと、1984年4月28日、朝日夕刊、「大目に**見れぬ**"私設郵便"」があるが、これは大見出しなのでそれこそ大目に見ることはできぬ。

昔、1982年1月29日の朝日朝刊のp.7の「話題」欄に現れた「これから**見れる**」について警告する手紙を新聞社に送ったが、その返事では「当社の用語の方針に反するものであり、従業員全員に配布しており、市販もしている『用語の手引き』に書いてある誤りであるので、書いた者に厳重に注意をしておいた」とのことであった。しかし、20年経った現在ではどうやら朝日新聞は「**見れる**」の使用を認める立場に転換したようである。

ところが、たまにはこの現象の逆転が起こっている。可能形を作るために動詞に「ら」を挿入することである。例は、朝日の1982？年4月4日、p.7のフォークランド諸島に上陸したアルゼンチン軍をイギリス軍が攻撃した事件の記事で、「わが国の…とても眠（ねむ）られない」。これは、「眠る」に対する可能動詞が「眠れる」であることに無知と言える。たとえば江戸下町方言の生き残り的な用法なり。これを「ら入れ言葉」と命名する。

(3) 可能の「られる」が受動態に受け取れる場合
「文科省が解散を命じられるのは」（朝日、「酒田短大に解散命令へ」）⇒「命じることができる場合は」。
「命じる」が強い行政行為の用語なので、「困ったこと」が起こった感じ、すなわち日本語の特徴たる迷惑や被害を表す用法が本来である「受動態」であると、受け取ってしまう。

(4) 受動態で人称と対象とを分析せずに良い加減に書く罪
「ナンパされた男に「結婚しよう」と言われて」（2004年、秋、朝日、試写室）⇒「（私を）ナンパした男」。
ナンパしたのは男であって、被害者は女であり、一方、逆は通常はあり得ず。主語無し従属節を受動態にする時は動作主体を意識すべし。

(5) 使役形とともに誤用する罪
「地方にまかせさせるには」（2004年8月28日、朝日、折込み紙面たるbe on Sundayのページ）⇒「まかすには」または「まかせるには」。
これを「させ入れ言葉」と命名する。

(6) 単なる活用形の誤り
「また**来れた**」（1987年8月13日、朝日、見出し）⇒「来られた」。
しかしながら、「来られた」は口語的なので、字数の制限が無い場合は「来ることができた」にするほうが格調が高い。

(7) 可能の動詞を使わずに「れる」を使うことに起因する多義的な文の生成

たとえば写真18に示す東京都庁の展望室内の掲示の、「行かれません」⇒「行けません」。

他の働きと誤解されることがない単機能を持っている独立の可能の動詞形「行ける」が存在するのであるから、この可能の動詞を使うべし。そのわけは、「れる、られる」には問題の本質たる、働きが多すぎる点にある。同じく否定形の「行かれません」の例を六本木駅の構内掲示から写真で示す（写真19）。

写真18

写真19

また、言語系の研究者である井上（1999）が「もっと以前の、深いところに**たどられる**」と書いた。「たどられる」は、読んだ瞬間に奇妙な表現であると感じるほど珍しい例なり。これは可能の動詞「たどれる」を知らぬか、あるいは使う能力が無いせいで、機械的に「可能の『れる』」を付けたために起こった、造語と言っても良い表現である。

私は「れる、られる」に対しては、どうしても「迷惑の受動態」が真っ先に意味として浮かぶし、尊敬として使われた場合にはぞんざいに聞こえて尊敬になっておらぬと感じてしまうので、とにかくこの2つの助動詞を「自発」と「受動態」だけに使い、「尊敬」と「可能」とには使わぬほうが良いと考える。「可能」の表現の他の形としては「連体形＋ことができる」とすると「れる、られる」の使用を避けることができる。ああ罪深き「れる、られる」よ。

(8) 独立の尊敬動詞「なる」に過剰に「れる」をつける無教養の罪

立川駅ビルであるルミネのクレジットカードの申し込みカウンターの掲示を写真20に示す。

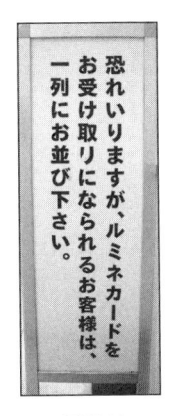

写真20

この例では独立の尊敬動詞「なる」を使っていることについて誉めて良さそうではあるが、しかし、デパート系の過剰敬語の決まり文句として「なる」を使う伝統があるとも思える。

(9)「可能、受身、自発、尊敬」のどれの意味で使っているかがわからぬ表現を作る罪。

朝日新聞、2006年12月14日、朝刊、「試写室」、菅野俊秀が書いた「江戸時代に触れられないのが気になるが、各庭の…足を運びたくなる。」

菅野さん、もし本書を読んでくださったならば、「触れる」の動作主体を明示するとともに、あなたの用法が4型のどれのつもりで書いたのであるかを教えてくだされ。

13.「先生」と「様」という敬称

人に呼びかける場合に敬称を何にするかは古今東西の重大な事柄である。現代では、合衆国で博士号保持者にMisterと呼びかけたら言い直させられたという話はいっぱい転がっているほどである。日本では、敬称ではないが、しかし、たとえばそれに似た呼びかけ語としての働きをもつ人称代名詞である「あなた」を目上の人間に使ったら、ひどい場合には解雇されることもあり得るのである。

そのように重大である敬称について近年用法が乱れているものとしては、女が男に対して使う「くん（君）」である。この言葉について井上（1999）が民主化あるいは平等化の視点で論じている。ここでは表題の2例を取り上げる。なお、税金支払い者を見下した感じがするとの悪評が高かった役所関係で使っていた「殿」については、ほぼ完全に廃止されて「様」になったと認める。

弁護士事務所と弁理士事務所（ひょっとすると会計事務所でもか）では有資格者が互いに「先生」と呼び合っているようである。この現象は、仕事の依頼者が自分の経済活動の利益のために有資格者が効果的に働いてくれるように愛

想で「先生」を使っているに過ぎないにもかかわらず、自分は一般人とは違っていて偉いのであると勘違いして、自分達同士で互いに「先生」と言い合うようになったものである。

わが国の現代における「先生」の元来の用法は、人に知識を教えたり生活上の指導をしたりする人に対する敬称、事実上は教員と医師とに対するそれ、である。ところが、問題の両職種はそうではない。学校の教員同士が職員室で先生と呼び合っていて気持ち悪いと新聞投書されているほどであるにもかかわらず、言葉の用法に違反してことさら「先生」を使うのは無教養の印である。

「先生」の別の用法違反としての例は次のようなものである。国会図書館への途中にある衆議院第二議員会館の前を通ったときにその屋上から「誰々先生…」と拡声器が大音量で天下に向けて怒鳴っているので、永田町小学校かと思った。ここでも「先生」の安売り。国会関係者は日本語学校で国語を再履修すべし。しかし現実は結局、「先生」という、元来は敬称であった言葉が手垢にまみれて「誰々さん」と同じ単なる呼びかけ語に変質しているのである。

ところが、それならば事務員同志が先生と呼び合ってもよさそうであるが、上記の両業種では階級社会を作っていて、事務員同士は「先生」と呼んではいけないのである。まったく困った不統一状態である。やはり、「先生」は、他人に指示を与えて従わせる職種である教員と医者だけに使うことが良い。

「お風呂屋さん」。「さん＝『様』の音便形」を小学館国語大辞典で調べると、居所、職名、人名に付けて尊敬を表す働きおよび体言類に付けてやや丁寧な感じを表す接尾語、となっている。よって、規範文法（用法）的には職「種」に付けることは誤りである。

さらにこの辞書にはお（御）またはご（御）が付いた体言または準体言にも付いて「お疲れさん」のように「であること」を表すとも説明してあるので、本事例も形式上は許されるように見えるが、しかし、本事例が表す意味は「風呂屋であること」ではあらざるゆえ、やはり誤りであることになる。

もっとひどい例は、上記の辞書の説明とは違って、職業名（職名にあらず）についた形で看板に「写真屋さん35」と書いてあるフランチャイズ店らしい現像受付店の名前である。この名称は、自らを尊敬していることになる、ばかげ

た誤用の例である。

　逆に、テレビやラジオに出演した大学教授、とくに理系のそれに対して初めに紹介するときに「ABC大学教授の、誰々さん」、そして番組の中では単に「誰々さん」と呼んでいるのには違和感がある。

　「教授」や博士に対しては「…教授」や「…博士」と呼ぶことが世界的な礼儀であるが、国内ではわざとらしいから「先生」を付けるべし。「さん」付けは一般人に対する呼びかけ語なので教授や博士に対して用いるには失礼にあたる。つまりDr.をMr.と呼んではならぬ。加えて言えば、博士号はtitleすなわち称号なので姓に付属しており、元来両者を分離させることはできぬのである。

　この問題に関する印象深い経験として、南アフリカの電話帳の思い出がある。ナミビアのウイントフックでの国際学会に招待されたときのことだ。現地を案内してもらう約束をしてあったケープタウン大学の助教授に電話をかけようとして、電話帳で番号を調べて驚いた。そこには姓の前にDr.が付いた名前が散在していたのである。これは医者のことかと思ったが、相手の人の姓がほかに1人しかなかったので博士号保持者の印であろうと思いついて電話をかけたら、この推測は当たっていた。

　私の経験では、電子メールの文面で第三者としての私を「さん」ではなく、「氏」を付けて呼んだ（書いた）ものを回送によって受け取ったことがある。これは敬っているのか、それとも逆に何か腹に含むものがあるのかの理由付けができず、今度書いてきたら、書いた本人に直ぐ問い合わせることにするつもりなり。

14. その他の誤用または不適当用法セット

(1) 退学と放校

　文字をよく眺めるならば、「退」は自動詞であって「退く」なので、他者（学校）によって「退学になる」として使うことは誤りであって、意味上の受動態にはできぬ。それにもかかわらず、他動詞として学校から処分される意味の学

校制上の他動詞「放つ」の熟語たる「放校」の代わりに使う例が事実上100％であることは、雑学が必要であろう新聞記者の知識の点で不思議なり。なぜ「放校」が稀にしか用いられぬのであろうか。

(2) 社員と従業員

　社員は社団的団体の構成員を表す用語であって、法令上では民法上の社団法人、合資会社、有限会社、相互会社、社団たる医療法人などの場合に、その構成員を「社員」と称し、株式会社については「株主」の用語を用いる。俗に会社の従業員を「社員」と称するが、これは法令用語ではない（高辻他、1996）。このように法律上まったく違う立場の人間をわざとであろうか、無知のゆえかは知らねども、取り違えて言うことは間違っている。

(3) いっぱいと満杯

　下品に感じるので、私は「満杯」という言葉が大嫌いである。自動車の燃料を入れるときに良く使うようである。「いっぱいに」に代わって「満杯に」が使われるようになった年代はいつ頃であろうか。意味が明確であって、かつ「に」を付けずとも「いっぱいある」のように副詞としても使える「いっぱい」が、どういういきさつで、「満杯になる」および「満杯にする」のように、「に」をつけずには使うことができぬ役立たずの「満杯」によって取って代わられたかが不思議なり。

(4) 漁獲と収穫

　2005年8月14日、23:29、NHK深夜便の加賀美幸子アナウンサーは、漁師相手のインタビューで、漁業用語の「漁獲」というべきところで農業用語の「収穫」と言った。この言葉は専門用語とは違うので、この件では一般常識が無いと言える。

(5) 募集と応募

　情報科学技術FORUMの開催案内文で

「以下の 15 の分野で論文の**応募**を行ないます」⇒「募集」。

「応募」はその文を書いた人間自身がする行為である。実際には応募してもらうための広告なのであるから「募集」である。この型の誤りは非常に多くて、「年賀葉書」を「年賀状」として言い間違うのと同じほど普通に見かける誤りである。

Web サイトの 1 つである JRECIN での大学教員募集掲示には時々間違いが現れる。

「**募集資格**」（東京大学物理学科ホームページ）⇒「応募資格」。

大学側が「募集している資格」と読めば良さそうであるが、しかし資格は応募する側に求められることなので「応募するために必要な資格」であるべし。助詞を使わずに漢字だけで書くからわかった気分になってしまってこういう二義的な表現となる。動詞系の漢字熟語の恐ろしさなり。

立命館アジア太平洋大学の掲示での応募書類送付用の封筒の表書きについての注意書きで「…募集と朱書の上、」とある。応募者が募集していることになる間違いなり。

(6) 官と員

「封筒の表に『英語**教官応募**』と朱書きのこと」（工学院大学外国語科の求人公募要項）⇒「教員」。

国家公務員を表す「官」の字からわかるように、教官は旧国立大学の教育職のことであるから、私立大学では教員と言わねばならぬ。アカデミック機関としては恥ずべき、社会制度上の根幹にかかわる用語の誤用なり。

「**面接官**」（2005 年 8 月 23 日、朝日夕刊、p. 5、Let's 欄）⇒「面接者」、「面接員」、「面接委員」、「面接担当者」。

民間会社の従業員に対して「官」を使うことは論外なり。

(7) 無料と無報酬

「**無料翻訳**トライアルあり」（某翻訳会社の Web サイト内の文）⇒「無報酬トライアルあり」、または「トライアルを課しますが無報酬です」。

トライアルは採用試験のことなので無料で翻訳能力の試験をするという表現となり、その意味は試験の実施者側が自分自身に対して料金を払わぬと言っていることになる。実際はさにあらずして、受験者に対して翻訳報酬を払わずに試験を翻訳会社側が実施するということなのである。

(8) 者あるいは方

私の家を三重大学の生協を通じて学生に貸そうとしたとき、学生が電話で接触して来て、「XXX大の者ですが」および「学生のほうですが」と言われたことがある。前者は官庁、中でも警察などの暴力装置であって剥き出しの権力を使う部署の従事者に多い言い方を半人前の学生が使う罪。後者は、最近よく新聞で話題にされている例であり、ただでさえあいまいにして責任逃れを図る民族性なのに、それを直すどころか進行させている愚かで無教養な若者の例である。それに加えて問題であるのは、伝統的な敬称の一種として方角で呼ぶやり方があるのではあるが、ここの「方」が方角であるとするならば、学生すなわち人間は方角の一種なのか。

(9) 宇宙飛行士と搭乗科学者

ほぼすべての放送と逐次刊行物では、毛利さんと向井さんを「宇宙飛行士」と書いたり呼んだりしていた。しかしこの人たちは飛行船の運航とくに船外活動に携わる「宇宙飛行士」にあらずして、「搭乗科学者」という訳語で表すべき、いわばお客なのである。

理系の用語を厳しく検査をせずに使う態度が、文系執筆者にありがちな問題である。毛利さんは最近運行関係の資格を取ったと航空宇宙事業団からのメールでは言っているが、向井さんはまだなので依然として飛行士と呼んではならぬ状態にある。若田さんや野口さんはもともと船外活動をする本物の宇宙飛行士をめざしている。

(10) タバコを吸うとふかす

煙を肺に入れずに吐き出すことを表すには「ふかす」という言葉があるので

報道機関や公的機関はこの表現を用いるようにすべし。

　歩きタバコ問題に関して、うしろから歩いて行く他人には吸わせているにもかかわらず、自分自身は「吸う」のではなく、つまり肺に入れず、口の中で留めてから吐き出している喫煙者が大部分と思う。これだけたびたび新聞や放送で肺がんとの関係を報じているので、わが身は守ろうとして「吸わず」に吐き出すことによって、歩いている自分の後ろから近づいている他人に吸わせてしまうことを考えに入れぬことがタバコ中毒者の野蛮さの印である。タバコ吸引というアメリカ先住民の宗教儀式用の特別な行為を取り入れて日常的習慣にした者どもは、中毒者としての自覚を強く持ち、自分だけが正しく肺に吸い込むように、二昔前のシンナー少年のように頭部にポリ袋を被って吸引すべし。

　タバコについての表現の問題への追加として、自転車に乗りながらタバコをふかして煙をたなびかせながら歩行者に有毒ガスをあびせて走り去る男、たまには女、が近年増えている。歩いてふかすことが問題となっているにもかかわらず、その発展型として自転車タバコふかし行為を生み出すとは何たることか。

　喫煙者の問題はまだまだあるぞ。ビルの入り口に設置してある吸殻入れの無理解かつ無神経な使用がそれである。吸殻入れをビルの入り口に設置する目的は、火の付いたタバコをふかしたまま客がビルの中に入って毒ガスを館内に撒き散らすことを防ぐためである。そうであるとは露知らず、ふかしても良い場所であると誤解して吸殻入れの周りに時には大勢がたむろしてもうもうと有毒ガスを立ち込めさせている現場をよく見かける。喫煙者は、これからわかるように、自己中心主義の野蛮人なので、道徳心も合理精神も持ち合わせておらぬ。それゆえ、彼らにわからせるには金属製のプレートをビルの壁面埋め込みで設置して「ここで立ち止まってふかすな。ここは入館のために吸殻を捨てるための場所である。」のように、テクニカル・ライティングの手法にしたがって警告を直接に最初に明示する必要がある。このような警告を掲示してあるビルはこれまでたった1つしか知らず。そのビルは、池袋駅近くの区役所（？）の支所（？）である。ところが、その掲示は「ここで吸ったら吸殻入れを撤去する」との警告であった。

⑾ 平和 vs 和平、誘拐 vs 拉致、解任 vs 更迭

辞書によれば「平和 vs 和平」には大した意味の差は無く、平和と同義語にしている。ではなぜ後者のような気持ち悪くて存在が落ち着かぬ逆転熟語を政治家か新聞記者かが発明したのか、あるいは中国の古文書からほこりにまみれた珍しい言葉を探し出してきたのか。それは日本人の民族性たる、はっきりと表現することをはばかる傾向に基づく。この種の疑いを抱いた時は英語に直してみると意味に違いがある使い方をしているかどうかがわかる。英字新聞を読んだり、朝霞にある米軍放送である AFN（昔の FEN）を聞いたりしてみたらわかる。この熟語セットもまた、「誘拐 vs 拉致」と同様、英語ニュースでは後者の英語は前者のそれと同じ単語を使っている。

「解任 vs 更迭」の後者もまた同様な目的のために漢字の音読みでの造語力を悪用して作った、辞書を使わねば漢学者以外の者には意味不明な熟語なり。本来の意味をごまかすための言い換え用の新語の創作または捜索は、わが国民の民族性に根ざす大きい問題点である。裕仁陛下が自分の戦争責任にまったく触れずに死去し、またそうすることを我々、とくに代表たる代議士が黙認した、こともこの問題点に端を発する。

⑿ 御社と貴社

どちらも書き言葉であるから、面接で話し言葉として使うのは本来は好ましからず。しかしながら日本語には代名詞の厳格な使いわけが行なわれぬこといくぶん関係して、話し言葉での適した表現が無い。「この会社」とか「そちら様」と言うしかなかろう。適した言い方の有無はさておき、とにかく耳障りな漢語である点が困る。かわいそうな日本語よ。

カタカナ外来語の言い換え表を国立国語研究所が発表した。しかし、それよりも、ここに例示した類の「漢字外来語」！のほうが問題なり。「漢字外来語」には言い換えを必要とせぬ普通の既存の言葉があるのであるから、ごまかしのための安易な造語を止めるよう警告を発するために、この研究所が代議士や新聞が発明する意味不明なごまかし熟語表を発表すべきである。

⒀ 伊豆七島と伊豆諸島

　正式名称たる後者が通常の文で使われることはほとんど無い。営利会社、つまり東海汽船、が前者を造語し、それのみを使って主に夏の渡島観光季節に大々的に宣伝したことが原因となって広まった可能性がある。八丈小島と青ヶ島を入れると9つとなるから事実とは異なってもいる。

⒁ 東京23区と東京都特別区

　正式行政名称たる後者が通常の文で使われることはほとんど無いことは上記の「伊豆諸島」と同じである。知識が無い者に対してはどこを指すかがわかってもらえぬ可能性があるので「東京」を付けることは理解できる。しかし後ろの「23区」を付ける言い方が現れたのはいつ頃であろうか。

⒂ 強姦と暴行

　2005年11月6日、朝日朝刊、p.4、「海兵隊員の強姦容疑」見出しの記事の中身では「暴行」を使っている。この言い換えは余りにも意味の範囲が違いすぎる行き過ぎ処理である。普通の言葉では前者は後者に含まれる。しかし、刑法では同じ水準のまったく別の言葉である。通常、欧米の新聞と放送ではrape強姦をviolence暴行と言い換えることは無し。事実の伝達では正確さが大切であるから。

⒃ 改正⇒改訂または改変

　「正」の字が意味を持たぬ用例がほとんどである。つまり、この言葉の元来の用法としては、誤りを見つけたことを理由として変更を行なう場合に使うことが正しいのである。ところが、現実の用例のほとんどでは、正誤に無関係な単なる改変をすることを決める場合に使っている。たとえば「憲法改正」がその誤用例である。法律の制定は社会的な力の強弱関係で決まる行為であって真理の記述とは違うから「正」の字を使ってはならぬ。中立の意味の用語「改訂」または「改変」を使うべし。なぜこのような誤用が生じるかと考えてみるに、知っている1つあるいは僅かな数の言葉を、その意味を確かめずに無意識に自

動的に使うからである。語彙不足を基礎とし、加えて思考力と分析力とが不足した行動の1つなり。いやまてよ、わざと「正」の字を使って国民をだます目的かも知れんぞ。

(17) 学術⇒学問

「学術」は、小学館国語大辞典の定義によれば、元来は「学問と芸術」また「学問」の意味である。「学問」という正確な内容の言葉があるにもかかわらず、何ゆえ「芸術」から「術」の1文字を取ってきて「問」に入れ替える必要があるのか。ヨーロッパ語の文字とは違って、表意文字である漢字からなる熟語と複合語とには常に警戒を怠らぬようにすべきである。分解不可能な最下位の言葉にまで分解してから再び組み立てて意味を検討するとともに、辞書で意味を確かめてから使うべし。現実にはこの言葉を分解して生じる「学問」と「芸術」の両方をともに意味させようと明確に意図して使っている例はほとんど無いと思える。なぜかというに、日本人の悪癖たる「はっきり表現することをはばかる」態度が邪魔をして「学問」と言い切ることをためらうからなり。

文部省が事務官の再就職のための組織として作った学術振興会（学振）が使っている用語である「学術」は上記の辞書定義にある「学問と芸術」ではなく、「学問と技術」の意味であるように思えるが、どうであろうか。そこのホームページを探したが、しかし、「学術」の定義が載っておらぬようである。しかしこの分析で深く思うことは、日本人が省略形が好きであるということなり。漢字熟語を省略すると意味不明さやあいまいさを生じる危険性があることを常に注意せねばならぬ。

(18) 文学⇒文芸

調査をしたことは無いが、しかし、明治から大正時代には小説執筆活動のことを「文学」とはあまり言わずに「文芸」を主に用いていたのではなかろうか。「知識の体系」がその定義であることを知らずに、接尾辞「学」を気軽に使う態度は間違っている。さてここで、「小説の執筆」が「学」を究める活動であるかという疑問が生じる。中国古代に「文学」が「文芸」を意味したという説はさ

ておき、現代ではその答えは完全に否であることは何人も反対せぬはずである。
　では、学問とは違うならば何であるのか。それは芸術である。その証拠の1つとして、最近ではあまり議論が聞かれなくなったが、「第二芸術」という言葉が小説執筆活動に対する批評用語として存在した。というわけで、芸術である小説や詩や俳句や短歌の執筆活動に対して「学」という接尾辞を付けてはならぬ。
　昭和を下るに従って何故に「文学」という言葉が大手を振って蔓延してきたのか。それは私立大学が多く設立され、その構成学部には必ず文学部があったことが一因と考える。この学部では哲学、倫理学、歴史学、言語学、時には地理学という、「知識の体系あるいは方法」を追究する学問を含んでいたので「学」という接尾辞を付けても良いのである。
　ところが、小説を書いているだけであって知識の体系を追究してはおらぬ者達を文学者と、そして小説執筆活動を「文学をしている」などと称する場合が多い。この真っ赤なうそを僭称する態度には問題がある。小説の作品に対する賞にもこの誤りを犯しているものが多い。そのような状況の中で成城大学は「文芸学部」と正しく名乗っているので好ましい。さすが、「れる、られる」を尊敬に使うことを非難した工藤教授（1995）の勤務校だけはある。
　結論は、小説の実技に関する行為の分野とその結果とは「文芸」および「文芸作品＝小説」と呼ぶべし。加えて、「小説を書いている」ことを「文学をやっております」と言ってはならぬ。ついでに言うと、文学部に属する、たとえば英米文学科は、所属教員が特定小説家の作品の出現語彙の統計分析でもせぬ限りは、英米文芸科と改称するほうが実情に合っている。

⑲　**マイナス⇒ネガティブ**
　「マイナス」は昔からあまりにも一般的に使われてきたので、いちいち例を挙げず。言葉の意味と用法とを知らずに勝手な意味を与えて使う態度の好例なり。訂正例は、その訳語である「消極的な」とするとこれまた日本文の中での意味から微妙にずれてくるので、やはり英語の音訳を使うしか無し。

⑳　署名と記名

　文科省の科研費申請の要項の説明の、印鑑を押すべきか不要かの説明部分で、「記名」と「署名」とが定義で区別すること無しに使い分けてある。発音編で無アクセントになる理由の説明として「仲間内言葉」という表現を紹介したが、文科省のそれを外部へ出す公的書類に使うとはどういう神経か。辞書を調べたところ、同義語扱いしてあるから、文科省あるいはその他の省庁の「仲間内言葉」であることが確定した。役所内部でしか使い分けられておらぬ言葉を定義無しに外に向けて使ってはならぬ。意味の区別が伝わらぬではないか。しかも困ることにはこの用語は申請者側としては判子を押すか手書きにするかの行為選択を求められているので、どちらかを選ばねば申請書を完成することができぬ。仕方が無いから私は、印鑑が不要かも知れぬにもかかわらず役所好みの判子を押している。ついでに非難すると、ここの役人（その再就職先である学術振興会の事務員かも知れぬが）は、申請者が労力を減らすことができると思い込んでこの断り書きを恩着せがましく書いていることが気に入らぬ。

㉑　不可と不能

2006 年 1 月 12 日、朝日朝刊、広告、
「書類返却**不可**」⇒「不能」または、望ましくは「書類は返しません」と文で正確に書くことが良い。

　見た目が似ている言葉の定義差についての無知に起因する誤りなり。小学館国語大辞典によれば、不可は「よくないこと」であり、「不能」は「できようがないこと」や「むりであること」である。

㉒　鉄条網と有刺鉄線

　前者はただの鉄製の針金であり、後者は棘を生やしてある針金である。後者のことを正しく言う例がめったに無いことはどういうわけであろうか、不思議な感じがする。字数が多いせいであるかも知れぬ。

⑳ 進捗に対する進展または進み具合

国会か役所から始まったに違いない、当用漢字に無く、かつ他の熟語では使われることが無い「捗」という字を使う、権威主義的表現が「進捗」である。国会は国民の代表者なのであるから付託された義務を常に考え、演説などの発言では普通の言葉、できれば大和言葉で表現すべし。

㉔ 生放送と放送

「生放送」は最近まったく普通の言葉として放送および芸能系の業界を中心として頻出するようになった。しかし、一般的な放送という作業は元来「なま」の形で行なうものである。その対立語は「録音や録画」放送であって、記録したものを放送するという特殊な状況なのである。しかるに、一般的な放送を特殊であるかのように「生」という修飾語をつけて言うことは奇妙である。あえて区別したいならば特殊なほうに限定語をつけて「録画放送」や「録音放送」のように言うべきである。「なま」ですることが本来である放送を、わざとらしく、恩着せがましく、「生放送」と言うな。

㉕ アオノリとヒトエグサ

2006年3月7日 08:05、NHK総合TV、三重県松阪市の「養殖アオノリの天日干し」のニュース、

「アオノリ」⇒「ヒトエグサ」

こられの生物名のセットの考察は、ここには少し合わぬ感じがするが、ほかに適当な項目が無いのでここに置く。

生物の通俗集合名詞を使うことは一般向けのニュースでは止むを得ぬ場合があることは認める。しかし、ニュースの対象生物が分類学的に異なる群（分類階級で属という）である場合は科学的に誤りとなるので、海藻のように放送局に詳しい人がおらぬ生物群の場合は文献を調べてからニュース原稿を書くべし。異なる群であることを承知で、一般人には聞きなれぬ名前であるとの理由で間違った属名を使ったのであれば補足説明を与えるべし。

㉖　母国語と母語
2006年3月24日、朝日朝刊、p.34、「ガイジンから隣人へ」欄、
　この誤った用例は極めて多いので事例を挙げず。mother tongue の訳語であるから「母語」でなければならぬ。「母国語」は、外国への移民が現地で出身国の言葉のことを言う場合以外に適した場面は考えられず。

㉗　ライセンスと証明書
2006年4月18日、朝日朝刊、p.9、「マルディブと私」記事で
「ダイビング・ライセンス」⇒「ダイビング講習受講証明書」、または「ダイビング受講証」、あるいは「C-card」。
　license は国家が与える免許のことを言い、潜水関係では潜水士免許がそれである。しかし、SCUBA潜水の certificate card は民間団体の講習を受けたことの単なる証明書に過ぎず、重みがまったく違う。ダイビング・ショップなどでは英語の短縮形のCカードというところもあるが、ライセンスといっている店のほうが多い。このように、原語に無い言葉で言い換えることは客寄せを目的として公的資格のように見せかけようとする魂胆である。

㉘　権利と権限
2006年7月31日、朝日朝刊、p.4、ネパール国王の記事で、
「国会審議への関与といった**権利を奪われた**」⇒「**権限を**」。
　新米記者としか思えぬ、基本的な言葉の定義つまり意味の違いへの無知がなせる誤りなり。

15.「自分」は軍国少年用語

　一人称から三人称までのすべての人称に使うことができるこの言葉はあいまい表現となるので、正確な伝達のためには撲滅すべき対象である。私の勤務先の大学の学生が質問に来て「自分は」と言ったことがあり、いやな感じを受

けた。辞書によれば古文書に使用例があると書いてあるが、しかし、普通に使われてきたとは書いてありません。旧軍隊で使われて一般化し、次に大学その他の学校の運動部を経て流行ってきた言葉であると予想する。学生なので「僕」を使っても良さそうであるが、しかし、この言葉は明治時代の造語なので使わぬほうが良い。とすると、やはり「私」と言うべし。

16. 量的な誤り表現

　刑事事件を取り扱う公務員たる検事と判事とが、死刑や無期懲役のような罪とは違うという意味での懲役3年のような軽い罪であっても、被告人に関して「その責任は**極めて重い**」を決まり文句として起訴状あるいは判決文に書くのは困った風潮なり。社会常識からは、「普通」の上は「重い」と「極めて重い」とが順次に階層となるはずなので、「極めて重い」ならば死刑や無期懲役になったとかと思いきや、さにあらずして、たった懲役3年に処すという部分が次に続く場合には奇異に感じる。このような短期の刑事罰ならば形容詞や副詞を使わずに単に「責任がある」とすべし。なぜ必ず「極めて」「重い」などという大げさな副詞や形容詞を常に使うのか不思議なり。事大主義である。

17. 誤　訳

(1) 博士

　欧米で取得した博士号を「**哲学博士**」とか「**物理学博士**」とかと訳すことは誤りなり。前者は Philosophiae doctor（略称 Ph. D.）の直訳である。医学や法学のような職業免状に関係する博士号を除いた純粋学問の業績に対する欧米での博士号としては一般に Ph. D. のみが与えられるので、日本の現行の学位制度に当てはめると「哲学博士」は存在せぬのであるから、欧米で取得した博士号は単に「博士」と訳すべきである。

連合王国（U. K.）では Ph. D. の上位の博士号として D. Sc. があるが、これは日本の「理学博士」という学位名称を適用して訳しても良い。一方、「物理学博士」についてはおそらく Ph. D. in physics または in physical science の形の履歴書内記述の直訳であろうが、これは物理学分野で取得した Ph. D. の意味なので、やはり単に「博士」あるいは「物理学分野で博士号を取得」とすべきである。

(2) オリンピックのメダルの銅

これは bronze 青銅のことなので純粋の copper 銅とはまったく異なる合金製の金属である。いつからこのウソ訳語が広まったかはわからず。本書を読んだならば、その後は新聞と放送は青銅またはブロンズを使うべし。

(3) United Nations

誤訳の本は数多く刊行されている。しかし、「校正恐るべし」と同様、誤訳も皆無にはできぬ宿命にある。そこで、用語の社会的影響の重要さが最高度な例を1つだけ挙げておく。United Nations の訳は第二次大戦時から「連合国」であって、これを国際連合と訳すことが誤りであることは、辞書を引くまでも無く、この句の構造を眺めたらわかる。「連合」は形容詞つまり修飾語であって、この句の本体は後ろの「国々」なのである。この誤訳が問題なのは、第二次世界大戦の戦勝国の集まりであることを日本人に意識させぬ点にある。

18. 不必要かつ混乱を生じる地理用語の使用を止めよ

(1) 関西

古代にアヅマの野蛮な土地たる、時代によって定義としての関所が東に移動した鈴鹿、愛発、不破の各関所よりも東（後代には箱根以東）の、地方を一まとめに言う言葉である「関東」に対立させるために近代に現れた造語であって江戸時代以前には存在せず。

関西という言葉は多義的であって、次の3種類の地域を指す。近畿地方、京

阪神地区、そして大阪。であるから、この用語を使う者はこれらの異なった意味の階層のどれについて言いたいのかを初めに定義してから言うべきである。

ところがそのような定義をした後に使うくらいならば初めから下位水準のこれら3種類の地域用語のどれかを使って明示するほうが正確な伝達ができる。結論として、関西という言葉は廃止すべし。翻って「関東」は六都県という定義のみがあるから誤解を生じることは無いので、使って良い。やはり歴史的な言葉の成立の経緯を重視すべしということになる。結論として、「関西」は多義的なので用いるべからず。

(2) 沖縄本島

地理学的に沖縄島という名前があるにもかかわらず、何故に「沖縄」と「本島」という2つの言葉をつないで複合語を作ったか不思議なり。単に「沖縄」と言うならば県名なのか島の名前かが判定しづらい二義的表現となる。しかし、正しく「沖縄島」というならば県名と間違えようが無い一義的な地理用語なり。

さらに、沖縄島の食堂のメニューで「**沖縄ソバ**」という例もある。「八重山ソバ」および「宮古ソバ」という同じ水準の言葉がそれぞれの諸島に存在することを知らぬ大和人（ヤマトゥンチュ）が「沖縄ソバ」という言葉を見たら、琉球列島の3諸島間の文化にの違いに関する知識が無いので、この言葉が沖縄県にあまねく行なわれる名称であると誤解することは必定である。食物としてのソバは3諸島間での本質的な違いが無いのではあるが。

このような状況を作り出した遠因は、「琉球処分」によって作った県に与える名称を琉球県ではなく、沖縄県と決めたことにある。現地の人々はたとえば八重山の人が那覇その他の沖縄島の場所に行く場合には「沖縄に行く」と表現することからわかるように、現地の人々が単に沖縄と言えば、それは沖縄島のことを指す。

(3) 北日本

この複合語を作った犯人はどこの誰か。東日本と西日本が地理学用語であって、南北日本、分けても北日本、はそうではない。放送の天気予報で出てくる以外は知らぬが、気象庁が作ったのか。

問題点は、天気予報の時に北日本の定義をせずに使うことである。東西日本の境界は一般人でもおぼろげながらでも糸魚川－静岡構造線または箱根と知っている。しかし、北日本はそうではない。なぜかというと、南日本という表現をした例を天気予報でも私は経験しておらぬからである。対立する名詞の片方しか使わぬ場合はその表現は無意味となる。

このようなあいまい語を作って使い始めて流行らせた張本人が、放送局の天気予報係か気象庁の担当者かは知らぬが、使うことを止めるべし。日本を付けずに東日本の中を細分したいならば、「北海道では」のように下層の区域を表現できる既存の地理的区分用語を使うべし。不正確な造語は間違った態度なり。

(4) 北東北⇒北奥羽または北奥州

旅行の宣伝掲示の題名としてJR東日本の駅の構内および電車内で最近よく見かける。この表現は方角のみを表しているので地域の名称に代用することは好ましくない。著者が初めてこの掲示を見たときは方角としての北東北のどこへの旅行案内なのか、行き先が書いてないので欠陥掲示と思った。上記の訂正例が歴史的に由緒正しい表現であり、これ以外の正しい記述は存せず。なんとなれば、東北地方の地理的表現（厳格には東北6県を含む旧国名の集合名であるが）は奥羽または奥州しか存在せぬからである。さらに言えば、一般に普通に使う「東北（地方）」もまた好ましからざる表現なり。そのわけは文化的に遅れた地域として無意識下に軽視して、正式名称である奥羽（地方）または奥州を方角の名称である「東北」で代用しているからである。

19. 多義的言葉を意図的に用いる傾向

きれい

この言葉は清潔、美しい、その他の多くの意味を含む多義語である。女性の容姿、とくに顔を形容する場合に、最近は週刊誌でこの言葉を使うことが非常に多い。なぜ一義的な言葉である「美しい」を使わぬかが不思議である。

週刊誌や雑誌の広告は大抵、化粧品や体操といった、美しくなれるとの、根拠の無い幻想を振りまいて商品を売ったり有料体操教室に参加させたりするための仕掛けである。それゆえ美しくなれるとはっきり記述すると、美しくなれなかった女性から金を返せとの損害賠償請求が来ることが考えられる。これを防ぐ意図から、「きれい」という多義的言葉を用いるのであろう。

20. 一般動詞の代わりに be 動詞たる繋辞「です」を使う罪および「ます」との関係

繋辞とは論理学用語であって be 動詞のことである。be 動詞が一般動詞とは働きが異なっていることは周知のこととみなして誤用の実例の解説をする。
　法務局港出張所内の掲示、
「インターネットで**お届けです**」⇒「お届けします」。
　無敬語地方である北関東育ちの者に見られる、どのような言葉にも機械的に「です」を付ける習性による。「ます」を使う能力が無いせいで、「ありません」と言うことができずに「無いです」というように、語尾を活用させずに何にでも繋辞（be 動詞）「です」を付ける型の誤りなり。
　無理に「です」を使うならば「お届けするのです」の形にせねばならぬ。ところが、この形では理由を何か説明している感じが出るので大げさとなる。
「大統領に 46 歳のクリントン氏が**当選です**」（朝日）⇒「当選し（まし）た」。
　事実は過去形で書くべきであるし、英語の be 動詞にあたる「です」（「である」の丁寧形「あります（る）」の短縮形）ではない「当選する」という複合動詞を使うべきである。厳格に解釈すれば「（で）ある」は論理学での copula（繋辞）＝ be 動詞であるから、「クリントン＝当選」となってしまって人間と抽象概念とが同じ物になってしまう。
　クリントンは人間であって、当選という抽象名詞にあらず。このような表現は最近報道関係で多く見かける。断定を嫌う日本人の精神構造が無意識下に出ている。「当選した」は一般動詞であって、直接的に事実を述べているが、名詞

「当選」に「である」を使うと自然とそうなったように表現できるので、記事を書いた者が責任を感じずに済むという日本人に特有の心の動きが見て取れる。

　文語ならば「当選す」と短く明晰に表現できるのであるから、高校では古文や古典文芸の解釈学とは違う、あえて言えば明治や大正時代の「文語教育」をすることが望ましい。新聞でも否定辞「ず」と「ぬ」については使っているのであるから。

　スポーツについての記事や放送では事実を断定的に言わぬ表現がひどい。勝敗のような明白な事実でも、「**勝っています**」と、英語の進行形のような表現を使って放送している。しかし、はっきりした結果である勝敗を争う運動競技であるから、「勝ちました」と直接的に言うべきである。日本語の「…している」には、進行中の動作の意味のほかに完了の用法もある（つくば言語文化フォーラム、2001）し、留学生向けの、外国語としての日本語教育での用語では瞬間動詞の用法もある（佐々木、1994）とも言われる。

　しかし、「勝っています」とこれら両文献の説明で使ってある例文「金魚が死んでいます」とは状態の成立の前後の状態が少し違うと思え、私には今のところその違いが説明不能である。とくにニュースは眼前で動作の完了状態を視認できる場合にあらざるゆえ、違和感を覚える。この件については次の事例でさらに別の角度から論じる。

　「電車が**到着**です」（JR のアナウンス）⇒「到着します」。

　「です＝であります」のせいで、電車＝到着となっている。日本語と英語との動詞の用法の著しい違いは、前者は状態文となっており、結果として動作や行為の主体を隠して無責任効果を出すが、しかし、後者の改訂例は一般動詞「到着する」を使って動作や行為の主体を明示しており、責任が明らかとなっている。昔の大学紛争時代に日本社会は集団無責任体制であると非難されていたが、それがまったく改善されておらぬことは、テレビや新聞のこのような表現が普通であることからも読み取ることができる。

　さらに例を挙げると、2005 年 7 月 29 日、中央線の車内アナウンスで、「**立川に到着です**」がある。

　金谷によれば日本語の文体の特徴は「ある文」である。しかし、この「到着

で（あり）ます」は直感的に間違っていると感じるが、しかしそれでは説明はどのようにすべきか。代え得るところは助詞しかないので、そこを考える。わかりました。「立川への」とすれば良いのです。
　結果として、語源的に正しく、つまり省略せずに書くと、「立川への到着であります」となる。省略形は「立川への到着です」となる。ここでは「立川」と「到着」という名詞の間の関係を表すためにこの「の」が大切なのであります。とはいうものの、このようにくどい学問的な分析を避けたいならば、英語式の「する文」の形である「立川に到着します」も、危険防止の点からは捨てがたい。
　「電車が**到着**になります」（JRのアナウンス）⇒「到着します」。および、
　「大関が二場所連続負け越しで**転落**となった」（朝日）⇒「転落した」。
　小学館国語大辞典の「なる」についてのかなり多量の説明を読んでも「動詞から生じた名詞＋になる」の型は掲載されておらず、文法違反の形と言えそうである。
　本稿執筆のために収集した資料を整理したことによって、文法違反の奇怪な文を放送したり出版したりしているJR、新聞、ならびに放送は日本語の破壊者であることが判明した。発音についてもそうであるが、しかし、それについては項を改めて述べる。

21.「**ないです**」⇒「ないのです」、「ありません」

　この言い方は、関東および九州育ちの者に特徴的な表現と思う。まず、「あるです」とは決して言わぬ不統一さが困る。正しくは、「ないのです」。「です」は「の」に続けるのが正しいと、小学館国語大辞典に書いてある。いやそれよりもむしろ、婉曲に表現する「ありません」のほうが丁寧度が高くて耳に心地良い。とある本（書誌学的情報は記録し忘れた）には「ます」が「です」に取って代わられつつあるとの予想が書いてあって悲しくなった。荻野（2001）は、「ないです」について、薩摩では「あるです」や「するです」が普通に使われることから、明治維新で薩摩系の語法が東京方面に浸透したと考えている。

「で」は濁っており、関東育ちの女が「…だ」を使う際と同じく、耳に障るので、義務教育の教員の採用試験にはspeaking能力試験を課すことにし、各種の敬語、わけても「…ません」を使う能力があるかを調べるべし。子供の頃の指導が大切である。とくに関東地方出身者の小学校教員志望者の場合には、この地方にはもともと敬語が存在せぬので必須の試験種目と信じる。

　あろうことか、日本語学の研究者であって某大学の教員である佐藤（2005）が「ます」の否定形として不統一にも「こちらはお手洗いにならないです」、および「このお品は1万円にならないです」という「ないです」文を掲げたことには驚きを禁じ得ず。この人が千葉県出身であることが影響したかもしれぬ。

22. 配語法違反

　配語法という用語は語順の決まりのことである。日本語は「柔らかい構造の言語」といわれるように、語順を変化させても意味が通じる場合が多いが、二義的になったり意味不明になったりしやすい。話し言葉や文芸作品ではそれでも良いが、しかし、事実や意見の正確な伝達の目的のためには一義的に伝わらねば無価値であったり、場合によっては重大な損害が発生したりする。そのためには他のいろいろな注意点にも増して、語順が重大な考慮点なのである。

　もはや正しい語順に戻すことができるとは思えず、一般化しすぎていていちいち個別の出典を挙げる必要を感じぬほどの表現の例は、「**よろしくどうぞ**」である。何ゆえ「どうぞよろしく」をことさら逆転させる必要あるいは目的があるのかまったくわからず。このようなおかしな表現を始めた犯人は誰かについての情報を持っておられる方がおられたらご連絡願いたい。

　「**役所が知らないうちに個人情報を集めて勝手に利用していいのか**」（1993年4月27日、朝日朝刊）⇒「知らないうちに役所が」。

　この形式では「知らない」という動作の主体は「役所」であると読めるが、実はさにあらざることが本文からわかる。そのようなことでは見出しの意味が無い。主語と述語はすぐ隣に置けという配語法の原則をおろそかにした結果は

こうなるという見本である。

「利用者の女性が経営する会社に 5,100 万円の損害賠償を求めた訴訟で」（2002 年 4 月 24 日、毎日朝刊）。

形式上は損害賠償を誰が求めたのかの記述が無い。そのような大事な部分を抜かすわけがないのでこれの前文を調べると、「エステサロンで椎間板ヘルニアを発症したとして、」となっておるので、「（エステサロンを）経営する会社に利用者の女性が」の語順が正しいことがわかる。主語と述語とを隣に置くことで配語法を守るべしという原則の重要性がわかる例である。

「パソコンの診療への応用」（中山書店発行の医療系の本の題名）⇒「診療へのパソコンの応用」または読点を使って「パソコン」に「応用」を修飾させる形「パソコンの、診療への応用」。

所有格の「の」は、被修飾語の直前に置くべし。というわけで、この例は、形式的には「パソコンの診療」と理解すべきであり、それに「何か（表記無し）を応用すること」と理解できる。パソコンを修理する方法が書いてあるように受け取られ、本来の意図とは違った効果を出してしまう、下手な書名の付け方となっている。配語法の重要さを学べる良い例である。

「香水を仏前に供えた物にふりかける散杖を持ち」（2005 年 3 月 11 日、朝日夕刊、吉村昭の小説、『彰義隊』）⇒「仏前に供えた物に香水をふりかける散杖を持ち」。

「劇場公開の劇映画としては、6 時間を超える異例の長時間映画が…公開される」（2005 年 7 月 1 日、朝日夕刊、イタリア映画「輝ける青春」の紹介欄）⇒「劇場公開用としては異例と言える 6 時間を超える長さの劇映画が…公開になる」。

「…としては、」は文頭に位置していることに加えて読点が付いているので、後続の文全体（形式上望ましいのは主動詞）に係る副詞句であると考えられるにもかかわらず、意味上からは主動詞たる「公開される」を修飾しておらぬせいで、どこかおかしいなとの匂いがこの文からは立ち昇っている。

語順が大切であることを教える際の改訂演習用として使う教材に最適である。貴重な事例を贈ってくださってありがとうと、著者の斉藤勝寿氏にお礼を申し上げる。気軽に書き散らす評論であってもなお、「第三者」に校閲してもら

うことが大切であることをもこの悪文は知らせている。新聞の編集部が校閲したならばその部員の目が節穴であったことになる。

　2006 年 12 月 31 日、朝日朝刊、「声」欄、投書、題名が
「デンマークが目指すべき国」⇒「目指すべき国はデンマーク」。
　大つごもりの発行なので社内校閲もぬかったな。この題名が好ましからざること、否、誤りと言ってもよい構造をしていることは、この投書の内容を読めば小学生にでもわかる。解説すると、当然、「デンマーク」が主語なので、「デンマークは、他国を目指すべし」と言っていることになる。実は、投書者の本当の考えでは、行為の主体は日本であり、デンマークは日本の行為の目的語なのである。

　『くじゃくいろの童話集』の共訳者である川端康成と野上彰は p.120 で、
「2 わの魔法をかけられたこうのとりは」⇒「魔法をかけられた 2 わのこうのとりは」または、「2 わの、魔法をかけられたこうのとりは」
　「2 わ＝2 羽」なので、現実には誤解を生じることは無いのではあるが、しかし、配語法違反は「2 わの何」であるかを記述する名詞が現れるまで宙ぶらりんの気分になるせいで読者に負担をかけるから、好ましからず。しかも文豪が、本当に自身で訳したかは別として、訳にかかわったのであるから問題である。

　2006 年 4 月 24 日、朝日夕刊、p.2、「チャールズ皇太子の母へのメッセージも読上げられた」。
　「チャールズ皇太子」の「の」は所有格であり、後ろの名詞「母」ともっとも強力に接着しているので、誰が書いたメッセージかがわからぬ形になっている。記事の内容を読むと多分「母（女王陛下）へのチャールズ皇太子のメッセージ」と思われる。配語法では「の」は最も注意すべき助詞である。「の」は修飾対象語の直前に置くべし。

　2006 年 3 月 12 日、朝日、p.26、「マガジン・ウオッチ」コラムでその著者である亀和田武は作家との肩書きでの執筆であるにもかかわらず、「急増する青少年の野宿者への襲撃」という、修飾関係が誤解される文を書いた。この文の「急増する」は形式上は修飾語であって直後の「青少年」にかかっている。しかし、意味上はその修飾関係ではおかしいことがわかる。そこで、後ろを調

べると、「襲撃」にかかっているのである。

　この表現の構造にはもう1つ、もっと誤解を与える構造上の問題がある。それは、「青少年」に付けた所有格の助詞「の」である。これでは誰が読んでも「野宿者の年齢が若い」と言っていることになる。しかし、社会現象としての実態は、「青少年『による』襲撃」である。そこで、改訂例は次のようになる。「青少年による野宿者への襲撃が急増す」または、字数を減らしたければ「野宿者への青少年の襲撃が急増」となる。

　構造への影響を分析すること無く、思いついた言葉を、思いついた順に書き並べたうえ、執筆終了後に所有格の助詞「の」で安易につないで文を作るという、緩んだ精神をもって執筆する態度は文筆業者として失格である。文筆に携わる者の心構えとして、脱稿後に他人の目で、あるいはそれができぬ場合はできれば少なくとも数日経た後で、文の構造、つまり修飾関係、を検査してから納品すべし。「柔らかい構造」を持つ日本語文の執筆に当たってはこの点にもっとも注意すべきである。

23. 動詞、助動詞、副詞、接続詞、連体詞の活用の誤りおよび好ましからざる用法に関する罪

(1) 接続助詞的な連語および接続詞

「あらためまして」（2002年6月25日、19：05、TV-1ch、ニュースでのAir Doの社長の発言、および2004年10月3日、20：30、TV-12ch、「有名人癒しの旅」、俳優である秋吉久美子の発言）。

　この言葉は動詞「あらためる」にあらずして副詞であるゆえ、活用させてはならぬ。秋吉は安っぽいTVタレントとは違う、映画や舞台で活躍している本物の俳優なのであるから、正しい日本語を使う能力が必須である。そのほかに放送でよく耳にする、誤って活用させる接続助詞的な連語としては、

　「によって」を「によりまして」

　「に・つき」および「に・ついて」を「に・つきまして」

「につれて」を「につれまして」
「に伴って」を「に伴いまして」
「に対して」を「に対しまして」
がよく見かける例なり。さらに絶対に許されぬ例は、接続詞の「したがって」を、「したがいまして」とする誤りであり、これは国会答弁で頻出している。

(2) 接続助詞「が」の順接用法
接続助詞「が」は辞書には逆接用法と順接用法の両方が挙げてある。しかし、実際は順接用法の出現率のほうがはるかに多い。これは実に問題が大きい。ただでさえ表現をあいまいにしておきたい日本人の精神が、逆接なのか順接なのか判定できぬ文を生むことがあるからである。動詞を1つ使ったら単文として言い切るとともに接続詞を正しく使うことを習慣づけるならばキビキビと躍動する演説になる。

(3) その他の型
「教授への転職情報は巷に**溢れど**」（週刊ダイヤモンド 2001-Sept 7）⇒「溢るれど」。文語の文法知識が無いにもかかわらず、文語の動詞を使って格好をつけようとするときに起こる誤り。
立川バスの料金機械の注意書きで、
「**折り曲がり**」⇒「折れ曲がり」。
動詞の活用形の誤りであって、千葉県の方言から始まったとされ、関東地方で最近広まっている、「良くない」を「いくない」とするような系統の活用違反。

24. 文と文との間に接続部分を欠くせいで、一読して理解できぬ文を書く罪

アリコ・ジャパンの医療保険勧誘のチラシで、
「医師の診査や**告知が無く**簡単に入れます」⇒「告知が無くても」、「告知無し

に」、「告知を必要とせずに」。その他、いろいろな訂正の可能性がある。
　この文では「無く（、）」で中止法となっているだけであって、接続詞が欠けている。原文のままであると、「告知が存在せず」という事実の単なる記述であると受け取ることができるし、また、この位置で節として完了しているのであって、接続助詞によって接続しておらぬことが問題の本質である。
　もっとひどい例は、
　「**必要とされるのは『すぐれた科学・数学的能力と学位。』まず論外だ。『強力な学問的背景と国際経験。』これも無理だな。**」（朝日、年月日不明、「素粒子」欄）。
　この例では、名詞で終える体言止めの文を列挙しているにもかかわらず、文と文との間に接続詞やこれに類するつなぎ部分を抜かしたせいで、前後の文の間の関係がわからぬ。しばらく想像を巡らせてからようやく「まず」の前に「これらは、」で前文を受け、さらに「論外だ」の後に「加えて、」などで次の文へ主張をつなぐようにすべし。接続関係を明示することの重要さがわかる例なり。

25.「つなげ…」症候群

　最近、「つなぐ」を「つなげる」と言ったり書いたりする例が増えている。しかし、小学館国語大辞典によれば、多くの意味を持つ「つなぐ」とは違って「つなげる」は、現代で使う用法としては「結び合わせて、長くしたりする」だけであるから、有形物についての言い方である。
　朝日新聞での事例を列挙すると、「そういう**繋げ方で**」（2004年10月9日、p.25、読者と…相談欄、回答者の唯川恵）、「水産資源管理にも**つなげる**狙いだ」（5月27日、夕刊、p.17、「大学発」欄）、「未来に**つなげ**たい政府の意思だ」（2005年1月27日、朝刊、「地球儀」欄）、「鉄製の箱を**つなげ**巨大な」（2005年11月23日、朝刊、「メガフロート」）、「陶芸の伝統を地域活性化に**つなげる**」（1992年7月11日、夕刊、p.5）、「地球サミットの成功に**つなげる**こと」（1992

年6月5日、夕刊)、「物を締め付けたり、**つなげたりする**」(2005年、8月28日、別冊の be on Sunday、休眠特許欄)。

　他の新聞では、毎日新聞 (date 不明) の「むすんで開いて」の木原孝久担当のコラムの題名が「**つなげ屋**」、東京新聞夕刊 (1992年7月18日) の「入塾に**つなげる**狙い」。

　NHK ラジオ第一放送では、
「今電話を**つなげている**」(2005年1月26日、00：15) ⇒「つないでいる」。
「**つなげたい**」は多くて、2003年、8月27日、22:45、NHK 総合 TV ニュースならびに 2004年11月19日、19:40、NHK ラジオ第一放送、「列島リレー」ニュース、オウコ？・アナウンサー。

　留学生向けの日本語教育の専門家で大学教授を歴任した佐々木 (1994) が、p.61で、文章論を扱っているにもかかわらず2行連続して「**つなげる**」と書いているのは問題である。同様に、社会言語学と方言学が専門である井上 (1999) が敬語問題の自著の中で、「二つの文を**つなげて**いうとき」と言っているのはどういうことか。テレビではもちろん頻発している。例は、「気持ち良く**つなげようと**」(2005年6月5日、22：10、NHK 総合 TV、スポーツニュース)。

　峰 (2003)、国立国語研究所の出版物に掲載した論文中、
「接続詞『と』で文を**つなげる**誤用」⇒「つなぐ」。
「つなぐ」を「つなげる」と表すことについては、高島 (2001) が批判的に詳しく分析し、谷崎潤一郎の間違いを例に引いて、東京下町の方言に由来すると推測している。

　最後に、本書では稀な、賞賛を与えることにする。それは、日向 (2000、p.108) での日本語論で「実戦編へ**つなぐ**入り口」とあり、最近蔓延している「つなげる」の誤用をしておられぬ点である。1943年生まれのせいもあろうが、さすが留学生相手の日本語教授にふさわしいと感心した。留学生相手の日本語教授にもいろいろな質の方が御座るということなり。

26. 「…べき」の一つ覚え症候群

　助動詞「べし」の連体形「べき」を終止形であると誤解してとくに文末で使う例が最近増えており、正しい終止形たる「べし」とする例はおそらく皆無となっている。終止形の知識の欠如に起因する単純な誤りであり、知識が無いにもかかわらず文語を使うとぼろが出る例の2つ目である。逐次刊行物ではこの誤用が一般化しつつある。たとえば、

　「可能性あれば**知らせるべき**」（1992年10月31日、朝日朝刊）⇒「知らせるべし」。さらに、口語にするならば「知らせること」という、字数が同じとなる同じ意味の言い換えができる。

　「**派遣すべき**という認識で一致」（2005年3月16日、23：05、NHKラジオ第一放送、ニュース）⇒「派遣すべし」。

　「べし」は文語なので、新聞などの一般向けの一般的な文書で使うと口語と混ざることになって、日本語チェックソフトにかけると不統一と指摘してくる言葉である。ところが新聞では多く使われる文語の1つである。その理由は、とくに見出しでは字数制限の点から、不統一であることは承知で使っている。

　「頻繁にデータを更新**すべき**」（水野（2004））⇒「すべし」。

　「べし」の終止形を「べき」とする誤りは非常に一般化しており、正しく「べし」と使っている例は珍しい。そのわけは、この言葉「べし」は文語なので、敗戦前の旧仮名遣い時代の旧制中学卒業者および古文の文法知識が多い者しか正しく運用できぬからである。

27. 比較の対象を明示せずに形容詞と副詞の最上級を使う罪

「この**電車**が**東京駅**に**一番早く到着**です」（JR中央線の快速の車内放送）⇒

「終点まで特別快速に追い越されることはありません」。

　比較の対象を与えずに最上級を使う罪。いやそれよりもここでは比較級しか使えぬ状況なのである。なんとなれば、一日の中で一番早く着くのは早朝一番電車以外に無いからである。加えて別の誤用をもまた含んでいる。それは、be 動詞たる「です」を使うことによって「電車＝到着」になっていることである。この説明は他の section で与えてある。

　「この冬一番の寒さ」（2005 年 1 月 29 日、20：45、TV-1 ch、天気予報）⇒「この冬のこれまでで一番の寒さ」。

　JR と同じ「一番」を使っていて比較の対象を与えておらぬ問題がある。比較の対象を「この冬のすべての日の寒さの中で」としても良いように見える。しかし、冬が終わった時点でなければすべての日の寒さ（＝温度）を測定することができぬので一番寒かったとは言えず、事実と異なることになる悪文である。

28. 副詞句の末端処理の失敗

　「宇宙では、地上で食べるように、ご飯の上にカレーを掛けることが出来ない」（1992 年 9 月 17 日、朝日夕刊）⇒「地上で食べるようにはご飯の上にカレーを掛けることが出来ない」か、あるいはまた「地上で食べるようにご飯の上にカレーを掛けることが、出来ない」。

　「ように」は悪文を扱った本ではよく指摘されている、文筆業ならば注意すべき表現である。読者が「ように掛ける」なのか「ようにできない」なのかを決めることができず、二義的となっているからである。

　この例の場合は、「ように、」と読点を打ってあるので、修飾問題が解決してあるように執筆者は考えたのであろうが、そうはなっておらぬ。読点を打ったことによってどうなったかというと、後ろに続く文節の「できない」に係ることになった。その形になったせいで、意味はというと、「地上で食べるときにカレーを掛けることが出来ないように、宇宙でご飯の上にカレーを掛けることも

また出来ない」となる。「地上で食べるときにカレーを掛けることが出来ない」ことは真理にあらざるゆえ、意味上の誤った文となっている。

「感染を理由に解雇、配転はできない」（1992年10月14日、朝日朝刊）⇒「理由とする」、「理由にした」、「理由にしての」、「理由とした」、あるいは「理由としての」。

「理由に」だけでは次に続く言葉が欠けているので不完全文となり、意味が特定できず。つまり、助詞「に」だけでは意味をなしておらぬということである。

JR八王子駅の改札前の天井の警告幕や立川駅構内の掲示板（写真21、22）での、

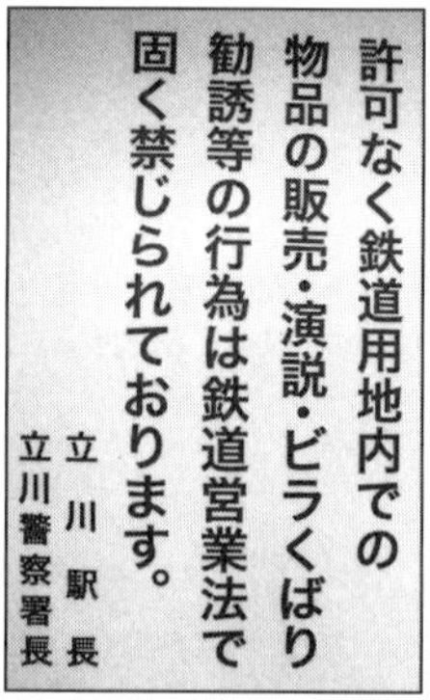

「許可なく…を禁じられております」⇒「許可を受けずに…することを禁じます」。あるいは、「なく」を使って権威主義的にしたいならば、「許可なくして…することを禁じます」とすべし。

さて、この掲示の表現のままでは、許可を受けずに「…を禁止し（ており）ます」となってしまって、許可を得ずに駅長がその掲示を出したことになる。この訂正例でもなお、まだ修飾関係が完全には厳格にはあらざるゆえ、「禁じます」の直前、「を」の後ろに読点を打つしかない。

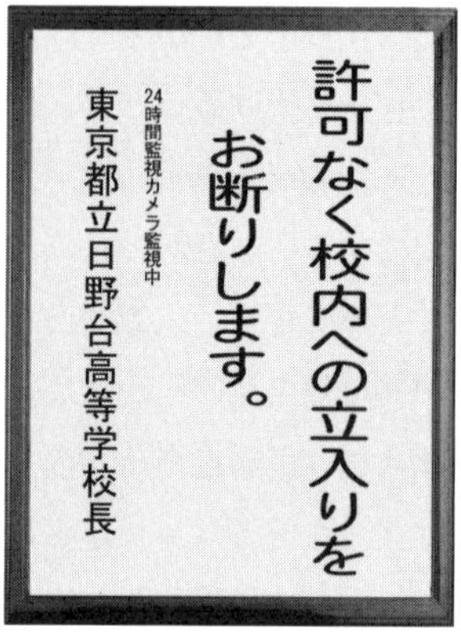

このような掲示は学校の校門（写真23）を含め、公的建物の周りでもまた多く見られる誤りである。NHKのWebサイトであるhttp：//www.nhk.or.jp

写真21

写真22

写真23

のすべてのページにも、「許可なく転載を禁じます」との著作権表示がある。NHK が無許可で禁じるなんてことをしてはいけません。

東京駅の八重洲南口の新幹線の自動券売機の上で珍しくも正しい表現の掲示を見つけたので右に示す（写真 24。）

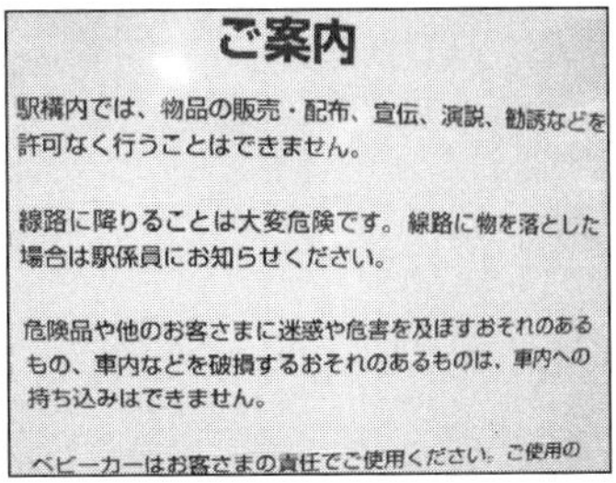

写真 24

29. 不注意による単語の誤用のうちで許容範囲外のもの

悩ましい

最近、生理的に違和感を覚える「悩ましい」の用法を目や耳にする。新聞や雑誌の見出しから始まったと考える。これは、見出しは字数が限られていることと日本人の特性としてつい名詞句にしてしまいやすい、つまり動詞を使った動的な表現にすることにはエネルギーが要ることによる。新聞見出しで起こる多くの問題点をはじめ、日本語を乱す元凶の1つは新聞社であると私は考えている。古語では「思いわずらう」と「つらい」の意味で使われており、女の性的な姿や声の形容に使う用法は近代に発生したと言われる（朝日新聞校閲部、2005）。しかし、現代ではもっぱら性的な意味で使われてきた点を考えると、「女の色気」関係以外の意味を持たせることは止めたほうが良い。下記の例でのように、奇妙な感じを受ける読者のほうがかなり多いことは上記文献でも事実なのであるから。

「**悩ましい**財源の確保」（2003 年 9 月 6 日、朝日朝刊）⇒「財源の確保に**悩む**」。

こうすることで、名詞で終わっていたせいで記述的で静的であったこの見出しが動的な表現となるという一石二鳥の効果が出た。

「尖閣上陸に**悩ましさ**」（2004 年 3 月 27 日、朝日夕刊の top 記事の大見出し）⇒「尖閣上陸に**悩みあり**」。

「**悩ましい**問題」（2005 年 8 月 15 日、20：15、NHK 総合 TV、「日本のこれ

から」番組、パネラーの寺島実郎）⇒「悩む問題」、「悩みが生じる問題」または「悩ませられる問題」。

30.「いる」と「ある」との好ましからざる交換

　都営地下鉄のプラットホームで、
「スイッチは図の位置に**設置しています**」⇒「設置してあります」。
　「いる」は継続を表す補助動詞であるから不適当であるし、スイッチについて「この金魚は死んでいる」を文例とする動作の完了状態を表すことが目的ではないし、設置した動作の主体はスイッチではなくて人間であることからも、意味上で不適当である。
　「このテーブルは、…を**記載している**」（三島、2001、p. 167）⇒「には…が記載してある」。
　読点までの部分はいわゆる話題の提示なので独立していて問題無しとすることにする。後半については、微妙に翻訳臭がするので好ましからず。好ましからざるわけは、「している」が現在進行形を思わせるからである。
　はっきりした日本語としては現在完了形的な「してある」とすべし。「ある」が「いる」によって追い払われつつあるような傾向を最近は感じる。この「している」表現は、食堂などのおかしな表現として悪名高い「以上でよろしかったでしょうか」における過去形的な型と同じく、英語での時制表現に似ているがゆえに違和感を生じる一群の表現の１つであるとともに、コンピュータ分野に多く見られる、非正統的な日本語用法とは違う体系が生じつつあるのかも知れず。
　「一部を**修整しています**」（2005年11月４日、朝日朝刊、p. 1、アスベストの記事、写真の説明）⇒「修整してあります」。
　be動詞たる「ある」「おる」「いる」の微妙な使い分けの問題なり。形式をまず分析する。この事例のように丁寧表現にした場合、前二者は「ります」となって動詞語尾が明確であるが、一方、「いる」は「います」となるので「り」が入

らず。この分析によって、「いる」が前二者とは活用形が異なる異質性を持っていることがわかる。

　次に意味を考える。「…してあります」は現在完了として受け取れる。しかし、「…しています」と「…しております」、特に前者は活用形の特殊性が原因となって、現在進行形風に感じてしまうのが英文法教育を受けたものの大勢であると考える。この原因は、「ある」が物の存在を表す場合に多く使われ、他の2者は生物の存在に使う場合が多いからのようである。和歌山では逆を表すそうであるが。そこで写真の説明にどちらが適しているかというと、「修整する」という動作は終わっているので、読者にとっては示した改訂例の方が現在の状況に合った意味として受け取れる形なり。

　「いる」「ある」「おる」に対応する名詞が人間か物かで全国地方別に用法が違うことは周知の事実である。しかし、標準語で書いてある刊行物で「…している」を使ってある場合に現在進行形のように受け取るのは私だけであろうか。著者が英文法の現在完了的な内容を書いているならば、「ある」とすることでそれらしく受け取れるのであるが。「いる」を存在の意味で単独で使うことは問題がない。

　たとえば、河野（2003、p. 12）の「用語を選んで集めていますか」は、「集めてありますか」とするほうが良いと考える。

31. 文語使用上の問題

　「ざりし。」として文を終わらせる形は、「し」が連体形であって終止形にあらざるゆえ間違いであって、「き」とすべし。この間違いは非常に多いが、その原因は恐らく、カ行を発声するにはエネルギーが要るので無意識に避けて、発音しやすい「し」を思い出して使ってしまうせいであろう。

　普通に使われる「ぬ」「ず」「べし、べき」に加えて、新聞での文語使用の例を記しておく。

　「女性にささぐ女性の応援歌」（1992年10月17日、朝日朝刊の見出し）⇒

「ささげる（捧げる）」。

「ささぐ（捧ぐ）」は文語の活用形なので、口語体と混在は良くない。新聞では字数制限の点から否定の助動詞の「ぬ」と「ず」とは社内規定で例外として見出しでは認められているようであるが、「捧げる」のような一般動詞をことさら文語にすべき理由は1文字短くする以外にない。しかし1文字ならばスペースにほとんど影響がないので統一のほうを重視してもらいたいものである。

32. 比較の対象の欠如

(1) 比較の対象の欠如

「電流が10%になるまでの時間をターンオフ時間という」（工業高校教科書）。当初の電流も含めて、何に対して10%なのかを記述すべし。

(2) 比較の対象を示さずに「より」を使う罪

先に書いたように、これは翻訳調語法の代表の1つである。

「より確かな日中関係のために」（1992年9月28日朝日朝刊の見出し）、

「より経済的な」（1985年1月31日、朝日）、

「より鮮明な」（2005年、3月24日、22：13、NHK総合TV、有働アナウンサー）。

翻訳技法としては訳す必要が無いにもかかわらず、英語のmoreを無理に翻訳した形である「より」を副詞として使うことは、翻訳調から広まった副詞として小学館国語大辞典にも収載してあるので、最近の大型辞典は何でも載せるWebster型の編集態度に堕していると見える。とくに、英文の構造のまねとして、比較対照を明示せずに文頭でいきなり単独で翻訳調の「より」を使う文体は日本語にあらざるゆえ、絶対に止めるべし。

生まれながらの日本人の悪文に現れた言葉ならばまだしも、翻訳が下手なせいで一種の誤訳とみなすことができる、出版物に現れた言葉を、一流出版社が大辞典に取り入れるとは何と嘆かわしいことよ。「もっと」や「さらに」という

大和言葉の副詞を知らんのかと抗議したい。

　あろうことか、翻訳を専業とする者がこれを書物で使った例がある。それは、鼈岡（2002）、p.97 の「より適切な」である。

　さらには敬語指導書の著者にもこの誤りを犯したものがおる。河野（2003）の『場面別これが正しい接客の敬語です』の p.41 に「よりていねいに」とある。

　動詞につけることはさらに恐ろしい。その例は、

「より見える」（2005 年 1 月 3 日、20：03、NHK ラジオ第一放送、ニュース）⇒「さらに見える」。

　この究極の例は、「より学校に行かなくて」（2004 年 8 月 14 日、00:20、NHK ラジオ第一放送、上海在住の海外リポーターの報告）である。比較の対象を言わずに、しかも文頭でいきなり「より」を使う翻訳調については、驚くべきことに、とうとう動詞の未然形にまで付ける者が現れたかと恐怖を感じてしまう。

　次に新宿駅構内での広告の例を示す（写真 25）。

原因の一つとなり、心筋梗塞・脳卒中の危険性や肺気腫を悪化させる危険性を高めます。
る悪影響やたばこへの依存を**より**強めます。周りの人から勧められても決して吸ってはいけません。
コチンにより喫煙への依存が生じます。

写真 25

　「依存を**より**強めます。」として動詞に「より」を付けている。前述の辞書で分類してある定義どおりの副詞としてなら文法上はあり得るが、困ったものである。比較の対象を伴わぬ more の直訳としては「より多く」の形で使うならまだしも、「より」だけを使うことは止めるべし。

　「より大きな」（2005 年 8 月 10 日、20：05、「大自然 special」番組）。

　英語では文頭の more は許されるが日本語ではさにあらず。国語辞書には「翻訳調の言葉」として見出し語に取ってあるものがあるが、しかし困った編集態度なり。何でもかき集めて載せたら良いという編集態度は間違っている。

　「more」に対応する比較の対象が原英文に無い場合の翻訳を無批判に真似ることなく、「より」の代わりに「ずっと」「もっと」「さらに」をあてるべし。これらの副詞を使わぬ原因は、ひょっとすると、日常会話的なので柔らかく聞こ

えてニュースには合わぬと考えていることかも知れぬ。格好をつけたいとの権威主義のなせる業というわけか。専門家向けにあらざる事実の報道には誰にもわかるような表現を使うべし。

「国内より能力求められる」(2005 年 7 月 26 日、朝日夕刊、p. 4、見出し) ⇒「よりも」。

「より」は from か than かが判定しにくい多義的な文を作ってごまかすための便利な言葉なので、使用禁止にするほうが良い。than の意味ならばこの改訂例のように、助詞「も」をつけると一義的に明確になる。なお、この例文内の「能力」に主格の「が」が欠けている点については非難せず。それは、新聞の見出しでの字数制限を否定することはできぬ上に、このままでも意味は通じるからであります。

「会社よりボランティアにのめり込んで」(2005 年 8 月 23 日、朝日夕刊) ⇒「よりも」。

33. 大和言葉を使わずに合理的な理由の無い漢字熟語を使う罪

「危惧」(2006 年 4 月 8 日 20：45、NHK 総合 TV のニュースで元首相の森氏の発言) ⇒「おそれ」。

「絶滅危惧種」のような学問用語については、大和言葉による「絶滅のおそれがある生物種」よりも漢字の複合語のほうが字数が少なくなって生物種のリストを作る場合には便利なので別として、単独で「危惧」を使う態度については必然性も利点もまったく無し。

学問以外の場面で誰がいつごろ使い始めたか知りたいものである。ひょっとすると政治家が中身の無い発言をごまかすために格好を付けて、さも中身があるように見せかけるために、漢字熟語、それも似た意味の字を 2 つつなぐという、問題ある二文字熟語の作り方で使い始め、それを報道機関が広めたことが考えられる。「おそれ」という大和言葉があるのであるから、別の意味をこめる場合にあらざれば、漢字で造語（たぶん）してはならぬ。

これは、ヨーロッパ語にあらざれどもやはり外来語である漢語を無批判に使う権威主義の例である。技術分野では昔から権威主義者の巣窟である医学系に多いが、文系で一般大衆読者向けである新聞がそのような立場を取ることは好ましからず。
　名詞の漢字熟語に由来するサ行変格活用の動詞の例では、
　「生産コストを**削減した**」（朝日）⇒「減らした」。
　大和言葉が存在するにもかかわらず、かつ字数が同じなのでスペースの節約にはならぬにもかかわらず、なぜ漢字熟語、それも二文字熟語に多く見られる、似た意味の字を２つ重ねるという、それこそ無駄な造語法で作った熟語を使うのか。権威主義としか思えぬ。日常的な意味を権威付けして何の利点があるのか。
　副詞の例では、「**軽々に**（ケイケイニ）」が強制的に廃語に指定すべきほどの悪臭を放っている造語である。耳で聞いて直ぐわかる人がどれほどの割合で存在するかに興味がある。国会議員が得意な権威主義的言葉であると考える。「軽々しく」という大和言葉を使うべし。
　「**少々**お待ちください」⇒「少し…」
　大和言葉を使うべし。柔らかく話し掛ける感じになる。それに反して漢字熟語で音読みにすると事務的に聞こえる。その効果をわざと狙ってと思える、会社や役所で話し言葉でも掲示の書き言葉でも猛烈に蔓延しつつある表現である。なぜわざと狙ってと考えるかというと、「少し」が普段の言葉なので改まった場所では使えぬと根拠無き思い込みがあるからである。
　言葉を換えて言うと、事務的な内容では漢字熟語を使わねば正式な感じが出ぬとの強迫観念がある。しかし、敬語に属する言葉にあらざる場合には日本民族固有の言葉を使わずに衰退させて良いわけが無し。私の耳では「少々」を冷たく感じるので、受付でこの表現を言われると「お前は本当はお呼びではないのだよ」と言われている気分になる。「少し…」を使うと温かく聞こえ、歓迎されている感じがする。皆さんはどのようにお感じになりますか。
　名詞では「**上役**」の代わりに、「**上司**」を使う例は完全に一般化してしまった。音読み熟語が増殖しつつあるといえる。何故であろうか。
　９つまでは大和言葉で「ひとつ、ふたつ」と数えることが望ましい無形物や

抽象名詞を数えるときに、有形物を数える助数詞が存在せぬ場合に使うべき「…個」を使う傾向が強まっている。これをはじめとして、訓読みを避けて音読みの漢字熟語を使うことが最近の流れになってきていると感じる。

　そうなってきた原因はわからぬが、しかし、この傾向は母音の数を減らす効果があるので、母音の発声が苦手な関東に首都があって、放送局の本局が毎日訛った発音を垂れ流していることによって非標準語系の（北）関東弁が入り込んでいるのかも知れず。このままでは日本語は開音節語ではなくなるかも知れぬ。

　この論題に関係する最も悪質な型は、動詞起源の名詞を漢字熟語として創作することによってその真の意味たる動作を中心とする文としての構造を壊し、厳格には意味不明とすることである。この例を東京駅の掲示から右に示す（写真26）。

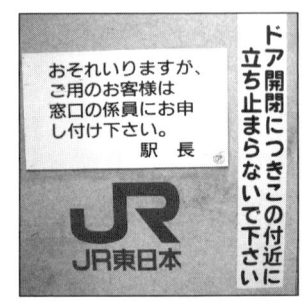

　「ドア開閉につき」は「ドアが開きますから」または「ドアを開け閉めしますから」であるべし。旧国鉄時代の権威主義が現れているのであるかも知れぬ。動作を表す言葉は活用語尾を平仮名で明らかに書き表さねば文の中での関係が読み手にはわからぬことになるという問題の好例なり。

　「開閉」という熟語は開く動作と閉じる動作とを一緒に表している。しかし、この掲示は警告が目的なのであるから、開けるときにはそれをする人間が外からは見えないので「（突然）開くときがあるから危ないよ」ということのみを警告すれば良いのである。ところが漢字熟語を使って権威主義的表現をしようとの無意識が働くと、この例の場合には本質的に無意味な「閉」という漢字を付けて二字熟語を作ることになる。駅の利用者に間違いなく知らせることが目的の掲示ならば、子供にもわかる、上で示した柔らかい大和言葉を使うべし。

34. 新聞見出しの短縮化による意味不明化

　すでに何度も書いたが、新聞の見出しは字数制限のせいで表現に苦労するであろうことは承知している。しかし、編集部の校閲係が検査したあとでもなおもう一段階を設けて、社外の一般人に批評してもらって意味が通るかどうかを検査すべしと助言したほうが良いような表現が散見されることをここでは問題とする。李（1982）による『縮み志向の日本人』の考えは言葉の短縮化のひどさにも当てはまるようである。

　「国連安保理が非難の議長声明」（1992年1月8日、朝日夕刊の見出し）⇒「非難の国連安保理議長声明」。

　「非難」は一見すると名詞として受け取れるので、構造が厳格でない日本語では、とくに見出しのような短い文字列では、その前か後ろかどちらを「非難」しているかが構造から直ちにはわからぬ。本文を読まねば意味不明であるような見出しを書かぬように注意すべし。

　朝日の「声」欄（2004年11月21日）で「架空の督促状（改行）届けた警察は」。

　いくら「声」欄の見出しは6字で2行の字数制限があると言っても、書いてあるとおりに読んでいって論題を理解できるようにすべし。この例では、「届ける」が他動詞であるし、「警察」との間に関係代名詞が隠れているので、書いてあるとおりに読むと督促状「を」届けたのは警察であると理解するのが形式上は正しいことになる。

　見出しに特有である、改行によって中止法の読点に替える形さえもこの例には存在せぬので、この解釈しか無くなる。そうであるから、他動詞「届ける」の主語が筆者であることはこの見出しの記述形式と語順からは読み取れず。この例で筆者が届けたのであることを記述形式上一義的に書き表すことはかなり難しい問題ではある。私は「届けた架空督促状に警察は」とするしかないと考える。

35. 列挙する際の対称性の欠如

「私大の医学部と東京大と迷った末、生物学を選んだ」(1992年5月19日、毎日朝刊)。

　対称性が良い構造の文は理解しやすくなる。ところが対称性を二重に破っている事例がこれである。まず1つ目の違反は、医学部と東京大とを対称関係に置いていることである、しかしそれは失敗している。学部同士かあるいは大学名同士ならば対称関係になる。私大なら国公立大とが対称関係となる。つまり、書き直して、「私大の医学部と(国立である)東京大の何とか学部」とすると大学設置者と学部名との2つをともに対立させることができる。

　2つ目の構造上の違反は、「生物学」が突然出てきた点にある。初めの対称関係では学問の名称はまったく出てきておらぬので読者は何のことかと面食らうことになる。これはインタビューを受けた人に尋ねて初めて解決できる問題なので訂正例を出すことができぬ。このようなむちゃくちゃに壊れた構造の文章を書く記者は困ったものである。

　工業高校の教科書からの例は、次のとおりである。

「電流の値および電流の向きを示せ」は、「電流の値を算出し、電流の向きを示せ」であるべし。電流の値を示すには前段階として計算せねばならぬから、高校水準の教科書の章末問題の文としては指示内容が不明瞭なので良くない。さらに、「ツェナー電圧の値は3ボルトから数十ボルトの値のものが作られている」では、「値が作られる」意味になるので間違いである。作られる物は有形物としての半導体ダイオード(ツェナー・ダイオード)であるから、「ツェナー電圧が3ボルトから数十ボルトの値の半導体ダイオードを作っている」であるべし。ここで、さらに指摘できる点がある。それは、理系文章の中で「もの」という、あいまいであるとともに小学生のような言葉を使わざるを得ぬ構造の文を書いてしまったことに気づいたならば、中身が明確な名称に替えるとともに構造を新しくした文に書き直すことが望ましいということなり。

36. 主節の主格の「が」と述語との間に従属節を挟んで理解不能にする罪

「サド公爵が…立役者マラーが暗殺されるまでを戯曲に書き」（毎日新聞の「余禄」欄）

　主語が2つあることに対して述語動詞が2つあるが、それぞれどちらに当たるかが表面上は不明。背景となる知識が無い者にはそれを判定できず。とくに、後ろの動詞の直前に主語が配置されておらぬ点が原因となって、あいまい文が生じている。主語と述語が隣り合っている「立役者マラーが暗殺されるまでを」を意味上で正しいと仮定すれば、「サド公爵が」を「戯曲に書き」の直前に持ってくると問題点は解決する。

37. be動詞のみを連続させて敬語と思い込む罪

　あろうことか、言語に関する論文を扱う雑誌「月刊言語」（2004年12月号、p.163、岩永著）で現れた誤りは、**「涙目になりそうだったですよ」**である。
　この形の原形は「涙目になりそうであったでありますよ」であって、be動詞が2つ重なっていることが誤りであることがわかる。望ましいのは素直に簡単に「になりそうでしたよ」にすべきであるし、または百歩譲っても、書き言葉であるから、話し言葉のぞんざいさを排して「であったのですよ」であるべし。この過去形の言い方での「動詞＋です」が西日本（九州）の方言である可能性を井上（1999）が推測している。
　しかし、西日本方言をひとくくりにはできず、琉球方言と九州とくに九州中部＋南部と近畿＋四国＋山陽道とは非常に違う。私が育った伊勢国ではこのような文法違反といっても良い破格の言い方はせぬので、私の妻（出身が肥後国）に尋ねたところ案の定、そのような言い方をするとのことであったので、この

型は西日本全域では行なわれず、九州限定の方言と考える。

　電話での事務的なやり取りでよく聞く誤りである、
「いかがだったでしょうか」⇒「いかがでしたか」。
　この表現を語源に分解すると「いかがであった（ありた＝あった）でありましょうか」となり、英語で言う be 動詞を２つ連続させていることになるので、明らかな誤りである。助動詞「た」を使うことによって自動的にこの形となってしまうと考えられる。

　つまり「いかがだった」の形で「た」を言ってしまうと、それに続いて「か」とすると詰問口調になってしまってまずいので、無理に丁寧語の「です」を機械的に付けるせいでこうなるのである。動詞の「である」に「ます」を付けて「であります」とし、全体として「いかがでありましたか」とするやり方がわかっておらぬことが本質なり。

　もちろんこのままでは書き言葉なので、途中を省略した「いかがでしたか」が最終的には正しくて丁寧な話し言葉である。何と説明が面倒な、丁寧語と be 動詞との組み合わせであることよ。義務教育時代に明治の名作小説を読まねば母語の運用能力が身につかぬことをひしひしと感じる今日この頃である。

　店員などによる、一見過去形を使う無意味文字列の増殖現象もこの型に属する。

　この機会に、論理学上大切な be 動詞系の表現「（で）ある」の変形を「だった」と「でしょう」とに分けて辞書文献に基づいて分析する。

(1)「だった」
「だった」は「だ」の連用形「だっ」に助動詞「た」が付いた連語であり、「である」に助動詞「た」が付いた「であった」よりもくだけた言い方である。ここで助動詞「だ」は「にてあり」→「である」→「であ」→「だ」の順に変化して中世末に東国方言として生じた（松村、1995）。

(2)「でしょう」
「でしょう」は、「です」の未然形「でしょ」＋「う」の組み合わせであり、

「だろう」の丁寧表現として近世江戸語で出現した（松村、1995）。ここで「だろう」は「だ」の未然形「だろ」に推量の助動詞「う」がついたものである。つまりもともとは「であろう」に発する。

一方、短縮形「です」の語源には「であります、」「でござります、」または「でそう（候）」の3説がある（松村、1995）。私は1番目の説を採る。そこで、「でしょう」が「でありましょう」の短縮形であるということになる。「です」は「だ」と「である」に対する丁寧形として明治以降に広まり、原因、理由、根拠を示すときには「のです」の形で使う（松村、1995）。

(3) 「です」と「ます」

参考として、近世アヅマ（吾妻）言葉としての「です」と、それに対立する正統的（京都系）丁寧表現「ます」との対比分析を次に与える。

動詞の丁寧形を作るには「ます」あるいは「です」を付けるやり方がある。このうちの前者については、「まゐらする（参らする）」→「まらする」→「まっする／まいする」→「ます」の変化で生じた「ます」は中世以降の言葉である（松村、1995）。一方、後者については体言に付ける場合には直結しても問題がない。しかし、動詞では連体形に助詞「の」を付けてから接続させることになっている。たとえば「行く」の丁寧形は「行きます」あるいは「行くのです」となる。九州および北関東育ちの者が作る「の」を抜かした「行くです」の形は誤った形である。しかし、「行くのです」は上記のごとく、原因などを表すときに使う形なので、単純な丁寧形とは違う。これをまとめると、「です」を用いるならば、いかなる形であっても動詞については単純な丁寧表現を作ることができぬということになる。

さてここで「です」と「ます」との用法の対比のための他の例として「有無」という意味上はっきり対立した組み合わせを取り上げる。まず耳で直感的に奇妙であると感じる「無いです」について分析する。「無い＝無し」は形容詞なので直接「です」を付けて「無いです」としても、耳には奇妙に感じるのではあるが、誤りにあらず。しかし、これの意味上の対立表現たる「有るです」については、「有る」が動詞なので上記のごとく「の」をつけて「有るのです」の形

をとらねば破格となる。

⑷ 「(商品名)でよろしかったです(でしょう)か」
　この店員用語について北原(2004)は、「よかった」は過去に注文したことを現在の時点で評価しているので許される表現とみなし、「でしょうか」に違和感が生じるのは、発言者が知らぬことについて客に質問する形であるからであると説明している。ところが、店員は現実に尋ねたいのであるから、なぜ素直に「よろしいですか」と言わぬかとのいらいら感はぬぐえぬ。というわけで、むしろ冗語の項に含める方が適当であったかも知れぬ。

38.「ぬ」および「ず」に対する「…ない」

　「ぬ」と「ず」とは関東弁を含む東日本育ちの者にとっては古典文芸でのみ見る否定辞である。しかしながら、西日本を中心に考えると、音便の「ん」を含めての「ぬ」については現代口語であるという、特殊な地位にあり、かつ論理学上およびその応用たる計算機プログラム用語の中でも重要な「NOT」として極めて重要な働きをする言葉である。
　「研究職がみつからなく、」(http：//www.kenq.net/community/message.php?rid=61#61) ⇒「みつからず」。
　あるいは、江戸で後期に生まれたとされる否定辞たる助動詞「ない」を中止法にすると異和感が生じるので、助詞「て」の助けを借りて「なくて」の形にするのが良い。

39. 素直に表現せぬ罪

(1) 否定形で言う陰険さの罪

　日本人は、外国に行くと考えをはっきり口に出さずにあいまいな薄笑いをする気色悪い民族であると言われてきた。最近はそれだけにあらずして、本論題たる、直接的に肯定形で言わずに裏返して否定形で表現する風潮が流行ってきている。これはたびたび本書の中で言ってきたが、日本人の特性たる、断言を嫌う性質に起因すると考える。

　最悪の例は、「ないか（どうか）」（2004年3月9日、19：45、NHKラジオ第一放送、ニュース）であって、放送のニュースその他の口頭伝達場面で頻発している。

　「かかわりが**無かったか**について追求しています」（2005年7月30日、02：05、NHKラジオ第一放送、Londonでの爆破事件ニュース、関アナウンサー）⇒「かかわりがあったかについて」。

　近年この型のnegative表現が新聞と放送とで頻繁に現れている。とくに事件が起こったときの捜査関係の記事について現れることが多い。「無い」を使うことが適しているのは、「無実」および「不存在」を証明する必要がある場合にほとんど限られ、そしてニュース報道ではそのような場合は極めて少ないと、私は考える。普通のpositiveな思考では、「無い」ことではなくて「有る」ことを証明すべきである。

　事実をそのまま伝えるべき事件報道の場合であるにもかかわらず、なぜ素直な表現をせぬのか。根本的な考えが間違っている点では、戦後処理を放置したままであるという問題と同根である民族水準の思考と態度との問題なり。

　「ひびが入らないかどうか調べる」。

　「ひびが入らない」ことを望んでいる場合には否定表現でも良いとする意見がある。しかし、そのような特例を認めてもなお、この形が多過ぎるので、読者への注意を呼び起こすためにも、あえてここでは「ひびが入るかどうか調べる」

との肯定形であるべしとしておく。

　NHKニュースでは「動詞＋かどうか」の形の場合にはほとんど全部がこのnegative表現となっている。このようなひねくれた表現のニュース原稿を書いたNHK従業員がどのような言語経験を経てきたのか不思議でならぬ。ええいじれったい、素直に言ったらどうなのだと、いらいらする。文芸作品にはあらざる、事実を客観的に知らせるべき、いわば科学論文と同等であるべきニュースの文の表現がこのように裏返しとなっており、かつ字数を無意味に増やした表現となっていることは非常に問題である。

　事実を知らせる目的を持つ文でなぜ裏返しの否定的表現をとるのかを考えると、何度も言ってきたような、日本人に根強く残る「断定を避ける」または「直接的に言うことを嫌う」、すなわち「発言者が責任を避けたがる」、別の言い方をすると「婉曲表現を好む」との精神傾向が影響していることは明白なり。

　「…どうか」の部分が無くてもこの良からぬ効果は同じである。

　「ジュゴンの餌となる藻場を調査し、**食べた痕が無いか**を調べた」（2003年10月9日、00：55、NHKラジオ、ニュース）⇒「食べた痕が有るか（どうか）を調べた」。

　調べたのは食べた痕なのであるから食痕の存在の調査であることは自明であり、不存在を調べることは目的にあらず。

　「生活基盤を**築いていないのか**を含め」（2005年5月27日、朝日朝刊、p.1、「旧日本兵生存か」の記事）⇒「築いているのか（どうか）を含め」。

　「…が**いなかったかどうか**」（2005年8月10日、22：35、NHKラジオ、ニュース）⇒「いたかどうか」。

　陰険な否定形表現なり。素直に言いなさい。不存在の証明が必要な場合は滅多に無いのであるから。

　「日本人が**いなかったかどうか**」（2005年8月3日、07：29、NHK総合TV、ニュース）⇒「いたかどうか」。

　「ほかにも砲弾が**無いか**」（2005年6月1日、20：45、NHK総合TV）⇒「あるか」。

　爆発物処理班が処理する対象物としての砲弾を探すのであるから、当然、「あ

るかどうか調べる」という形が正しいのである。

　これらの例で字数が無意味に増えている事実は、他の個所で引用した大野氏が暴露し、NHKの青木アナウンサー室長が言ったという、「NHKでは日本語の手本となることよりもむしろ、時間内に多くのニュースを読むほうが大事」との主張にさえも矛盾している。ああ、NHKに対しては何をか言わんや。

　そこで、NHKのweb site内のhttp://www.nhk.or.jp/plaza/mail_program/radiodir.htmlからe-mailでニュースの執筆者と読み手としてのアナウンサーとが同一人か否かを問い合わせたところ通常は別人とのことであったので、発音以外の文法違反などについてはアナウンサーに責任は無い。

　しかし、ついでに言えば、前記問い合わせでのもう1つの質問であった「ラジオ深夜便の出演アナウンサーはいったん退職した者を再雇用しているのではないか」については次の回答であった。「『ラジオ深夜便』を担当しているアナウンサーは、現役の方、OBの方、どちらもおります。また、出身地につきましては、特に限定しておりません」。しかし、耳で声質を感じたところでは後者が多いと判定し、本書では「退職者アナウンサー」の類の表現を方々で使うことにした。

　放送内および生活上の会話で近年耳障りであり、かつ頻発している否定的言い方は、「じゃない」⇒「ではない」、である。

　どうして素直な表現「でしょ（う）」と言わぬか、ひねくれ者め。この言い方を一回の発言の中で何度も繰り返されたら耳をふさぎたくなる。

　加えて、あろうことか、この形は正式には「ではないか（どうか）」という疑問形であるにもかかわらず、執筆あるいは編集中に「か」を挿入せずにそのまま「じゃない」と、書き言葉として印刷してある新聞記事を時折見かける。この記事では当然書いてある通りに理解するから、「ではない＝にあらず」の形を読んだとおりに否定している文と理解することになる。ところが記事内容を読むとどうもおかしく、最後まで読んでようやくこれは「か」を脱落させた、ぞんざいな「話し言葉」を印刷したのであって疑問形なのであるとわかることになるのは、読者に対して不親切である。編集長や校閲係の責任は重い。完全に表現した否定疑問の形である、「じゃないですか」については北原（2004）

が論じているが、氏は否定形を使うことについての問題提起をしておらず。事例は、

「じゃないですか」（2005年7月12日、01：20、NHKラジオ「ラジオ深夜便」、ゲストの発言）⇒「ですよね」。

肯定的表現をすべき内容を理由無く否定形にした上に、疑問形にして相手に尋ねるのかと思いきや、さにあらずして、文末のイントネーションを下げて疑問文としての効果を無くするというひねくれた態度は性格に問題がある。

「**時定数を適当に選ばないと波形がひずみを受ける**」（工業高校電気科用教科書）。この「**選ばない**」のように、科学と技術との、しかも文科省検定済み教科書で率直な肯定形を使わずにねじれた否定形で記述して伝達を混乱させているものがあることは、教科書会社の校閲者に罪がある。読者たる生徒に伝えるべきことの本質を表現すると改訂例は次の文になる。「波形をひずませぬためには時定数を適切に選ぶ必要がある」。

(2) 「…したい」症候群

この表現が近年非常に増殖しつつある。「…します」と素直に言うべし。とくに問題がある場面としては、経済犯罪の逮捕者を出した営利会社の責任者が、頭を下げているくせに言葉では「お詫びしたい」と言っている姿なり。このような表現では詫びたことになっておらぬし、さらには、この姿は、本心は詫びたからざる心が出ているので、不快な場面の1つなり。

40. とか弁およびその変形

若者に増殖中とされる「**とか**」は、列挙する用法の場合には名詞1つ当たり1つあてで使って「AとかBとか」として使うべき表現である。この誤用の変形には「**というか**」およびその訛り「**てか**」があるが、内容に自信が無いか、または断定を嫌う心理から来ている。この変形の例を次に挙げる。

「反応といったそういうものはありますか」（2005年7月30日、NHKラジ

オ第一放送、01：45、和田ディレクターによるインタビュー）⇒「反応はありますか」。

若者言葉として悪名高い「とか」弁と同じぼかし表現である。むしろこの表現の方が無意味言葉を長々と用いているせいで、一義的伝達に必要なはっきりした表現を求める人間をいらいらさせる点で罪が深い。この種のぼかし表現（冗語）を質問者が不必要に多用する例は対談の場面で多い。このように高度のぼかし表現を使う理由は、あいまいさを好むわが民族の性質にある。文芸的傾向が顕著に現れているともまた言うことができる。論理を尊ばぬ態度でもある。

41. 技術翻訳指南書の記述に見られた紺屋の白袴現象の事例

小坂・板垣（2003）の中に誤りが複数あるので、それらを個別の対応する項目に含めるとこの見出しの内容を述べる機会を失ってしまう。それで、この見出しを独立させることにした。本屋でこの本を斜め読みして見つけた誤りは次のとおり。すべてのページを検査するならば他にも多くの誤りが見つかる可能性が高い。

「ここに書かれている」（p. 37）⇒「書いてある」。

「あまり使う機会が少ない」（p. 49）⇒「使う機会があまり無い」あるいは「使う機会が少ない」でなければならぬ。副詞は置く位置を誤ると意味が変わることがあるので注意すべし。その上この例では「あまり無い」と「少ない」という量的に同じ言葉を二度使ったことになっている。

「次のようにつなげます」（p. 144）⇒「つなぎます」。

42. 差別語

差別語の代表たる特殊部落、身体障害、および性差に関する事柄はすでに枚挙に暇がないほど出版され、論じられてきたので、ここでは取り上げず、本書

の目的たる言葉それ自身に関するもののみを取り扱うこととする。

「訛り」という言葉は差別語に分類できるので、公共機関たる新聞や放送で使っているのは問題である。本書ではこの言葉を特別に物理的測定による不正確発音の意味で使っている。

標準語あるいは共通語が北関東訛に影響されてとくに無アクセント化を代表として変形してきている昨今では、NHKのアナウンサーにさえも標準語と言われた山の手発音のアクセントの者は少ない。そのような状況では東京都の中でさえも認識できる、標準からのズレの多少という量差の問題に変質してきた状況にある。

量の問題を考えると、標準語を定義すべく境界を設けることは不可能であり、標準からの隔りを定義とする訛はもはや存在せずと言って良い。

事例は、2005年3月17日、朝日夕刊、吉村昭の小説『彰義隊』で「**故郷の訛のある言葉で談笑し**」。この表現には悪意が感じられる。単に「故郷の言葉で」と書けば悪意が消える。いくら小説であるからと言っても、いやそうであるからこそ言葉の影響をよく考え、ことさら標準からの隔たりを強調する表現はこの小説の主題とは関係が無いことをも考え合わせ、その使用を止めるべきであった。その上、江戸時代には標準語や共通語という意識は無いので、無いものからの隔たりをことさら記述する態度は言葉を売って生計を立てている者としては問題なり。

あろうことか、日本の伝統文化の中心地たる京都の言葉を、「**京都なまり**」(1988年1月23日、朝日朝刊、「ビートルズがきこえる」欄)というに至ってはあいた口が塞がらぬ。日本語の中核たる平安文芸はどこの言葉で書いてあると思っているのかと執筆者に尋ねたい。東京の下町を含めたすべての地方の日本語発音は仮想でしか存せぬ「標準語」に対しては訛っていることに新聞記者は思いを至らせるべし。

昔、「関東ベエ」と言われた、文末の「ベシ」の訛である「ベエ」という汚い濁音言葉は滅んだと思っていたが、電車内の高校生の会話から判断するに、多摩地区から北関東にかけての地方でしぶとくも再発していることがわかった。そこで、関東地方の新聞は、多摩地区で犯罪が生じたら、電話での容疑者の声

の印象を「関東訛」のある声の脅迫であったと書いたらどうか。

　結論として、新聞、雑誌、放送、小説その他の公的な場所で発表する目的の文章では「訛」、「訛った」という言葉を差別語と認識し、これを使うことを止めるべし。

　「**女性教諭**」（2005年8月5日、21：07、NHK総合TV）。

　性別情報を知らせる必要がまったく無い記事なので、真正の差別発言（原稿）なり。何故にわざわざ女性と明記する必要があるのか。三文週刊誌のような下衆の勘繰りを誘う魂胆が透いて見える。男の場合に「男性教諭」とはめったに言わぬことからもそのことはわかるはず。

43. 数字の好ましくない読み方

　1から10までの数字は大和言葉の読み方で読むのが正統的な日本語である。1999年3月7日、05：00のNHKラジオのニュースで「10部屋」を「**じゅっへや**」と読んでいたことにはのけぞった。これは「とへや」であるべし。理論よりも何よりも、拗音と促音とを続けたら発音しにくいであろうと思うが、頭の中に大和言葉式の読み方の知識が無いとしか思えぬ。

　次に、0「零（れい）」の読み方のみを英語式に「**ゼロ**」とし、他の数字の読み方との一貫性が無いのは問題である。極端な例を挙げるとわかりやすい。たとえば、4006を桁の名称を入れずに読む場合に、「**よんゼロゼロろく**」というふうに、「ロロ」という、ことさら発音しにくい、近年の関東では不正確に発音する者が増えてきている「ラ行」の文字を2つも連続させて挟んで読む者の気が知れぬ。恐らくは「零（れい）」と読むことを知らぬことが原因である。

　数字のような基本語の文字列の中に外国語をなぜ混ぜるかを考えると、義務教育での国語教育に問題があることは明らかなり。論文の書き方を指導するならば一貫性を重視すべきことをも指導することになるから、この不統一問題が解消される可能性があると考える。

　2006年4月13日、23：00、NHKラジオ第一放送、ニュースで、鳥海貴樹

アナウンサーは、「三すくみ」を「さんすくみ」と読んだ。数字の読み方の原則が 10 までは訓読みで 11 からは音読みであることを知らぬアマチュア・アナウンサーにこの人を認定す。「二すくみ」や「四すくみ」という熟語は無く、この表現は定型句に近い組み合わせである。

44. 不完全文

　佐竹・西尾（2005）『敬語の教科書』の表紙のカバーに書いてある、「…人もまずは…理解する」と「…から…までをきちんと学習する」を一読して理解せぬ者は私だけであろうか。これら 2 文が伝えようとしている本書の出版目標が何であるかが書いてないので、中途半端な気分にさせられるのである。
　それが中身を気にならせて買う気を起こさせるための作戦で、わざとこのような不完全文を作ったのでないならば、本書の題名から考えるととても許される文とは言えぬ。随分時間を掛けて著者側に立って考えたところ、欠落している部分は次のようなものと判断した。それは、両文ともに最後に「ことが必要である」を補うことなり。
　「利用者のほとんどが**東京・神奈川です**」（出典不記録）⇒「…東京都と神奈川県の在住者です」。
　行政区分の接尾語と「です＝be」では誤りとなるので説明部分を挿入すべし。この型の不完全文は非常に多く見られる。例としてはこれのみしか記録しておらぬが、しかし、耳では何倍もの経験がある、欠陥文である。
　この手の文は中学・高校生ならば書きそうであるが、しかし、大学卒業者ならば自己批判的に読み直すことによって改訂できる水準の誤りなり。改訂、とくに第三者による改訂、をせずにそのまま公開することがすべての悪文の発生原因なり。

45. 文芸系の陳腐な比喩の時代錯誤的な横行

　本書の題名は「誤り文」にあらずして「悪文」なのでこの項目をも含めることにした。新聞と放送でこの現象が未だに続いておるのは、編集部のなまくら精神のゆえである。新聞記事は芸術その他の限られた欄以外の場所では基本的に事実を伝えることが使命であるから、古臭い比喩は適さず。短くて的確な表現をすべし。好ましからざる例は、「**拍車がかかる**」「**しっぺ返し（を受ける、など）**」「**浮き彫りになる**」「**終止符を打つ**」「**甘いマスク**」。

　これらはそれぞれ次のように素直に事実を述べる表現を使うべし。「増している、ますます多くなってきた、強まってきている」「仕返しをされる、報復される」「明らかとなる、はっきりする」「終わる、完了する」「甘い（雰囲気の）容貌」。明治時代の美辞麗句風な表現を現代に持ち込むのは良いことにあらず。

　文芸的とは言えぬまでも、似た紋切り型の表現としては、たとえば、「**台風一過**」と「**灯火親しむの頃**」がある。前者の後半の意味が永年不思議であったのでこの機会に調べたら、「一度に過ぎること」であった。台風についてはこの意味はあまり関係が無いと感じるがいかがであろうか。後者は、毎年秋になると新聞や放送で必ず現れる秋の風物詩（？）的な表現である。決まり文句は執筆者の文筆能力の低さを表すのであるから、使うことはもうそろそろ止めたらどうか。

46. 直接的表現を理由無く避ける罪

「見直す」
　「考え直す」や「変更を考える」など他に正確に表現する言葉があるにもかかわらず、「考える」という重大な行為に「見る」というそれよりも低い次元の動作を表す動詞を使う理由は、繰り返して何度も言うが、断定を嫌う民族性によって説明できる。「見る」には「考える」という意味が含まれておらぬのであ

るから。
　ニュースなどの事実を伝える場面で明言することを避けたがるとはどういう精神状態なのかまったく理解できず。伝達ということを深く考えたことが無い点で、ニュース原稿の執筆者の無思想かつ無教養の現れであることは確かである。

47. 二義的な略語および定義が不明瞭である用語を使う罪

(1) 二義的略語
「女子大生」および「女子高生」。
　どちらも同じ類の誤りなので「女子大生」を代表として述べると、「女子の大学生」の略語であるのか「女子大学の学生」であるのかがわからぬ、略し過ぎの意味不明語である。これが許されぬわけは、略してある部分の略し方の乱暴さである。
　つまり、前者では「大学生」から「学」の字を抜いて「大生」としており、後者では「学生」を「生」の1文字で略している。このようなひどい略し方で他の複合語を作れる例があるのか。「男子大生」が存在せぬことからも、誤った略し方に起因するこの二義的言葉の存在が許されぬことは明らかである。その上、同類の文脈で使われるから読者を惑わせる罪がある。
　NHK教育テレビ、1981年11月1日、18：00の「'82年女子大生就職事情」という番組でこの表現が現れたので、NHK総合放送文化研究所の放送用語研究部宛に、私の上記分析結果の説明とこの表現を使わぬようにとの指摘とを文書で送ったところ、従業員たる菊田彰氏からの返信では「…反省しているが、…一般的には女子学生の意味にも使われていることばなので…（国語辞典にもあり）、全くの誤りではないと考えます」であった。
　これはおかしい。一般的に受け取られている解釈はむしろ「女子大の学生」のほうであろう。なぜかというに、「生」1文字での略の例は他にもあるが（例は院生）、しかし、「大生」を「大学生」の意味で使う他の例はまったく存在せ

ぬからである。音大生でも東大生でも皆「大」の字は前の部分、つまり「…大学」の側に含まれるのであって、「生」の側に含まれるにあらず。

　こう見てくると、二義的というよりはむしろ、「学生」を「生」1文字で略してはならぬとの議論をすることが本質的であるという気がしてくる。以上の分析を基にして、菊田氏（等）の自己正当化の理屈には無理があり、彼（ら）の論理は破れておることが明らかである。

　その上、氏の返事が素直でなくて気に入らぬ点は、あいまいな言葉だから使うなと私が主張しているにもかかわらず「全くの誤りではない」と論点をずらして強弁していることである。これは、放送というものは常に正確であるべきとの態度を自ら否定した返答なので、怒りを覚える。裏返してこの返事を表現すれば「少しの誤りなら許される」と言っていることになるのであるから。

　新聞でも、事実だけを記述すべき社会面で時々記者の意見あるいは感情をも多量に交えて書いた記事を見るが、日本の国語教育では正確な伝達を目標にして来ざりし弊害が放送に携わる者へも影響しているのである。加えて言えば、私はNHKに対して「誤り」を指摘したのではあらずして、「あいまい語は使うな」と言ったのであるから、論点を正しくとらえずに返事をした罪も氏にはまた、ある。

　氏はこのねじれた言葉が国語辞典に載っていると言うが、しかしどの国語辞典に掲載してあったのか氏に尋ねたいものである。著者の手持ちの小学館『国語大辞典』（一巻本）には掲載が無い。図書館に出かけて調べたところ、小学館『日本国語大辞典』全12巻＋索引巻にはこの出版社の学問的厳格さが現れており、さすがに掲載が無い。その他にもすべての大辞典を調べたところ、掲載があったのはただ1つ、三省堂の『大辞林』のみであった。そこには当然上記の2つの解釈が出ている。そこで当然にも用法上の問題が起こる。まったく違う組み合わせのどちらが使ってあるのかが文中で判定できぬ場合が「ほとんど」であるという問題なり。ということはやはり、使ってはならぬ非論理的な文章の生成源としての略語なり。

　この事実から、アメリカのWebsterのように、印刷物に現れたものはすべて何でも無批判に見出しに採るという、無思想かつ無節操な編集方針を『大辞林』が採っていることが窺える。というわけで、2つのまったく異なる意味を区別

できる根拠としての文脈が無い、見出しや表題にこれらの言葉を使うことは止めるべきと言える。

(2) 定義が不明瞭な行政用語

「政府」または「国家」というべき場合に「国（クニ）」と表現することは重大な誤りである。英語では、前者は「government」または「state」であり、後者は「country」にあたる言葉である。前者の「内包」つまり意味には最上位統治組織のみを含み、後者の内包には人間、土地、および文化を含む。英語文化では両語はまったく異なる意味を持つ言葉なのである。

なぜ新聞と放送とでは文脈上ほとんどの場合に該当する実体たる「政府」という言葉または「中央官庁の担当部署」の名前を使わぬか不思議である。やはり日本人の民族性たる、あいまいさを好む特徴が出ていると考える。政府批判をすべき役割を担う報道機関が、このような重要な用語を多義語で置き換えて使うとは大変問題である。

「東京都」として行政単位名をつけて書くべきときに、「東京」と書く悪しき習慣が新聞と放送とではびこっている。たとえばTVで「東京渋谷の映像」というようなことである。新聞見出しのような1文字削りの下品な振る舞いである。東京都以外では、たとえば「三重津」などとして行政単位名を省いた形を使っていることを聞いた覚えがほとんど無い。

これもまた、定義をおろそかにし、かつ実際に意味が及ぶ範囲（外延）を不明にしたり、あるいは誤解させたりしていることに気づかぬ点が問題である。外延の問題を分析すると、特別区、わけても文化的に厳格には山手線の内側を東京と言う習慣がそもそも初めにできたと考える。その当時は特別区を都内と呼び、それ以外の郡部と市部とを合わせて都下と呼んで区別して使っていたが、差別的と考えてか、最近この使い分けをせぬようになったことが原因の1つである。

現実には「都」という接尾辞的な部分をはずして単に「東京」という場合には特別区、とくに山手線の内側を意味する場合が多い。実際35年前に、山手線のすぐ外側に接する中野区の住民たる40歳代の女性から「東京に行く」と言われたことがある。普通は「東京に住んでおります」と言われたときに、聴き

手は檜原村や青ヶ島に住んでいるとは思わぬであろうことを考えたら、意味の水準での誤解を生じる表現であることが理解できるはずである。

　新聞や放送で「巡査」というべきときに「**警官**」という例がほとんどなのは問題なり。「警官」つまり「警察官」には警視総監をも含むすべての職位の者を含むので、大抵の場合にはあいまいさを生み出す。

　「警察官」に対応する他の国家公務員の分類名称では事務官、研究官、教官、技官、医官、自衛官、海上保安官、麻薬取締官、その他があるが（これらの名称の前に文部科学教官などと各省の名前が付くので警察庁の警察官の場合とは少し違うが）、しかし、これらが新聞記事で単独で現れることはほとんどない。なぜ警官だけ特別に最上の意味階層の集合名詞を使うのかが不思議である。ひょっとすると「巡査」は死語なのか。

48. 漢字を使用する際の誤り

(1) 漢字の四文字熟語を濫用して意味不明にする罪
① 「伊勢志摩」
　両者は旧国名では別の国であるから複合語にすることは好ましからず。新聞見出し以外では「と」「および」「ならびに」でつなぐべし。新聞見出し用に短くするために無理に複合語化して使う必要があるならば、中黒を入れて「伊勢・志摩」とすべし。漢字は勝手な接着を許す、造語力が強い、困った文字なので、新聞その他の出版ならびに放送に関係する編集者は複合語を造語する場合には最大の注意を払うべし。
② NHKの昔の番組「おしん」で「**伊勢鳥羽**」
　つまり「伊勢の鳥羽」と言っているが、鳥羽は志摩の国に属するので旧国名上は誤りである。伊勢市（旧称の宇治山田市ならばこういう誤解を生じぬので好ましいのであるが）と鳥羽市とは隣接しているが、しかし、上記のごとく別の国に属するので、なおさら上記の伊勢志摩という、中黒無しの4文字熟語は使うべきにあらず。

(2)　副詞を漢字で代用して無意味に硬く感じさせる罪
「即」
「…すると即発行します」(BIC 立川店)として現れる。これは「すぐに」の意味で副詞として辞書に載ってはいる。しかし、柔らかい大和言葉の話し言葉である「すぐに」を粗末にすべからず。「即戦力」などと熟語を作る例もあるが、名詞「戦力」を副詞に修飾させているので文法違反を犯している。

(3)　漢字熟語の選び損ないによって意味が違ってくる例
　JRの券売機の自動アナウンスの1つである「領収書の有無をお選びください」
　これは「領収書の要・不要を」であるべし。しかし最も好ましいのは大和言葉の動詞を使って「領収書は要りますか」と問いかける形に表現し、「はい」と「いいえ」の応答ボタンを作ることである。このような漢字まみれの表現を作る者の頭からは、旧国鉄時代の権威主義的思考が消えておらぬのであろう。JRは、柔らかい話し言葉で素直な表現を作るように努めるべし。

49. 冗　　　語

　日本語は「柔らかい構造の言語」といわれ、その構造に関して本来あいまいになりやすい欠点がある。そして、このあいまいさの1つには話の筋に関係が無い余計な部分が入り込みやすい点が含まれる。いや、むしろそのような余計な部分を入れぬ場合には、本書で何度も言う、「断定を嫌うという日本人の性格」からして気分が落ち着かぬのである。しかしながら、この余計な部分、つまり冗語、を排除することが無いならば文芸作品以外で日本語を使う場合に「正確な伝達」に関して目的を達することは難しいと言える。
　最近同じ型の無意味な言葉、つまり冗語が、とくに話し言葉でマスコミ界に蔓延している。その中には順接であるべき個所で逆接の助詞を使ったものがあり、それは最悪である。記号⇒を用いて改訂例を示しつつ最悪の例を次に挙げる。
　「と思いますけれどもね」順接用法で⇒「思います」。

「したいと思います」⇒「したいのです」。しかし、実は、「します」であるべき状況である。

「していただきたいと思います」⇒「してください」。

「ですけれども」順接用法で⇒「です」。

「というわけですけれどもね」順接用法で⇒「です」。

「しておきたい」⇒「したいのです」。文字数は同じであるが、しかし、「おく」を入れてあいまいにすることを防ぐ働きは果たす。

「わけであります」⇒「です」。

「というわけなのですけれどもね」順接用法で⇒「です」。

「して行きたいと思うのであります」⇒「します」。

これらの例は、書き言葉を話し言葉に混用した国会議員が審議時間を無意味語で費やそうとして流行らせた可能性がある。

ついでに言えば、たとえば「…と思います」については、その直前で文を終えるべし。それができぬような内容ならば記述する価値が無い、と考えることによって態度を決めることができる。発言者の自信の無さ、あるいは精神のだらしなさを表しており、さらには責任逃れの無意識が窺える表現である。

「と思います」と「けれども」とについては偶然にも、毎日新聞の同じ号（1981年4月14日）の投書欄に、同時にそれらへの批判が掲載されたことがある。

いったん言い切ることをせぬと、聞いた側が反論できぬし、何か言われても言い逃れができるから良くないのである。日本の官庁作文の、「等」および「等々」と同じ態度である。

他方、放送で耳障りなのが、「後手後手」である。何の理由もなく同じ言葉を二度繰り返す行為にはあきれる。一体誰が始めたか、そしてなぜ誰も改めようとせぬのか放送界の不思議の1つである。

これに加えて冗語が多い場面はJRのホームと社内での放送である。

たとえば、「停車をして…」⇒「停車して」。

サ行変格活用の動詞である「停車する」が本来の形であるにもかかわらず、なぜ語根と活用語尾を切り離して語根を名詞に替えて「する」動詞を付けるのかその心の動きが理解できぬ。「を」が字余りとなっている。

「場合」

「搬送波として、正弦波交流を用いる**場合**と、パルス波を用いる**場合**があるが」（工業高校電気科用教科書で出現）⇒「搬送波としては正弦波交流かパルス波かを用いる」。

こうとすれば字数が大幅に減る。「場合」は、文章の種類にかかわらず最近大いに好まれているが、しかし、この文例のように、たいていは「と」や「では」などの助詞に置き換えることができる。漢字熟語を使うと権威を保てると考えてはならぬ。

「できる」

この言葉もまた日本人が好きな、もって回った言い方である。科学論文や特許明細書を英訳するときにはこの「できる」を訳する必要が通常は無し。たとえば「である」で置き換えるほうが陳述内容からは正確である例が多い。たとえば工業高校電気科用教科書で出現した文例を挙げると、

「SSB波は…することによって作ることができる」⇒「SSB波は…して作る」。

「静電容量の値を測定する」（工業高校電気科用教科書）⇒「静電容量を測定する」。

「値」は測定した後でわかる量である。

「…を変化させるための回路を振幅変調回路と言う」⇒「振幅変調回路によって…が変化する」、あるいは「…を変化させるには振幅変調回路を用いる」。

このようにすると回路という言葉の繰り返しを避けることができる。

四文字熟語好きの国民性が動作を表す漢字熟語にまで及んでいる例がいくつかある。それは公共的な機関の掲示や通知に多く見られる。ここでは東京駅の掲示を右に示す（写真27）。

「ご指導・ご協力」は後者の「ご協力」が本質のはずなのでそれだけ書けば良い。余計な前半を書くと口調が良くなると思っているかもしれぬが、意味を薄めるので使わぬほうが良い。

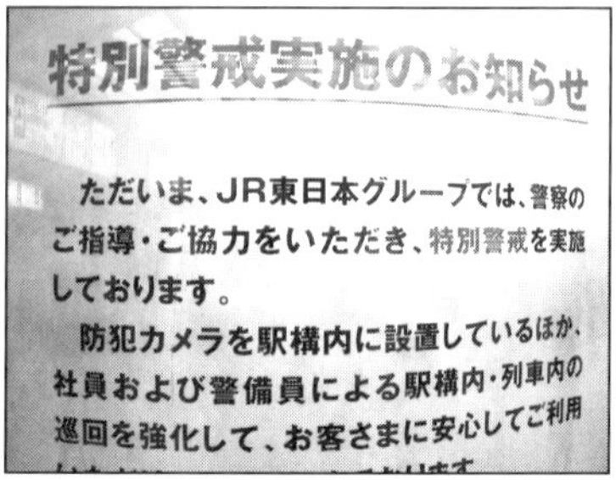

写真27

もっと厳格に言うならば、これら2語のどちらも実はその掲示が言いたいことには無関係であって、取り除いたとしても掲示の言いたいことは変わらぬ、実質的には働いておらぬ言葉なのである。「警察が（特別）警戒しております」が好ましい表現である。

次に、同様な無意味表現の他の例としては、「ご理解とご協力」が最近大流行りとなっている。「ご理解とご協力を賜りますよう、お願い申し上げます」（例：JETROのホームページ http：//www.jetro.go.jp/browser.html）が普通に見られる定型表現である。

駅で普通に目にする掲示の例を写真28、29に示す。

両者ともに、言っている中心は後ろの言葉にある。そうならば「協力してくれ」とはっきりと言い切るべし。二文字熟語を「と」で接続させると主張が弱まる。

いやいや、実はあいまいにして主張の効果を薄めることが無意識の意図であることは私にはわかっておるのではあるが、しかし困った国民性であることよ。

このような公的な掲示で明確に述べぬことは大変問題なり。加えて、たった1文字である助詞「と」をなぜ中黒という記号に変えねばならぬのかという別の問題もまた生じておる。

中黒の機械的な使用例を新宿駅での掲示から右に示す（写真30）。

ここで「きっぷ・定期券」は、この掲

写真28

写真29

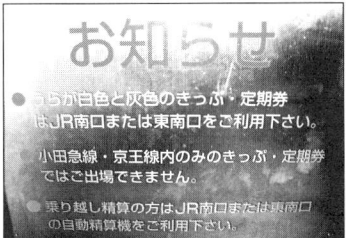

写真30

示が駅という公的な場所で乗客一般に対する通知なのであるから「切符または定期券」と言葉を使って明確に表現するべし。このままでは中黒の機能の1つたる複合語の形になっている点が良くないのである。

さらに東京駅での掲示も示す(写真31)。

この例の「人・物が、ないことを」は多色刷りなので、中黒を見落としてしまい、奇妙な表現をするものだと思ってしまった。いずれにせよ、中黒で複合語を作らずに「と」または「および」で列挙すべし。

さらにもう1つ良からぬ点がある。それは、「はさまれ、ケガをする」という中止法を使ってあることなり。ここでは警告が目的なので、中止せずに「はさまれてケガをする」と滑らかに表現するほうが、原因がよくわかるので好ましい。

中黒の使い方の悪い例をもう1つ挙げておく。新宿の三井ビル2階の隅にある階下への案内板として「トイレ・ショールーム」との表示がある(写真32)。読んだ通りでは「トイレの」つまり便器の商品陳列場所の案内と受け取れる。念のためにその階の案内嬢に尋ねたら「トイレならびにショールーム」の意味であった。ところが、中黒を使ったせいで複合語の形になっていることが、正しい伝達を損なっている例である。

写真31

写真32

言葉扱いが専門である小説家は冗語には厳しくあらねばならぬ。2005年5月10日、朝日新聞夕刊の吉村昭の小説『彰義隊』で現れた「**城は落城した**」という表現は、昔から冗語の戒めとして「古(いにしえ)の昔に武士の侍が馬から落ちて落馬して血が出て出血した」の類の例文が有名であるが、これと同じ過ちに陥っている。「城は落ちた」とすべきであった。察するにこの人は、

専門用語とは違って大和言葉が存在する場合であってもなお、ことさら漢語を使って権威主義的に書く傾向があるのかも知れぬ。

　国内の役所の慣用である「等」は世界的水準から見て日本人の民族性の問題点を象徴的に示すマーカーなり。人権抑圧国家や発展途上国は別として、先進国たる日本であるにもかかわらず、法律や政令や条例その他の権力行使にかかわる組織が作る決まりごと（法令）の文章をわざとあいまいの極致にしてあることは問題である。

　その日本特有の性質とは、選挙で選ばれることがない役人が実質的に社会の全局面を支配しているという、非民主的国家運営がなされている準社会社義国家たる日本での役人が、法令解釈を勝手気ままにすることを可能にする「裁量権」を、役人自らが設定している文の中に潜り込ませる悪しき技術、すなわちこの「等」をすべての文にそっと忍ばせる技のことである。

　民主主義を発明し、理想を実現するように努めてきた欧米先進諸国の法律や政令や条例の文章の中に、直訳的にはこの「等」に当る etc. や and so on や and/or the like を極く普通に忍ばせているかどうかは、ことさら調べずとも、考えられず。

　いったいこの「等」には役所の業界用語としての特殊な意味があるのか、そしてその隠れた目的は何なのか。国民を縛るための文なのであるから、ことは重大であるので、「等」を使わずに、その中身を個別に列挙して明記すべきである。書いたときには「等」の中身が思いつかなければ、後で見つかったときにその政令を改訂したらよいにもかかわらず、何故に日本特有の奇妙な「等」を密かに忍ばせるのか。

　国家公務員採用試験を突破した受験勉強の秀才達が国民を縛るための省令その他の文で、慣習上この文字を使うことを学習しているにしても、このような意味不明言葉を使った文を書いているということは日本の役所文化あるいは思想に重大な欠陥があることを意味する。

　素直に考えるならば、「等」を挿入する目的は役所の責任回避あるいは将来の権限拡張の可能性を保持する目的と思える。その意味では「冗語」区分には合わぬが、一応ここに置く。

役所の文書または法令で使われる「等」の使用の歴史、および欧米でのこれに当たる言葉の使用の有無の情報を国立国語研究所に問い合わせたところ、吉岡泰夫上席研究員からの返事では、役所の文書や条令を資料にした研究を現在行なっておらぬゆえ、情報は持ち合わせておらず、加えて、文化庁が平成13年4月に刊行した『公用文の書き表し方の基準』には「等」が取り上げられているが、しかし、ご質問のお答えになるような情報は含まれておらずとのことであった。

このことから、言語学や国語学ではこの表現が問題視されておらぬようであり、そのことは論理的で正確な伝達を無視する、あいまいさを好む日本民族的な無関心といえる。

日本の役所の文章文化の問題点はほかにもある。それは次官通達なり。これを出す法的根拠は無い。文科省の昔の「学習指導要領」がこの例の1つである。法的根拠は無いにもかかわらず役所が自らの思想に教員を従わせようとしたのであった。このような行為を納税者の代表たる国会議員が黙認していることが問題なり。法律に基づかずに、役所がこのような通達という指示を勝手気ままに出す国家は、欧米先進諸国には存在せず。

陳腐な表現の項にもあてはまる例が、キリスト教の各分派またはその教徒の名称を報道する際、その前にほとんど必ず付けられる決まり文句「**敬虔な**」である。本当に敬虔かどうかを調査して用いるとは思えぬから、明らかに無意味な冗語なり。

放送で原稿を読み上げるときとは違う、自分の表現でアナウンサーが発話するときに最近、「**かもしれません**」をあまりにも使いすぎる。実質的に「と思います」と等価であって、断定表現を避けたいときに使っているのであろう。しかし、「と思います」にくらべると何か統計処理をした結果としての結論を述べている感じがするから、知的な粉飾を施す意図が無意識下にある。

放送で電話番号を口頭で読上げるときに「**東京03**」という場合が多い。広告などの印刷物にもたびたび見られる。これは筆者が非関東地方で過ごした義務教育時代に、電話番号の組み立てならびに東京都の特別区の市外局番を知らざりしため、「東京に割り当ててある番号を自分で調べて回してから次に03を回

す（ダイアル式電話機なので）」のであると思っていた。

　なぜ「東京」を付けるのか、理由がわからず。なぜ番号をそのまま言わぬのか。不思議な慣行たることよ。いつから始まったかにも興味がある。電話が珍しかった時代とは違い、全国的にも東京都の特別区の市外局番が03であることは事実上完全に知られている時代なのであるから、03の前に「東京」と付ける慣行は止めるべし。

　「Aと（て）いうかB」。

　「とか」の項で触れたように、断定回避であって、かつ冗語になっている表現なり。普通は話し言葉でのみ現れる。このことは、文書中でこの表現を書くと奇妙さが自覚され、無教養を悟られることを無意識に察知するからであろう。

　さてこの「というか」の役割を分析すると、英語のorのように思える。しかし、AとBとをくらべるとまったく比較や対立の関係に無い別の言葉である場合が多いのが問題の核心なり。たまにorで使っている場合もあるが、そうならばなぜ「または」などの接続詞を使わぬのかという問題が新しく生じ、この場合には「言う」という動詞を使っている点が罪を重くしている。

　若者言葉で悪名高い「ていうか」の変形であるが、この例は一見まともに見え、放送出演者が使うので恥を知れ状態なり。さて、この事例もやはり「日本人の断定嫌い」で説明できる。比較しておらぬにもかかわらず、なぜ「Aというか」を初めに加えるのか、そして単に素直に「B」と言わぬのか、が問題なのである。義務教育時代から議論（debate）と論文書きの訓練をすればこのような時間の無駄の無意味部分はなくなるに違いない。国語教育が愚民化政策を担っていることになる。

50. 東日本方言の話し言葉「いい」を印刷物に使う罪

「頭のいい病院」（1988年2月2日、朝日夕刊、p.5）、
「質のいい教員」（2004年11月13日、朝日夕刊、p1、top）および、
「今年はいい年に」（1988年2月16日、朝日朝刊）⇒良い。

発言の引用にはあらざる内容の記事の見出しには訛った話し言葉「いい」を使わずに書き言葉「良い」を使うべし。
　コンピュータで「いい」と打って変換するとこの「良い」が出てくるというMS-IMEには困ったものである。新聞だけでなく雑誌を含む出版物での書き言葉で「いい」を編集者が直さずに通過させて印刷刊行する誤りが、最近目立つ。例は、講談社＋α新書で現れた、日本語研究者たる金田一春彦氏の、『いい日本語を忘れていませんか』で、書き言葉に「いい」が含まれると思い込んでいる。
　有名出版社の編集者ともあろうものが、「いい」は関東方言であって、（正しい）書き言葉にあらざることを知らずして印刷に回してしまうとは、信じられぬ専門性の低さよ。なぜ印刷物や放送での「いい」が非難されるべきであるかについては、次のように考えたら理解しやすい。
　それは、全国紙の新聞の大阪本社版で「エエ」との読みで書いてある、会話的内容以外の記述的記事の割合が高いかどうかということである。大阪言葉で代表される近畿方言の使用者人口が、欧州の中小国の人口よりも多いのであるから、このように論じることは正当な論法なり。

51. 受動態の雑多な問題点

(1) 受動態であるべき場合に漢字熟語を使うことによって能動態との区別を不明にする罪

「処刑者の報道（改行入り）名はいらない」（平成5年4月2日、朝日新聞、「声」欄）

　中身を読むと、処刑された者のことであるが、しかし、このように、助詞を挟まぬ漢字熟語で安易に済ますと「処刑した者」、つまり処刑係の役人という意味になる。日本語の受動態は人間を主語とする「迷惑の受動態」と言われる用法が本来の使い方であるから、死刑にされる場合は迷惑状態の極致の場面であるにもかかわらず、最近流行の翻訳調たる無生物主語の受動態の延長になら

ぬのは不思議なり。

(2) 動作対象を記載せぬことによる受動態の動詞の動作対象の誤解の発生
「いつもいじめられる姉にたまに優しくされ、」(2004年11月8日、朝日新聞)⇒「いつも私をいじめる姉に…」。

従属節を導く関係代名詞が隠れているので、「姉がいじめられる」意味となっている。実態は逆なのである。

52. 古くから存在する文化に関する言葉にことさら「和」および「日本」を冠する罪

「和」はもともとは中国の文化に対して、本家に対する分家という意味で用いられた接頭辞である。ところが、「和太鼓」と「和食」については問題がある。語根たる「太鼓」と「食」は世界中どの国民も持っており、本家は存せぬ文化であるから、比較の対照を直前に示さぬ場合にはことさら「和」をつけて分家を名乗ることは奇妙であり、それぞれ単に「太鼓」と「食事」と言うべし。

特殊な例として、「和服」については、単に「服」というと現代の慣用法では「洋服」を指すし、それがもともとは西洋の文化の産物なのであるから「和」をつけて本家とは違うことを示すことが正しい。これは数少ない例外である。

次に「日本」についての例は、

「日本ソバ」(1985年1月31日、朝日新聞および2005年5月8日19:50、NHKラジオ第一放送、玉置宏アナウンサー)。および、

「日本そば屋」(2003年9月8日、朝日朝刊、「子供新時代」欄)。

「日本酒」(酒の方がそばよりも多くの場面で現れる)、「日本食」、「日本刀」もある。

一般と特殊とを混ぜるなという問題である。「和」について述べたように、日本にもともと多数存在するものは「本家」すなわち「一般」であって、その変形たる少数例である外国産のそれらは「分家」すなわち「特殊」なのである

から、外国産のものにこそ限定句を冠して「日本一般」の概念から区別するのが正しい態度である。つまり、これらの例についてはそれぞれ、「日本」という接頭辞をはずした上で、中国ソバ、洋酒、洋食、青龍刀と言うべきである。

　自分達が培ってきた文化に誇りを持っているならば、それを表す名詞に「日本」という限定語を付けるわけが無いはずなので、情け無い限りである。やはり極東という世界の僻地に分布する田舎者の根性が抜けておらぬということなり。舶来品や本場物や手本をいつまでも必要とする日本人ということですね。

53. サ行変格活用の動詞について

(1) サ行変格活用の動詞を機械的に造語する罪

　日本語の特徴の1つとして名詞に「する」を付けて動詞を造語できることが挙げられる。しかしこの場合の名詞が漢語以外の外来語である場合には、こなれた表現にしにくいので問題が発生する。たとえば、

　「シュレッダするものを下の箱にお入れください」（東京電機大学の講師室の掲示）。

　シュレッダ shredder の -er 語尾が問題の元である。外来語でなくても、「パソコンする」とは言わぬように、人や物を表す外来語には「する」を付けぬことが望ましい。ではどうするのが良いか。

　それは、まずどうしても「…する」の形にしたいならば、この英語は動詞が shred なのでそれをカタカナで書いて「する」を付けることが良い。「シュレッドする」となる。

　しかし望ましい表現は、「シュレッダにかける」である。道具や機械には特定の動詞が使われる場合があるので、両者の対応に関する知識が無いか、あるいはズボラな態度である場合にこのような表現を作り出すこととなる。

(2) 「サ行変格活用の動詞＋次第」の形から「し」を1つ脱落させる罪

　JRの駅の放送で、

「発車次第」⇒「発車し次第」。

単なる無教養か、文字が「しし」と続くことによる早口が原因での脱落かわからず。

54. カタカナ語以外の語の語末の長音文字「う」を記さぬ罪

これは母音を粗末にし、長音を短音化し、早口で不正確発音をするという、悪しき伝統を持つ関東方言の話し言葉を書き言葉として書き付ける現象である。たとえばテレビ広告で、「オハヨ」とした例を記録してある（2004年11月20日、21：59、TV-8ch）。

このようにわざとカタカナで記すことが多い点も特徴である。若者に影響が大きいテレビでこのような正書法（法的には存在せぬが）違反の書き方をすることは、若者による日本語破壊を助長するので止めるべし。さらに罪が重いのは、印刷媒体なので印象が強い新聞の行為である。朝日新聞の日曜版の「言わせてもらお」を毎週目にするたびに不快にさせられている。「言わせてもらおう」と長音を正しく記述せよ。

55. 話し手と聴き手に関する思考の混乱または無思考

主に大学教員の求人を掲載するWeb siteであるJRECINに掲示された順天堂大学の教員求人の中で、

「**模擬授業を行なう場合があります**」。

授業はこの求人への応募者が行なうのであって、大学側が行なうにあらざるゆえ、正しくは「行なっていただく場合があります」であるべし。これは普通の文であるにもかかわらず、上級学校でもこのザマなので、話し手と聴き手だけではなく、第三者のことも考えに入れぬと完全には操ることができぬ敬語の運用が非常に難しいことはうなずける。

56. 意味を辞書で確かめぬ罪

　この分類に属する例は既刊の悪文系の書物の内容の多くを占めている。そこで、それらに現れざりし事例だけを掲げて重複を避けることにする。

　「**確認する**」がこの項目では最も問題ある言葉である。何が問題であるかというと、この動詞は「確める」が意味の主体なので、二度以上同じ行為をする場合に使うべきである。ところが、一度行為をしただけの場合には使うことができぬ動詞であるということがわかっておらぬ執筆者がほとんどである。たとえば 2005 年 7 月 3 日、19:10、NHK 総合 TV、畠山アナウンサー、南硫黄島沖の海底火山の噴火のニュースで、「**噴煙が確認された**」。これの改訂例は「噴煙を観察した」または「噴煙を視認した」である。

　無料メールマガジンについての記述で必ずと言ってよいほど間違えて使ってある言葉が、「**購読**」および「**購読者（数）**」です。「購」の字は熟語「購入」でもわかるように、「買う」という意味です。ですから「購読」は料金を払って読むことを言います。ところが、無料メールマガジンを読むためには料金が要りません。これほど明白な間違いは少ないと言えます。正しくは「配信」および「受信者（数）」です。

　なぜ完全に意味が逆転するこのような間違いを、ほとんどすべての著者が犯しているかというと、表意文字と表音文字との違いを知らぬか、あるいは性格が不注意であるかのいずれかに起因しております。

　万が一の原因としては、雑誌の類（図書館用語では逐次刊行物）を予約する言葉として「予約購読」という 2 つの二字熟語からなる四文字熟語が 1 語として不可分に記憶されていることも考えることができる。

　「**輩出…**」（雑誌「アエラ」、発行日は不記録）。
　この言葉は優れた人材が次々と世の中に現れることを言うのであって、劣った人間や罪人が多く現れることに使ってはならぬ。その記事ではこの誤りを犯している。

立川駅ビルに入っている化粧品店の宣伝掲示（写真33）では、「とろける」の意味を知らずに使っている。この動詞を使った表現では「肌が溶解する」ことになるので化粧品ではなく、硝酸や水酸化ナトリウムなどの劇物を売っていることになる。まあ、公的機関とは違う、商人のやることなので、表現にいちいち文句をつけたら切りが無いのではあるが。

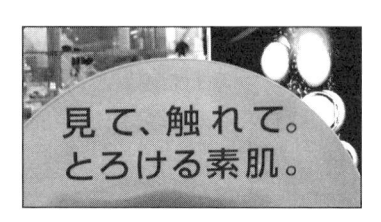

写真33

「羽交締にして」（2006年1月（？）5日、19：50、NHKラジオ第一放送）
本当にこれをしたとは思えぬ文脈で使ったものなり。これがどのような状況かわからぬ人は大型辞書を引くべし。「松の廊下」の状況なのであり、形態学的にはなかなか起こることにあらず。

57. 句または節の並列での動詞への対応の切断

次に示す池袋駅での掲示（写真34）を分析することによって説明する。

この掲示には本来は3つの文が列挙してあるように見える。しかし、2番目には動詞が欠けているため、文ではなく句となっている。ところがこの句に対する動詞が3番目の「文」に入っているという、ねじれた構造となっている。訂正のやり方は、2番目の句に3番目の文のものと同じ動詞を挿入して「をご利用になってください」という完全文に作るか、あるいは2番目の行の最後に「を、」を入れ、3番目の文の頭の列挙記号◎を削除して全体として2つの文とすることである。

「奨学金とアルバイトをしながら」（2005年3月23日、01：10、NHKラジオ第一放送、水

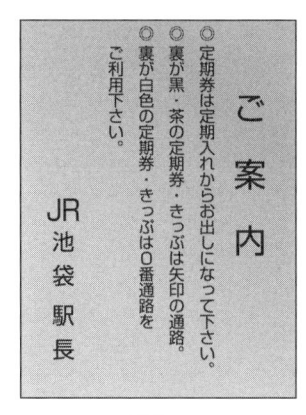

写真34

野節彦）⇒「奨学金を得るとともにアルバイトをしながら」。

　奨学金に対応する述語あるいは動詞が欠けている。目的格の、異質な名詞を2つ列挙してそれに対する述語を後の名詞だけに対応するものを書くという間違いは多い。列挙した初めの名詞を忘れてしまうか、気にせぬかが原因となっている。列挙した2つの名詞に対する述語が同じで良いか変えるべきかを考えること無く、発話や発言をすることが真の原因なり。さらに言えば、文の構造を論理的に保つことに関心が無いのである。

　次の例は、

「地方を中心に閲覧を重ね、クリアリングハウスなどが『不可解な閲覧』とみる業者もある」（2005年5月12日、朝日朝刊、p.33）。

　中止法とカナ書きの「みる」との組み合わせによって一読しただけでは意味が取りづらくなっている。意味が取りづらい原因は、その間に従属節が挟まっているせいで、動詞「重ね」という行為の主体が業者であることがわかりづらくなっている点にある。「重ねているので」…「感じている」とすると正確な伝達となる悪文なり。「重ね」が「みる」という判断の根拠なのであるから、「ので」を使って理由であることを示す必要がある。

58. 副詞を活用させる無知

　「改めまして」（2005年1月2日、19：20、NHKラジオ 第一放送、川柳の添削の司会の男アナウンサー）、ならびに、**「改めましてのご案内まで」**（2005年8月1日、羽田空港内のアナウンス）⇒「改めて」

　用言にあらざるゆえ、語尾変化せぬ副詞を語尾変化させた罪により、無教養の刺青を入れて遠島申し付くるものなり。副詞であること、そして副詞は活用せぬことについての知識が無いのかも知れぬ。

　これは、「したがって」という接続詞を活用させた「したがいまして」と同じくらい蔓延しつつある。ああ、国語の基本的知識を失うほどの無教養時代到来か、世も末じゃわい。

59. 固有名詞の背景を理解せずに誤った使い方をする罪

　新聞や放送で「**ノーベル経済学賞**」と書いてある賞は正式名称が The Bank of Sweden Prize in Economic Sciences in Memory of Alfred Nobel（アルフレッド・ノベール（原音主義では長音の位置はこれが正しい）記念スウェーデン銀行経済学賞）である。アルフレッド・ノベール氏は授与対象分野として平和と文学以外の人文系分野を指定しておらず。要するにアルフレッド・ノベール氏の遺言による法的に正しい意味でのノーベル賞とはまったく異なる賞なので、略して「スウェーデン銀行経済学賞」と表現すべし。子孫のなかには、本来のノーベル賞との同時授与に反対している人がいるほど紛らわしい賞である。

60. 芸名に「さん」（様）をつけてはならぬ

　芸名は固有名詞ではあるが、事実上人格が無いのであるから敬称を付けぬことが望ましい。いわば職名に敬称をつけて「課長さん」というがごとし。例は、2005年3月1日、朝日朝刊、「**中村七之助さん起訴猶予処分に**」。

61. 相手の理解が可能かどうかを考えずに自分本位の表現をする罪

　JRの券売機のアナウンスで、「**他の切符をお求めの方は…**」。
　省略部分を含んだ全文がまったく意味不明なので論評できず。本書を読んだJRのこの録音アナウンスを作成した担当者は、本書の編集部宛にその意味を知らせて欲しいものなり。状況としては、切符を購入しようとする者が硬貨

を機械に入れる作業が遅れた場合に流れると思える警告メッセージである。
　しかし、切符を買おうとしている者のどのような動作について警告を出しているかを伝えておらず、その上どのような作業を指示あるいは提案しているかも明確にあらざる、二重苦かつ完全に意味不明な、とんでもない機械式アナウンスなり。ここまで完全に意味不明なアナウンスには遭遇したことが無い。窓口に意味を尋ねに来る乗客がこれまで現れたはずなのに、何年間も放置してあることは非難されるべし。要するに自己中心主義の表現である。

62. 書き言葉を話し言葉に使うな

(1)「久々に」
「久しぶりに」と言って欲しい。私は最近流行っているこの言い方が大嫌いである。これを使う人々は、類似表現として「種々の」なども会話で使ってはどうか。口で伝える時には話し言葉を使いたまえ、そこの君。

(2)「主たる」
　1文字しか使わずに「主」を「しゅ」と読ませている点ですでに問題がある。役所の文書を中心として最近よく見かける造語連体詞なり。辞書に載っているとはいえ、このような明治時代の役所のような権威主義的な連体詞の造語を使うことは止めるべし。なぜ普通の言葉である「主な」があるにもかかわらず、このような威張った感じの熟語を探してくるのか、初めて使った者の思想が問題である。
　この言葉を書く人間は日常会話でこの言葉を使っているのか。いや、そうとは思えぬ。形容動詞の連体形「主な」を使っているに違いない。奇妙であったり意味不明であったりする役所の文章をわかり易い口語にする動きに逆行している。たいした内容にあらざる事務的な通知を、ことさら権威主義風あるいは明治時代の美辞麗句（とは思わぬが）風にするな。漢語風な大仰な表現を使うな。素直になれ。

(3) 「さらなる」

「主たる」と同様に、役所の文書を中心として最近よく見かける形容動詞化させた「さら」の連体形である。しかし、小学館国語大辞典では終止形「（言えば）さらなり」の形で使うと説明してあるので、この形は造語変化形なり。実際にも耳で感じるとこの連体形には違和感があるので、使わぬほうが良い。「主たる」のほうは文書の書き言葉にほぼ限られているが、「さらなる」は、テレビでは、ニュースやその解説などで話し言葉（原稿は書き言葉であろうが）として使う者が時折りいる。

放送でこの言葉を聞いて耳障りで仕方がないのは私だけであろうか。なぜ普通の副詞「さらに」を使って動詞文を作らぬか不思議なり。日本人は静的な民族であるせいで名詞が好きなので仕方がないのか。つまらぬ内容をことさら権威主義あるいは格好付けをする以外にこの表現を使う目的は考えられず。素直になれ。

「超」シリーズ出版を連発している野口（1996）も、「さらなる」に対して誤用ではとの疑いを持っている。

63. 外来語の不必要な使用

この論点は数多くの書物で言い尽くされているので、ここでは分析上触れる価値がある論点（分類群）のみを記述する。

(1) 「オープン」

カタカナ語流行りの昨今ではあるが、しかし英語とは言え、動詞（openに名詞は存在するが、ここでの論旨の意味とは違う）をカタカナ語にして「サ行変格活用」させて使うことは下品なり。開場、開館、開店などといった明確な日本語があるにもかかわらず、何故にカタカナ書きの外来語を使うのか、理由を理解できず。

右に東京駅構内での掲示の例を示す（写真35）。この掲示主が大学であることに情けなさを感じる。本論題の表現がこれのほかにも「**オフィス**」（事務所）として現れていることがなおさら恥ずかしいことなり。事務所と書かぬ理由は何か。軽薄カタカナ語が受験生の集客に効果があると考えてか。

(2) 色の名前いろいろ

これについては一般化してしまっていて、機関別の事例を挙げることに意味が無くなっている。色の名前は古代から存在する普通名詞であるゆえ、上記の「オープン」よりもさらに嘆かわしい。何故このような明確な日英2言語間の1対1対応がある言葉を英語風にするのか、その深層心理が問題である。

英語が不得意であってもなお、どうしてもカタカナ語を使いたいならば、一貫性を保つべく七色すべてについてそうすべし。ところが、複合語ではいざ知らず、単独では、たとえば店員が客に対して「ブルーがお似合いですよ」と勧めるときのようには決して使わぬ色名がある。それは「レッド」と「バイオレット」あるいは「パープル」。「グリーン」も滅多に聞いたことが無いような気がする。不統一なカタカナ語の使用は止めよ。

写真35

64. 2つの動詞から造語した複合名詞で用いる活用形の誤り

「ソバの**食べ残り**はカウンターへ」（那覇空港の売店の注意書き）⇒「食べ残し」。

この例は自動詞と他動詞との区別を意識せぬことが根本的な原因である。「残る」は自動詞であり、一方、「残す」は他動詞である。

65. 自動詞と他動詞の区別に鈍感な罪

　http：//www.let.kumamoto-u.ac.jp/seino/fem/4han/2-c-1.htm に出ている、熊本県立大学のドイツ語担当の非常勤講師である清野智昭氏が書いた「男言葉は未だ多くの男達に用いられていることが**判明された**」という文の「判明する」は、もともと受動態にすることができぬ自動詞である。ドイツ語の専門家であるにもかかわらず、母語の自動詞と他動詞との区別に鈍感であることに驚きを禁じ得ず。未消化の漢字熟語を使ったことが間違いの一因である。この項目の誤りの多くは他の項目で論じてある。

　2006年4月11日01：05、NHKラジオ深夜便のアンカー・アナウンサー、「ご主人を**亡くなされた**」⇒「**亡くした**」。

　「亡くなる」（自動詞）と「亡くす」（他動詞）との活用語尾を混ぜて使った珍しい例である。自動詞と他動詞の区別に無頓着な人である。そのうえ、無理に尊敬の形を作ろうとしたことによる。

　2006年3月15日、16：15、NHK総合TV、産業経済大臣の松あきら（宝塚出身かな？）による無教養国会議員の典型発言を分析する。

　「経済が**回復されてきている**」

　「回復する」は自動詞であるから、受動態にはできず。能動態で「回復してきている」の形でなければならぬ。

　受動態にしたくば「させ使役」の形をとって「回復させる」とすべし。

　とはいうものの、この文では「経済が回復させられてきている」となるので無理がある。

66. 形容詞を副詞的に使う罪

　「すごい嬉しい」や「すごい怖い」、を代表として、形容詞を副詞として使う

言い方が広まっている。説明を試みるならば、形容詞の活用語尾「…く(ku)」はエネルギーを要する子音ｋと（北）関東出身者が苦手な母音 u とからなる上に、その位置でアクセントが下がるので、とくに関東育ちの人間には発声が苦しくなる結果として u が脱落する。

　たとえばこの例のように、後ろの子音が同じ k である場合には sugokkowai となって母音 u が脱落してしまう。要するに発音しにくい言葉を文法違反で逃げるという、ずぼら発音の一例である。この型の誤りを許容する立場の悪文関係の本がある。

67. 一般動詞を使うべきところに be 動詞を使う罪

　これは放送で多い誤りなり。たとえば、グラフを指差しつつ「**ここ注目です**」（2005年6月25日、23：30、「日本の、これから」番組の女司会助手）には2つの誤りがある。まず「ここ」に助詞「に」が付いておらぬせいで幼児語になっておる。

　次に表題に示した問題点を調べる。「注目してください」とすべきところを「であります」の短縮形「です」を使って「ある文」にするという、一般動詞を嫌い、脳の奥底から be 動詞好きの日本人であることをさらけ出した例なり。JR の駅の「**発車です**」と同種の誤りなり。誤りであることの説明は他の JR の項に書いておいた。

68. 疑問文に疑問の助詞「か」を使わず、しかも語尾を上げずに発声する罪

　たとえばテレビ番組の「世界ふしぎ発見」の女ナレーターのように、「…でしょうか」という疑問文を「…でしょう」と肯定文にしたうえで、文末の音程を上げずにする発声である。何故そのような発音をするのか不思議である。放

送局に発音教育係はおらぬのか。この誤りは、訛としての集団の行為にあらざる、個人水準の二重の誤りなので教育すれば良いだけの話である。しかし、何年経ても全然直らぬので、この放送局は正しく美しい日本語の破壊を助長する方針と見える。

69. 記述の不足によるあいまいさの発生

「見上げるような天井」（2005年6月4日、朝日新聞、be page、特集）は、量を表す言葉を従えておらぬので厳格には意味不明となっている。「見上げるような高さの天井」であるべし。「見上げるような」の次が1語となる例は「見上げるような大男」がある。しかし、「大男」には「大」という量を表す語を含んでいるので、この「見上げるような」は正しい。

70. 本来の意味を無視した勝手な用法の漢字熟語を作る罪

国会図書館の通用口の守衛所の入館者記入帳の時刻の欄の名前に問題がある。「参入時刻」となっている。何ですか、これは。「参入」とは新しく加わることですよ。「会社が新規分野に参入する」が用例です。図書館に入るのであるから「入館時刻」に決まっておろうが。国会図書館は正面の請求カウンターの上に格好をつけてギリシャ語で何か標語を掲げているが、裏口では国語の用法を無視した奇妙な言葉を使っている。これは立場上大いに問題がある。守衛がこのような間違った用法をことさら作り出すとは思えぬから館員が作り出したはずなり。すべての知識は言葉で記述されるのであることを考えると、国家の中央図書館ともあろう機関が何と言葉を粗末にした態度であろうか。すぐに正しい表現に直すべし。

71. 下品な言葉

(1) 「しゃべる」

　私はこの言葉の下品さが嫌いである。「話す」をなぜ使わぬか。私は、「しゃべる」と言う人間の育ちは悪いと判定している。とくに女が「しゃべる」を使うと暴力団員の情婦かと思ってしまう。杉本（2005）によると「しゃべる」は「口にまかせて話す品の無い話し方」とある。語源は、「シャ」が強調の接頭辞であり、「ベリ」はベラベラやベリベリなどの擬態語が語形変化して独立したものとある。なるほど、耳で聞いて下品に聞こえるのも道理である。

(2) 「奴」

　これは男言葉であり、しかも友達同士の間でのみ使うことが許されるぞんざいな言葉なり。女はこの言葉を「絶対に」使ってはならぬ。この言葉を使う女は暴力団の女親分かと思ってしまう。

72. 言い換えの変遷の記載ならびに言い換えの限界

(1) 職種を表す言葉の変遷の記録

　「…夫」⇒「…員（家）」⇒…「職」または「者」。
　例は、「水夫」「鉱夫」「農夫」「漁夫（漁師）」「郵便配達夫」⇒「船員」「鉱員」「農家」「漁家」「郵便配達員」。
　「車夫」または「車引き」は職業自体が滅んだのでここで変遷は止まった。
　「**店員**およびその意味での**従業員**」、「**事務員**（肉体労働者にあらざるゆえ、事務夫という言葉は成立せず）」、「**研究員**」、「**工員**」⇒「販売スタッフまたはセールス・スタッフあるいは単にスタッフ」、「事務職」、「研究者」、「工場労働者」。
　ここでも日本人のはっきり言いたがらぬ性格が窺える。社会的に地位が低

い（研究員は違うが）職種については、それをごまかすために、職種を表す最後の文字を長年にわたって言い換えてきたのである。そして最後は英語のカタカナ書きで止まるのである。もはやこれ以降の言い換えはラテン語を使う以外には無し。実質は変わらぬにもかかわらず、言葉を換え続けることは愚かなり。しかし、英語でも「便所」と「黒人」に対応する言葉は変遷してきたから、極端な意味を持つ言葉に関しては国民性や民族性にかかわらず共通する傾向である。

「エッセイスト」⇒「随筆家」。

小説家の谷崎が言ったという、「すでに言葉がある場合に新しい言葉を作り出すな」との言葉を思い出す。しかもこの例は、「セ・イ」の部分が現代日本語では「セー」と音引きして発音されることが普通であるにもかかわらず、この仮名書き外来語では無理に「セ」と「イ」とを分けて「イ」に高いアクセントを置くせいで苦しい発音をせねばならぬことになる。essayistと等価の完全な意味を持つ随筆家という名詞をなぜ外国語に替えるか、その思想が不思議でならぬ。外国語にすると体裁が良いとでも思っているのか。誰が使い始めたのかは知らぬが、この言葉を随筆家自身が使い始めたのであるならば、随筆家という職業に誇りを持っておらぬのかも知れませぬな。

職種を表す言葉は漢字熟語への変化を見せぬものがある。

「女中」⇒「お手伝い」⇒「お手伝いさん（＝様）」。

これは特殊例なり。

(2) 別の系統の接尾語変遷の事例

「係」⇒担当。

辞書には「担当」も人を表すと書いてある。しかし、宛名として使うと微妙な違和感を覚えるのは私だけであろうか。「担当」という語は職業上の地位を表す接尾語とは違うのであるから、いくら人をも表すといっても宛名に自分で書いて寄越すことはやはり限りなく誤りに近い用法と考える。

変形として会社員のことを職員という例を最近散見するが、これは公務員を真似した表現なり。財務省印刷局発行の「職員録」はこの言葉の前に「政府」

という限定語を付けずに国家公務員を表している点で尊大さが窺える表現なるが、この用語を会社の「従業員名簿」に転用したものなり。「職員」という言葉は法律で用法が決まっているとは思えぬが、それでもやはり慣用上は公務員の集合名詞として使われているので、「**会社職員録**」という実在の書物の題名には違和感を覚えてしてしまう。「会社従業員録」であるべし。

「屋」⇒「店」または「商」。この例は、
　「**本屋**」⇒「書店」。
　「**八百屋**」⇒「青果物店または青果物商」。
　「**魚屋**」⇒「鮮魚店」。

「**盲、聾、唖**」

これら3語はもともとは医学的症状の名前であって、その症状を持つ人間を表すことは二次的な用法である。「盲」または「盲人」を「視力障害者」と言い換えている例を官庁文書で見かける。しかし単独での言い換えは別にかまわぬが、「盲」は工学、特に機械分野の部品の名称に複合語として多く使われるので困ったことになる。

たとえば最も極端な（文字数が多い）例を挙げると「盲目進入標識装置」があるが、言葉狩りに狂奔している者どもはこれを「視力障害目進入標識装置」と言い換えるつもりか。マグローヒル『科学・技術大辞典』には「盲」が付く専門用語が24語も掲載されている。全部「視力障害（者）…」に変えさせる運動でも起こすつもりか。

73. 多重誤り、動詞の活用違反、文法的説明が不能な事例、構造破壊文、および通信文作法

「小さなバッジが心の支えのように見えた」、「持病の糖尿病のせいだろう、**少し右足を引きずりながら**」、「**ぐっと胸をそらし、不服そうに顔をしかめた**」（すべて朝日の安部元長官初公判の記事）。

社会面なので事実のみを記述すべきなのにもかかわらず、記者の感情を掲載

しているという、社会部記者がとるべき根本的態度に違反した罪。

写真の説明で、
「**中央の灯は国境警備隊詰め所**」（1991年4月13日、朝日夕刊、p. 18）。
中央にはオーロラが写っているが、灯は見当たらず。よく見ると写真の下辺の縁に沿ってかすかな明かりが見て取れる。それならば「写真の下辺に沿った明りは」とすべし。この記者は「中央」という形態学的あるいは幾何学的な言葉の意味を知らぬと思える。

誤りにはあらざるが、読者の誤解を避けるためには使用を控えることが望ましい言葉に、「**ため**」あるいは「**ために**」がある。
なぜかというと、この言葉には「目的」と「原因」という、まったく異なる意味があるからである。文脈によっては、いやそれが多いからここで取り上げるのではあるが、「原因」で使っているつもりの著者の意図とは異なって「目的」として受け止めていて、ひどい場合には1行以上も読んだあとで実は「原因」の意味で使ってあったことに気がつく。
たとえば、佐々木（1994, p. 138）の「『い』で終わる**ために**実際は…と混同されやすい」についての解決法は、簡単には「ために、」と読点を打つ中止を使うか、あるいは、話し言葉と思われているのであろうか、最近は使われぬようになりつつあるが、「せいで」を使うことである。
他の例は、「多くの自治体は混乱回避の**ために**無理をしていない」（2005年3月22日、朝日夕刊、p. 18）。
この文を読むならば、悪文に関心が無い人であっても、なんだかおかしいと感じると思うが、どうであろうか。その原因は、文末が否定形になっているからである。この文での「のために」は目的を導いていると思えるにもかかわらず、「していない」で終わるから奇妙な感じがするのである。それは、行動目的を書くならばそれをかなえる手法を記述する肯定文が来るはずであるから。
ところが、「無理を」には「何についての」かの説明部分が付いていおらぬので、記述の中身が事実上無いことになることもまた、奇妙と感じさせる原因な

り。そこで改訂するには、「回避のための」と修飾形に変えることによって「無理」への説明とするしか無し。

　「ため」の応用例としては、理由を表す接続詞である「そのため」を目的を表すために用いることは誤りであるので止めるべし。目的を表したいときには「そのためには」として助詞「は」を付けて書くべし。「そのために」の形では理由を表しているとして受け取られるおそれがまだ残っているせいで、「は」が必須となるのである。この複合（二重）助詞とすることが、助詞の意味を一義的にするための大切な技術であるとわかっておらぬ人が多いので、義務教育での国語、とくに作文の時間で複合助詞の使用を訓練することが必要である。

縦書き文で数字を記述する際の決まりを守れ
　この場合は、漢数字で記述することが原則である。ところが、位取りの単位、とくに桁が少ない場合の十と百という桁用語を脱落させる誤りが印刷物中の出現率の100％となっている。講談社校閲局（1992）は十と百との省略を認めているが、しかし、「零」を「0」にしている点で立場が不統一となっている。原理的には、桁の漢字を省きたいならば横書きの編集体裁に変更すべし。日本語には法的な正書法が存在せぬため、このような原則違反を編集部が許容しているのであろう。

　「ではありませんでして」（2005年5月14日、立川市の国立国語研究所移転記念講演会での講演者であった研究開発部門の吉岡氏の発言）。
　これは話し言葉でよく耳にする文法違反と考えることができるが、由来が定かではあらざる事例なり。「ありませぬのでありまして」または「ありませずして」と考えることができるので、なぜ「ありませんので」と普通に短く素直に言わぬかが不思議なり。「ないです」という悪名高き表現からわかるように、「です」好きな関東弁および九州弁の一種かも知れぬ。

　「政治にもてあそばされた」（2005年、6月5日、朝日朝刊、映画紹介コーナーで「シルミド」という韓国映画を紹介する記事）⇒「もてあそばれた」。

「あそばされた」の形は、動詞に付ける最上位の尊敬語「あそばす」と単なる動詞たる「もてあそぶ」とを混同した上での受動態となっている。

　受動態が問題を生じやすいことがこの例からもわかる。しかし、実際は1語である「もてあそぶ」に対しては元来許されざる、2語への分解を行なって生じる「あそぶ」が自動詞なので、受動態を作れぬと誤って考えたことを根拠として、この文を書いた本人は「サセ使役」の形を採った、というところが真実と考える。

　「決めました手順に反して測っていなかった」（2005年8月10日、22：30、NHK、「ラジオ深夜便」での発言）。

　まったく意味不明であります。理解できる気分になった人はもっと詳しく説明的に書き換えてごらんなさい。その作業をする最中に、本当は自分がわかっていなかったのであることを知るでありましょう。

　さて、分析が難しい。なぜかというと、「反する」という一種の否定表現と、それを（？）否定する「否定形のbe動詞」との組み合わせが一種の二重否定になっていて素直でないからです。

　「手順」と「測る」とを一文の中に入れるには、両者をつなぐ動詞を「従って」にせねば収まりが悪いのです。書き直すと次のようになります。

　「決めた手順に従って測っていなかった」。

　しかしこれは原文を形式上直しただけなので、意味上は別であります。否定形では分析が複雑になるせいで間違いやすいので、いったん肯定文で書いてみると、「手順に従って測る」となります。しかし、問題の文が奇怪なので、あえてすべての場合を考えると、この表現は次の二義的な解釈が可能であります。

① 　手順に従って、測る（測定操作を含む、異質な操作の集合体としての手順である場合）。

② 　手順に従って測る（測り方だけが書いてある手順の場合）。

　結論は、この2種類の文のいずれかを否定形にしたら良いということであります。しかしながら、もともとが二義的な表現なので、決定するには発言者に真意を尋ねる必要がある。

別の論点として、読者諸兄は当然お気づきのように、この文は途中で丁寧表現を挟んでいる点もまた好ましからず。

「大事に育て過ぎられた」(2005年8月9日、21：15、TBS-TV、「ずばり言うわよ」、細木数子の発言)。⇒「大事に育てられ過ぎた」。

「れる、られる」問題に入れても良さそうではあるが、語順の問題として取り扱うことにして雑多な誤りのためのこの場所に置く。

「雨が降り続けています」(2006年3月1日、12：20、NHK総合TV、後藤理アナウンサー)⇒「続いて」

この驚くべき新型活用形が生じた背景は、最近蔓延している東京都内下町方言の「つなげて」という破格の言い方が影響していると見る。

文の構造が壊れている例として中央線豊田駅のホームの掲示を写真36に示す。この文の改訂例は「……のため乗車口が最後部となります」である。まず指摘すべきは、be動詞である「です」に対応する主語または主題が欠けている。「普通列車は」は主語または主題を示すように見えるが、意味上はさにあらず。欠けている意味上の主語または主題は、実は「最後部」なのである。その上配語法が間違っている。意味が通るように正しく書き直すと、「6両編成時の普通列車の最後部の乗車口はこのあたりです」となる。

写真36

「戦後が還暦になった今年は、折に触れて、昭和20年、1995年にあったことを振り返っている」(2005年、9月11日、朝日日曜版、「天声人語」)。

「戦後が還暦になる」とは何のことか皆目わからず。加えて、文体の軽さのせいで「今年は」が主語に思えるので、主格の助詞を使って主語＋述語のみを書き直すと「今年が振り返る」となるが、これも何のことかわからず。天声人語は大学入試に使われる頻度が高いことで有名であるが、しかし、このような壊

れた構造の文が混じっていることがわかったわけである。訂正表現は、「戦後生まれの世代が還暦になる」である。

　2006年4月18日、朝日夕刊、p.1、「灰色金利は撤廃で一致」記事中の
　「業者側は『金利を下げると貸せない人が増え、ヤミ金融に流れる』と主張したが」

　この文は完全に意味不明である。常識から考えるならば金利が下がったら借り易くなるから「借りることができる人が増える」となる。そこで、「貸せない人」とは誰のことかが問題である。「貸す」行為は「サラ金会社」という法人が行なうのであって、（自然）人が貸すこととは違うにもかかわらず、（自然）人が「貸す」ように読める表現となっている。一方、貸借関係の記述が逆転している悪文の問題であるので、貸す側である法人としてのサラ金会社と借りる側としての（自然）人以外には当事者はおらず。そこで、（自然）人が貸す側となる事件の話とは違うので、当事者の他方である「サラ金会社」が「貸すことができぬ」の形が正しいことがわかる。つまり「貸せない」という行為の主体である「サラ金会社が」の記述が欠けていることがこの悪文を生じさせた原因である。では改訂例はどうであるべきか。「金利を下げると、貸りることができぬ（または貸りられない）人が増え」のように可能の形を使うと解決するのである。そもそもこのねじれた間違い文ができた原因は、借りる「人」を行為の主体として考えて作文せざりしゆえなり。

通信文作法

　この論題については、本書の題名と直接の関係が無いようにお感じになるであろう。しかし、手紙やメールといった手段による通信は、通常は言葉で行なうものなので、言葉に最も密接に関係する活動といえる。日本人が個人の責任を隠そうとする民族的性格があることは大学紛争で会社従業員以外の者にも知られた、会社の稟議書に押してある多数の判子から明らかである。

　現代においてもなお、その悪しき傾向は続いている。それは、会社や官庁、その他の組織体に何か問い合わせをした返事にはその返事を書いた者の名前が書いてない場合が多いことから明らかなり。ひるがえって外国、とくに欧米の

組織体からの返信は必ず個人の署名付きで届く。「○○係」という担当部署の名を署名欄に記して署名責任を果たしたと考えているらしい国内からの来信には不快さを感じる私が特殊なのであろうか。

　例を挙げる。NHKに対して別の項で触れたラジオの深夜放送でのアナウンサーの無アクセントに関してアナウンサーの出身地を訪ねた私のメールへの返事に個人名が書いてなかったので「res mailの差出人（執筆者）の名前が書いてありません。このことについてどういう考えか、あるいは不注意で書き忘れたのかを伺います。あなたはどなたですか。これへの返信では姓名（姓だけ書いてごまかさぬように）を名乗ってくださいね。手紙は人に出すのであって係の名前にではありません」と抗議したところ、次の反論を食った。

　「当方の担当者の名前を記さなかったことに、強いご不満を表明していらっしゃいますが、この回答は個人の資格で行なっているものではなく、NHKの一組織、一部署が業務として行なっていると考えています。したがって、通常は担当者名を名乗りません」。

　言葉と映像とによって活動している放送事業者の従業員ともあろうものが、注意されたことの本質を理解せずにこのような低級な反応をするとは困ったことなり。組織としての返事であるならば、そのように説明を書いた上でその部署の「責任者」が署名すべきである。加えて、そのメールを送ったのは人間であるから、やはり名を名乗るのは作法であるし、さらに、こちらがそのメールにさらに返事を書くときに宛名が組織となってしまうではないか。

　手紙は人間に出すのであって部署にではない。国家の省庁への申請書のような、高度に私人度が低い文書でさえも、大臣の個人名に宛てる形式になっている。その返事たる許認可も最高責任者たる大臣の個人名で送ってくる。この場合にも、大臣たる政治家が個人で許認可仕事をやっているのではなく、役所の下っ端担当者がやっているのである。NHKは屁理屈をこねる組織であることがわかった。

74. 方言で公的な掲示をする罪

　JR の駅での、関東地方出身者以外の者にとっては意味不明な、次に例示する関東方言掲示および音声アナウンスを止めて共通語のものにせよ。

① 「高尾方または立川方」（多摩地区の中央線の駅のホームの天井に下げてある案内プレート（写真37））
⇒「高尾または立川方面」。

② 「…を片してください」（中央線立川駅のホームの高尾側の端の掲示）
⇒…「を片付けてください」。

写真37

75. 限定句の欠落による誤解の発生

　2005年10月25日、朝日夕刊、p.3、「お騒がせ外来生物」記事の初めの「イグアナの仲間……グリーン・アノールが、**子どもを食べていた**」。

　この文を読んで驚きませんか。私はこの「子ども」が人間の子供かと思って驚いたのです。何となれば、限定句が付いておりませんし、動物の子には普通「ども」を付けませんし、大形になる種類がいる爬虫類にはコモドオオトカゲのように山羊をも食う種類がありますから。

　よく見ると「体長15cmほどの」という句が「グリーン・アノール」の前に付いております。しかしそれでもなお、猫が老人の足の指を何本か食いちぎったらしいという先日の事件がありますから、これくらいの大きさでも人間の赤子ならば阻止力が低いので食うことができるはずであるからです。

　そこで訂正は「自分の子どもを」または「その子どもを」と限定句を付ける

ことになります。もっと望ましい訂正は、上記のように動物らしく「自分の子を」または「その子を」となります。

76. 品詞の誤解による、存在せぬ動詞の語尾変化

「ゆるがせ（忽）」
「一字ごとに**ゆるがせず**に行ない」（関口雄司、1995）⇒「ゆるがせにせずに行ない」。

　出版テクニックを扱っている本なのであるから、この筆者は文筆で生計を立てている人間の端くれのはずである。そして校正作業の説明については多くのページを費やしている。ところがこの誤りが生じている。これは校正作業で見逃しやすい誤植とは違っており、眺めたら、あるいは音読したら、直ちに気づく単純な無知なり。この著者は「ゆるがせ」という形容動詞を「ゆるがせる」という終止形の動詞であると思っていることになる。

「ひた隠し（直隠し）」
「中国が**ひた隠す**」（2005年11月14日、朝日朝刊、草思社の本の広告）⇒「ひた隠しにする」。

　近年この誤りが多く見られる。「ひた隠し」という名詞は存在するが、しかし、「ひた隠す」という動詞は存在せず。

　2006年3月21日、朝日朝刊、社説で、
「世界を**揺るがせる**波だ」⇒「世界を揺るがす波だ」。
「揺るがせる」という連体形を持つ動詞は存せず。

　全国新聞の社説の見出しなのであるから、これほど恥ずかしい文法（動詞の活用）違反はあるまい。

77. 返事の始めに「わぁ、↓」と叫ぶ自己中心人間

　商店のレジや会社及び官庁への電話で何かを尋ねた際の返答の始めにいきなり「わぁ、↓」と無意味な叫び声を発する者が増えている。私がこの叫び返事に気が付き出した頃は、何で無意味な叫び声を上げるのか、頭がおかしいのではないかと思っていた。しかし最近ようやく説明できた。それは、質問者が尋ねたときの文全体を英文法で言う仮主語 it で受けるようなものなのである。ではなぜ「それは、…です」と言わぬか。

　実は、そう言わぬ点に日本人の悪しき特徴が出ている。李（1982）の『縮み志向の日本人』という著書ではトランジスタを例としてあるが、言葉もそうである。何でもかでも勝手に省略形を作り、意味が公的に受け入れられておらぬにもかかわらず使う傾向がある。「わぁ、↓」はその行動の1つの表れと見る。「それは」を「は（わ）」に略したものである。これはひどすぎる省略なり。指示代名詞を削ったら相手には理解不能になるということを考えることなく口だけを開いているのである。要するに完全かつ正確に相手に伝えようという意思が無いので、はなはだ問題である。自己中心的な行為でもあるので、周りの人間が見えておらぬから行うのであるとの説明がなされている車内化粧と同じ心理でもある。この無礼な省略表現は中年女性のレジ係にまで広がっている。日本人の劣化の1つである。

　私は最近コンビニと外食屋を筆頭とする店屋でのこの間違っていて奇妙かつ叫ぶ言い方が不快で仕方が無いので、「『わぁ』とは何か」と言い返してやっている。しかし、自己中心主義で無意識の言いっぱなしをしているせいで、この問題発言をしている本人は問い返しがくることを考えておらず、何を言われたか理解できずにキョトンとすることが常であった。そのたびごとに、私が間違っている点を説明して正しい言い方を教えねばならぬ苦痛が生じる。私も物好きであることよ。

78. 複合カタカナ語には中黒を入れよ

2006年2月28日、朝日朝刊、p.11、「ホリエモンはなぜ生まれたか」記事、
「リサーチチーフエコ（ここで改行）ノミスト」
改行位置が加わって意味不明となっている。「チチ」という、カタカナ語では通常見かけぬ文字列で視線が引っかかり、次に改行の影響でその位置までで1語と思うから意味不明となる。2語を超える原語からなり、しかも部外者には知られておらぬカタカナ語には原語の単語間に中黒を挿入することが、誤解を防ぐためには望ましい。そして当然、改行は「フ」と「エ」の間で行なうべきである。

第2部

不正確発音の事例集

ここでは東京都での放送関係から採集した例を扱う。一緒に現れた文法違反の例にも少々触れることによる不統一があることを了承くだされたし。この部を設けた理由は次のとおりである。東京都に40年近く住んできたが、数十年前から感じてきた発音のなまくら化が今後も続くならば、放送のキー局が集まっている東京都から流される訛った発音が全国に毎日垂れ流されることになり、行く末には日本全体の発音がどうなるかが恐ろしい。裸で採集漁労生活をしていて言葉が発達しておらざりし時代のような叫び声だけになってしまうとするならば、高度な伝達や文芸は生まれなかったに違いない。あな恐ろしき、日本語の未来よ。

　下記の実例分析では呼吸法が原因となった問題があるかもしれず。腹式呼吸をせぬと息が続かずに苦しくなって4音節（日本語の音声学では拍という）くらい以上の音節数を持つ言葉では最後の音節を発声できぬか、あるいは、せぬことになるのではと予想する。

　ここで無アクセントと平板アクセントとを定義しておく。前者は「○─○─○─○」、後者は「○╱○─○─○」の類の型とする。私が問題視する点は、両型の訛に共通する、語末を下げぬ発音である。その誤りを本書では前者の用語を用いて代表させている。

　北関東地方の言葉はもともと無敬語かつ無アクセントなので、エネルギーを使わぬ、ずぼらな発音、とくに母音を大切にせぬ、その発声態度の影響が標準語についての言語孤島である東京都心にも及んできている。その上、秀吉時代の日本に滞在したイエズス会のポルトガル人宣教師であるジョアン・ロドリーゲスが記述したような「坂東者は物言いが荒く鋭い、言葉を飲み込む（促音便化のこと）」との悪しき特徴もまた東京都の全域に広まってきていると感じる。

　そこで本章では、関東での放送に限るのではあるが、全国を覆うテレビとラジオ網を持っていて影響力が甚大であるNHK、わけても画面が無いせいで訛った発音を採集しやすいラジオで多く集めた、間違いあるいは関東方言を基調とする不正確な発音を分析する。

1. 撥音の母音化

　東京に位置する放送局では関東弁の悪い特徴である「不正確発声による撥音の母音化」がひどくなってきている。その実例を次に挙げる。
　2003年9月21日18：45のNHK総合TVのニュースで「店員ten' in」を「定員teiin」のように発音した。

2. 撥音の脱落現象

　「船員に sen' in ni」（date不明、NHKラジオ第一放送）⇒「繊維に sen' i ni」。ニュースを多く詰め込もうとして早口になるとしてもなお、唇の筋肉を十分動かして正確に発音すべし。いやそれよりも望ましいやり方は、ニュースの時間を増やすことである。

3. 無アクセント化

　都立高校の非常勤講師で生活費を得ていた38年前の修士課程時代に、「美人」や「映画」や「電車」を典型例とする、第1音節にアクセントがある短い3音節語を無(型＝平板)アクセントで言う生徒がおり、注意したことを覚えている。
　本書の執筆を思いついてから長年月にわたって原稿を推敲している間に事態は進行した。放送業界、音楽業界、そしてコンピュータおよびインターネット分野を代表として方々での言葉がますます無アクセント発音されて放送で垂れ流され、一般化を促進している事態となった。
　先ほどの例の「映画」については、たとえば2005年3月18日、22：05、

NHK総合テレビ。さらに画像が無くて音だけなのでテレビよりもさらに発音には注意すべきNHKラジオ第一放送では2005年1月7日、21:10にハ（カ？）ナイ・ナオミ・アナウンサーが2度も無アクセントで発声した。

「**電車**」についてはニュースで出現する頻度が高い。NHK総合テレビでの例は2005年5月6日、19:00、畠山アナウンサーが「**ストッパー**」とともにこの語を無アクセントで読み上げたし、2005年3月23日、00:15には（苗字不記録）志保アナウンサー、およびその事故のニュースの現場報告を担当していた男アナウンサーは、正しいアクセントと無アクセントとをそれぞれ3回と2回発声するという不統一を示した。

このような不安定な事例を聞くと、日本語ではアクセントは有っても無くても、そしてどのようなアクセントでも、良いのかとの疑問が出てくる。とすると、意味の区別に役立たせることよりも、本書の立場たる、「抑揚が豊かで音楽的な発声のため」とするしか無アクセント発音を非難する論拠が無いことになる。しかし、どのようなアクセントをも許すとするならば、外国人のための日本語教育の中のアクセントに関する指導はせずに放置せねばならぬことになる。

やはり少なくとも東京式（関東の意味にあらず）アクセントと京都式アクセントの二型並存が最大公約数的でよろしかろう。そして、西日本の大学に在籍している留学生へのアクセントに関する指導は近畿式アクセントを教えるのがよろしい。これは長年温めてきた私のアイデアなり。

「**地球ラジオ**」番組（2005年1月6日、17:50）で「**映画**」と「**電車**」とをまとめて無アクセントで発声した恐ろしいアナウンサーが荒川香菊である。

無アクセント化される言葉を分類するならば、聞かされる側にとっては促音の無アクセント化現象が最悪の分類群である。最悪の中の最悪は、第8節で分析する「**ドット**」に加えて、「**グッズ**」（2004年3月31日、19:50、フジテレビ、指人形の役を担当していた声優ならびに、2005年1月8日、22:45、NHK総合テレビ、鎌倉千秋アナウンサー）のように、促音を含む3音節語を無アクセント化させることである。なぜかというに、音節が3つしかないせいで訛が強調されて聞こえるので耐えがたい不快感を耳に与えるからである。

さて大ざっぱに音節数別に事例を順不同にて列挙すると次のようである。

第 2 部　不正確発音の事例集　173

　まず 2 音節では、「座間」（2004 年 12 月 2 日の 19：30 の NHK ラジオ第一放送の男アナウンサー；2005 年 1 月 26 日、19：50 と同 27 日、02：00,）「伊勢（せつ子）」（2005 年 1 月 6 日、18：05、「地球ラジオ」番組で後藤繁榮アナウンサー）、「愛（地球博）」（2005 年 2 月 20 日、00：45 NHK ラジオ第一放送）、「友」と「騎士」（どちらも 2005 年 5 月 13 日、02：25、NHK ラジオ第一放送、斎藤季夫アナウンサー）。「騎士」に対して『NHK 日本語発音アクセント辞典』（以下では『NHK 辞典』と略す）では後ろ上がりの第 2 型アクセントが併記してあるのには驚くほかなし。

　3 音節語のよく聞く訛は第 1 音節にある高いアクセントを無くす型であって、NHK ラジオ第一放送のニュースからは「母港」「資産」「廃棄」「言語」（1987 年 10 月 23 日、青木アナウンサー）を採集した。他にも、「斜面」（2005 年 3 月 27 日 02：05、NHK「ラジオ深夜便」の中のニュース担当関野アナウンサー）、「次回」および「一門」（2005 年、1 月 9 日、19：57 および同年 5 月 8 日、19：45、ともにラジオ名人寄席担当の玉置ヒロシ）、「夫妻」（2005 年、1 月 9 日、18：25、「地球ラジオ」の後藤繁榮アナウンサー）、「ネット」（2005 年 2 月 10 日、17：35、「地球ラジオ」で後藤繁榮アナウンサー）を例とする。

　これらの事例のすべてについて別の言葉に聞こえた例を列挙する。まず「母港」と同じ読みでは他に「母校」があるが、これもアクセントは第 1 音節にあるのでこれを無アクセントにしたら、現実には存在せぬ第 1 アクセント付き言葉を発声したことになる。残りは順に「試算」「排気」「原語」「赦免」に聞こえる。「ジカイ」には同音語が多い。「フサイ」については「負債」が無アクセントで存在するので誤解を招く。ところが驚くべきことに、『NHK 辞典』にはこれらの無アクセント訛が、括弧内とはいえ、併記してある。これは一体全体どういうことか。NHK 辞典は「正しい」または「標準の」アクセントを示す目的で発行しているのではないのか。

　一方テレビで記録した例を挙げると、テレビ東京で 23：00、「幅が広がるファンド」という番組の中で、すべての「ファンド」を無アクセントで発声した。「ん」と「っ」との無アクセント化はとくに耳に障る。テレビでの他の例は次のごとし。「砂岩」（2005 年 4 月 29 日、21：35、TBS テレビ、「世界ふしぎ発見」

番組の出演者）。『NHK 辞典』では無アクセントを併記してあるが、奇妙なり。「駅舎」（2005 年 4 月 29 日、22：10、TBS テレビ、ナレーター）、アクセントを逆転させたら「易者」になってしまう。『NHK 辞典』は無アクセントが好きなようであり、これも併記してある。訛の女王である宇田川清江は「ミネラル分の」という句の全体ならびに「映画」を無アクセントに読んだ（2005 年 8 月 2 日、00：50、NHK ラジオ第一放送）。

　もともとアクセントは文字では同じ言葉を区別するために生じたのであるから、とくに 2 音節語についてはすべて同じ無アクセントになったら文脈上意味不明になるおそれが高くなる。

　もっとも、実際には同じ読みの短音節語はいっぱいあるので識別にはあまり役立ってはおらぬのであるが、しかし、本書の基本的立場は、「言葉を発声するときには抑揚が豊かな音楽性を有するべし」であるので、NHK はその立場を考え、だらしない発音をアクセント辞典に掲載すべきにあらず。

　もともと訛っているアナウンサーにあらざれば、ほかの項で引用した大野氏が報告したように、NHK では内容の正確さよりも時間内に多くの原稿を読み上げることを優先する方針を採っているせいで、早口で読ませているから、無アクセント化することは困ったことに必然である。

　さらに NHK ラジオ 第一放送からの事例を追加すると、「容器」（2004 年 3 月 15 日 23：30、遠藤ふき子アナウンサー）⇒「陽気」。「処罰」（2004 年 11 月 3 日、01：05、川野一宇アナウンサー）。「各国」（2004 年 11 月 18 日、ニュース）。「口論」（2004 年 5 月 01：05、NHK ラジオ 第一放送、岸田アナウンサー）。「却下」および「安否」（2004 年 11 月 18 日、05：08、NHK ラジオ 第一放送、松本アナウンサー）も記録してある。最後の 3 例は、順に、語末が撥音である語と言葉の中央が撥音である語と言葉の中央が促音である語とを無アクセントに読んだ事例であって、そこまでやるかという感じを受ける。

　しかし、30 年前から無アクセントの出現が気になったので、私が学生に警告してきた悪名高い「美人」とともに、うしろの 4 例には『NHK 辞典』には無アクセントが併記してあるので使用を認める形になっている。NHK は無アクセントを承認しているのか、そしてキーボード打ちのような非音楽的発声を認

めるのか。NHK は全国放送なので影響が甚大な問題なり。

　ここでさらに問題がある。それは、アクセントについて違反を指摘するために数少ない他のアクセント辞典として三省堂の辞書（秋永、2001）を調べたところ、「**処罰**」について無アクセントを併記してあることについては『NHK 辞典』と同じであるが、初めに掲載してあるアクセントと後ろに併記してあるアクセントとの配列が逆転している。つまり三省堂では無アクセントを標準扱いにしてある。

　そこで、さらに生じる問題は、掲載してある言葉が膨大な数であるにもかかわらず、アクセントの調査方法が書いてないことである。当然統計学的に有意差を言うことができる厳格な手法を取るべきである。しかしまったく方法の記述が無いので、科学的に信用できず、NHK および出版社の従業員達が発音しておる型だけを対象として記録してまとめたのではないかとの疑いが生じる。

　悪文系の書物には無アクセント化が進行していくと予想してあるものがある。それは栃木、茨城、福島弁になるということである。しかし、立松和平氏の語りをラジオで聞いて耳障りと感じるのは、全文無アクセント発音になじんでおらぬ私だけであろうか。

　文全体にわたって抑揚の無い立松氏のような話し方に日本全体がなれば音楽教育に影響することもあり得る。元来無アクセントにはあらざる言葉については、それを無アクセントで発声する者がいるとしても、統計理論に厳格に従った手法による全国調査の結果として無アクセントが多数派になったと判定された後でなければ、アクセント辞典に無アクセント型を併記すべきにあらず。

　さらに、無アクセント発声者数が国民の 3 分の 2 を超えぬうちは、無アクセントはあくまで無教養あるいは無教育に基づく訛であって容認すべきにあらず。さらに列挙すると、2005 年 5 月 21 日、03：00 のニュースでの「**書面**」、同年 5 月 1 日、23：25 の映画紹介の担当者による「**オーナー**」、2005 年 8 月 16 日、00：15、NHK ラジオ第一放送、ニュース、「**対峙した**」。

　複合語では、「**値動き**」（2005 年 5 月 23 日、05：04、NHK ラジオ第一放送、カサイ・アナウンサー）を記録してある。

　人名を無アクセントにして訛ることは関東では珍しからず。「**千原**」などの

3音節の苗字の発音にその傾向がある。苗字の下の個人名の4音節の例では「(樋口) **一葉**」が挙げられる（2004年11月24日、01：30、NHKラジオ第一放送、水野節彦、および同年11月16日00：50、遠藤ふき子、ならびに2005年7月29日、01：50、斎藤季夫の各アナウンサー）。このうちの遠藤ふき子は、中高に読むべきNHK雑誌名「**ステラ**」も無アクセントに読んだし、ついでに「パーティー（party）」を「パ」の破裂音を訛ってハ行にして「ハーティー、pha–ti–（プハーティー）」とも発声した。

さらに、あろうことか、自分の名前である「(山本) **ノブヒロ**」（4音節もある文字列なのに）を選挙速報中で無アクセントで読み上げたアナウンサーには驚いた（2004年7月10日、23：55、NHKラジオ 第一放送）。このアナウンサーは自分の名前に誇りを持っておらぬようである。この種のあきれた例をもう1つ収集してある。それは、ニュースの終わりにアナウンサーが自分の名前である「(タケダ) **タダシ**」を読む際に無アクセントに訛ったことである（2004年5月19日、18：00）。

発音が商売であるはずのアナウンサーで常態化している無アクセント化の間違いはまだまだある。「**キド・ヤストモ**」投手の姓名をすべて無アクセントに発音した例は、永久保存する価値がある最悪の標本なり（2004年11月6日、NHKラジオ第一放送、ニュース、岸田アナウンサー）。他人の名前の発音ならばなおさらであって、NHKラジオ 第一放送、川田アスカ・アナウンサーは「ガッツ石松さん」の「**石松さん**」（2004年11月16日、19：40）の6音節全体を無アクセントで読んだ。

2006年3月21日、03：10、NHKラジオ第1、遠藤ふき子アナウンサーは松任谷由美の苗字の「トウ」の部分を二度も無アクセントに読んだ。さすが常に訛っている人だけのことはあるが、しかし、有名芸能人の名前のアクセントを間違えるとは不思議なり。それだけこの人の訛がきついということであろう。

7音節もの長い人名を無アクセントにして訛った例は、「**水原ヒロシ**」（2004年11月21日00：45、NHKラジオ 第一放送、宇田川清江アナウンサー）。

最後に、アナウンサー以外で言葉を専門としている人が犯した誤りとして、俳句の話で、俳人でもあるゲストの黒田モモコは浮世絵作家「(安藤) **広重**」

（2005年1月7日、17：25、NHKラジオ第一放送）を何度も無アクセントに発声するとともに、名詞ばかりでなく、形容詞「切ない」をも無アクセントで発声した。

　対談の相手をしているアナウンサーが正しく発声しているにもかかわらず、この人は無アクセント訛を直そうとしなかった。俳句を紙に書き付けてはいるが声に出して読むことは得意にあらざるらしく、発音への鈍感さを示している。それゆえ、言葉を仕事にしているにしては信用できぬ人だと思ってしばらく聞いていた。ほどなくしてこの人が古来無敬語・無アクセント地帯である栃木県の那須の育ちであることが判明したので納得した。まあ9割方はアクセントを身に付けてあるようなので、小説家である立松和平のような完全無欠の栃木弁による全文無アクセント発言で聴取者を不快感の極致に陥らせるよりは許せる。

　地名でもまた、親しみが無いものは訛ったアクセントで読まれやすい。既述の「座間」以外の例をNHKラジオ第一放送から次に列挙すると、「蘇我」（2004年12月21日、17：30、道路交通情報センターのハルキ（？））、「草津」（2005年12月6日、23：13、石平（？自分の苗字も訛っていて本当は西平かも知れぬので？とする）アナウンサー）、「（霞ヶ浦の）北浦」（2005年5月11日、02：20、ニュース係のタケイ・アナウンサー）、「青海島町」（2005年1月15日05：20、NHKラジオ第一放送、男アナウンサー）、「（北海道）八雲町」2005年1月7日、11：05、NHKラジオ第一放送）を無アクセントに読んだ。

　これらの長い音節を持つ地名を全体にわたって無アクセントにすることは、皮肉を言えば、なかなかできることにあらずといえる。同様に誰でも知っている地名である「帯広」を無アクセントに読んだのがNHKラジオ第一放送、天気予報の横山ヨウコ（2006年4月13日、19：29）。このような4音節からなる地名を無アクセントに読む放送関係者が増えてきた気がする。語末の音節を下げねばならぬ言葉をそうせずに上げて平板に発音することは、放送関係者とは思えぬズボラな精神である。

　地名の接尾語である「町」（チョウと読む場合の）うち下げて読むものについては、どうも東京にある放送局のアナウンサーはこの型の複合語を関東訛りで無アクセントに読む傾向があるので困る。

一方テレビでは、関東では誰でも知っているので間違えようが無いはずである「熊谷」を必ず無アクセントにするのがNHK総合テレビの19時の天気予報の平井である。と書いてから半年経たが、しかし、最近投書や電話で視聴者から非難されたのか、正しく後ろ下げに直っている。この「熊谷」の無アクセント化は、NHKラジオ第一放送（「地球ラジオ」2004年12月21日、18:58）の天気予報でも記録してある。JRでは蒲田駅で自分の駅名たる「蒲田」を無アクセントに訛って放送している。

　顔が現れぬ声優による3音節語の無アクセント化では、「紙面（を作りました）」（2004年9月12日、18:25、NHK総合テレビ、ニュース、ロシアの小学校でのテロの報告の翻訳吹き替えの女性）を記録してある。『NHK辞典』ではこの発音については珍しく無アクセント型の併記が無い。

　生活上で親しみが少ない生物名の2音節語は非研究者には正しいアクセントがわからぬせいか、無アクセントにされやすいようである。その例は、NHKニュースで聞いた植物名の「モミ」と「ツガ」の読みである。前者は『NHK辞典』には無アクセント型の併記が無いが、しかし、後者には併記してある。NHKは2音節語というアクセントの位置または有無が最も目立つ言葉について原則をどう考えているのかが理解できず、加えて魚の「キス」（2004年11月16日、00:50、NHKラジオ第一放送、「列島今の動き」）。

　6音節語では、最初に挙げたい例は生物学用語である「光合成」である。最後の音節を下げるべきこの言葉の無アクセント読みは、私が30年以上前の大学院時代に東京都の高等学校で非常勤教員をしていた頃の生徒に普通であったことを覚えている。ところが、2004年4月3日、20:20のNHK東京の教育テレビで男ナレーターが言うまでに至っているので、おそらくは関東地方に昔から一般的な、訛った無アクセント読みなのであろう。

　なぜ光合成を無アクセントにするかというと、科学用語なので一般人たるアナウンサーには発音の仕方に自信が無いことと、長母音が3つもあり、かつ他の言葉とは複合語を作らぬので、初めの4音節「コウゴウ」にアクセントを正しく置くと息が続かず苦しくなることからであると考える。肺活量が少ないか、胸式呼吸か、あるいはその両方かによると見るべきか。

しかし「**長方形**」（2005年3月2日、04：03、NHKラジオ第一放送、関口アナウンサー）および「**正方形**」（2005年3月28日、テレビ、放送局と時刻不明）については、科学分野の専門用語にあらざるゆえ、上記の説が崩れることになる。そこで別の理由を考えると、長音が3つ以上続くと無アクセント読みが生じるということである。その原因は呼吸法の不適当による息切れか、はたまた北関東弁の影響か、あるいは「日本国全体での発音のなまくら化」という大問題に含まれるのかは不明なり。音韻学の研究課題として取り組んでいる研究者がおられたらご説明願いたし。

普通の5音節語では、最後の音節を下げるべき言葉の無アクセント読みの例は「**洋画館**」（2004年11月10日、02：50、NHKラジオ第一放送）。第2と第3音節を高く言うべき「**潮干狩**」を無アクセントで読んだのは、NHK総合TVの天気予報の女予報士（2005年4月22日、18：35）。

第2音節にアクセントがあるにもかかわらず無アクセントにされた4音節語としては、まず科学用語の例では次のものを記録してある。「**地下茎**」（NHK、黒田アユミ・アナウンサー。この女アナウンサーは鎌倉育ちと自著に書いてあるが、常に訛がきつい）。「**ヨコエビ（無脊椎動物の甲殻類の標準和名）**」（2005年3月12日、06：30、女アナウンサー。これは、見知らぬ生物の和名であることが原因となっている）。「**ギフチョウ**」（2005年3月14日、00：50、NHKラジオ第一放送、村田昭アナウンサー）。普通の言葉では「**背泳ぎ**」（2005年4月？日（土曜日）、05：10、NHKラジオ第一放送、カサイ・アナウンサー）。

上記のナレーターは前記の「**光合成**」ばかりでなく、藻類の一群である「**円石藻**」をも無アクセントで平板に発音していた。さらに、この手の多数の音節を持つ言葉の最後の音節を下げるべきところを下げずに平板に言うNHK-TVでの間違いの他の例は、2004年4月10日の19：45の女ナレーターによる5音節語の「**色素胞**」である。

これら2つの型の訛の原因は、生物学の知識が無いせいで2語からなる複合語であることを明確に認識しておらぬということである。前者は見たとおりであるが、後者は、「色素」と「（細）胞」とからなるとの知識が必要である。

30年前から、語末が長母音となるカタカナで書く外来語の場合にその言葉

全体を無アクセントにする現象に私は気づいていた。そしてその傾向が最近進行しつつあって、語末が長母音になっておらぬ言葉をも無アクセントにするようになってきている。

たとえば同じ番組の最後の 22：40 に元サッカー選手であったレポーターが「**ゴール**」を「**ゴオル**」と無アクセントで発声したのにはのけぞった。さすがに頭が筋肉の元運動家だけのことはあるとしか言いようが無い。

NHK の有働アナウンサーは、年月日不明の 22：30 のスポーツ番組で 10 分ほどの出演中に「**サポーター**」を無アクセントにしたし、「**セネガル**」では「**ネ**」にアクセントを置くというむちゃくちゃな読み上げを連続してやってのけた。

「**サポーター**」については 2005 年 12 月 6 日、23：13、NHK ラジオ 第一放送で石平（西平？）アナウンサーの例もある。2 および 3 音節の言葉のアクセントを逆転（無アクセントを含めて）させたら周囲の人に直ちに知られてしまう。それゆえ、日本人の習性としては東北弁話者のように、通常恥ずかしい思いをするのである。ところが、臆面も無く放送でこのように発音した例はこれが初めて聞いた例であった。

他の記録を列挙すると、NHK ラジオ 第一放送では「**ナレーション**」（2004 年 5 月 14 日、22：55、？志保アナウンサー）、「**モニター**」（2004 年 5 月 19 日、17：50、相撲放送のアナウンサー）、「**ステーター**」（2004 年 5 月 19 日、18：00）、「**ファイル**」および「**ニーズ**」（2004 年 5 月 19 日、18：10、ニュースのあとの winny 問題の解説員の中谷アナウンサー）、「**プロモーション**」、「**リクルーター**」および「**チャット**」（2004 年 5 月 19 日、18：25、主婦ネットワーク女主宰者の発言）。

最後の「**チャット**」については 2005 年 5 月 23 日、05：04、NHK ラジオ第一放送、カサイ・アナウンサーもまたそのように発音した。進行しつつある無アクセント化の中でもとくに、促音の無アクセント化は最も気持ち悪く感じるので止めて欲しい。

テレビでの例は、「**ドライバー**」（2004 年 11 月 13 日、12：15、NHK 総合テレビ、ニュース）、「**デザイナー**」（2005 年 1 月 16 日、18：30、6ch のナレーター）がある。私はテレビをほとんど見ぬため記録が少ないが、画像がある安

心感が原因となって、ラジオよりも日本語の乱れが大きいと予想する。これらの中で『NHK辞典』で無アクセントが併記してあるものは「**サポーター**」「**ナレーション**」「**ドライバー**」および「**デザイナー**」である。

しかし、『NHK辞典』に無アクセントの併記が無いにもかかわらず無アクセントにされた言葉は、「**セネガル**」「**ステーター**」「**リクルーター**」「**キャパシティー**」(この語については、2005年1月4日、17：35、NHK総合テレビ、茨城スペシャルで現れた。茨城地方版のアナウンサーなので無アクセントになりやすいとはいえる)、および「**チャット**」である。しかし外来語であるとともに語尾が長音という点で共通する言葉の間で無アクセントを並記するか否かの一貫性の無さについての理論的な説明がこの辞書には無し。

現実の生活で話している日本人については一貫性は人間の行動なので確保されにくい面があるが、辞書に採用して公開および出版するからにはこの一貫性の無さについて利用者が納得する学問的調査方法を明記すべきである。

ところがそのようにしてはあらざるゆえ、この不統一には学問的根拠が無く、初めから無アクセントを容認することに決めた上での勝手な併記が原因であると断じざるを得ぬ。一方、ひょっとすると調査方法が不完全である可能性があるかもしれぬ。

語末が長母音になっておらぬスポーツ用語では、「地球ラジオ」(2005年1月8日、18：18、NHKラジオ 第一放送)という番組の担当として毎日出演しており、「アクセント訛の帝王」である後藤繁榮アナウンサーが、ボートの櫂を意味する「paddle パドル」を無アクセントにした。この人は英語が得意ではあらざるや。外来語のアクセントは原語に忠実にすべきであるから、英語辞典でアクセントがどの音節にあるかを調べてから発声して欲しい。

外来語の問題に関しては、NHKのアナウンサーの発音が訛っている程度がひどいので、責任追及の意味でさらに最近の例を加える。2004年10月14日、22：00の総合テレビのニュースで、前出の有働アナウンサーは「**スポンサー**」を、またその番組内で男のレポーターが「**スピーカー**」を無アクセントで発音した。「**チューナー**」や「**メーカー**」もNHKラジオ第一放送の19：15(年は不明)で記録してある。

これらの例を他の例と総合すると、外来語、とくに語尾が長母音のそれについてはもはや例外なく無アクセントにする輩が増えてきていると結論できそうである。しかしなぜそうなるのかは心理学または音声学の研究課題として専門家に任せる。
　無アクセント訛がある者をニュース関係の担当にするなとNHKに強く求める。池上（2000）は、新しく入ってきた外来語は、初めは本来のアクセントで発音されるが、だんだん慣れてくると無アクセントになってくる傾向があり、その傾向がその用語を常に使う集団の中では無アクセントの速度が高くなると述べている。
　この説は多くの日本語関係の書物に書いてある。しかし、NHKのアナウンス室長がどう言おうと、発音の標準を示す役割をNHKが担っていることは衆目の一致するところであるから、そこのアナウンサーたる上記池上が、柴田（1995）が言う「仲間うちアクセント」を容認するかのような記述をするとは困ったものである。
　つまり、NHKのアナウンサーが放送局内で仲間意識を持って外来語を無アクセントで発音することは自由であるが、放送で外部に発信する際にはアクセントを無くさずに「正しく」読むべし。
　上記池上によれば、「**サポーター**」の無アクセント読みは、スポーツ用品と区別するために人間について故意にそうしたのだそうである。何という屁理屈か。NHKがアクセントを人為的に、それも無くすように操作していることを曝露したことになる。
　外来語で語末が長母音になる場合には元の英語に従って下げる（英語には語末にあるアクセントは極めて少ないので）アクセントで発音することが望ましいのであるが、それを下げずに平板にする現象が30年前から増殖している。上記に加えてディレクター、プロデューサーなど放送業界用語にこの現象が多いことはとくに問題である。
　2004年4月12日、02：25のNHKラジオ第一放送で男アナウンサーが「**スピーカー**」を平板に発音した。この深夜放送は無アクセント化が頻発している番組である。NHKを退職した再雇用者と思われる者が中心となって担当して

いることから考えると、年寄りは正しい発音をするはずなのにもかかわらず訛った発音をたびたび耳にするということは、この番組では北関東出身者が多いのであろうか。

　NHK ラジオ 第一放送の「ラジオ深夜便」(2004 年 12 月 3 日 04：10) で室町澄子アナウンサーが「ディレクター」を正しいアクセントで発声したのを聞いて、随分久しぶりであるなあと感激したほど、訛が蔓延しておる今日この頃なり。

　10 年以上前に学習院大の大野晋名誉教授が、NHK のアナウンサー室長（当時）の青木氏にアナウンサーのアクセントの乱れについて質問したところ、正しい発音でニュースを読むことよりも時間内に多くの字数を読み上げることのほうが大事であるとの返事が来たと、朝日の「仕事の周辺」コラムで嘆いておられたが、その傾向はまったく直っておらず、むしろ進行している。教養あることを示したければ国語の話し言葉の発音、とくにアクセントを正しく抑揚あるものにすることが 1 つの大事な点である。

　比較的多音節の語を無アクセントに読んだ例は、2004 年 8 月 28 日、21：30 の NHK 総合テレビの特集「四万十川」で、ナレーターの森田美由紀が海藻の名前である「**アオノリ**」を無アクセントに読んだ。これも上記のごとく、一般人にとっては身近といえぬ生物名であることが影響している可能性がある。『NHK 辞典』には無アクセント型の併記がある。

　この海藻の名前については、以前にも NHK ジャーナルで岡野タケシ・アナウンサーが四万十川で取れる食用のアオノリの正式和名である「**スジアオノリ**」を、6 音節もある長い名前であるにもかかわらず最後を下げずに無アクセントに読んだので、海藻学が第一専門研究分野である筆者としては、最近はよほどアオノリ類をはじめとする海藻類はなじみが無くなってきているのかなと残念に感じる。

　植物の名前については『NHK 辞典』に掲載が無いようである。比較的知られているはずの陸上植物でも無アクセントに読む誤りはあって、たとえば「**ツユクサ**」(2002 年 5 月 5 日、22：35、NHK ラジオ 第一放送、金井ナオミ・アナウンサー)。生物名以外では「**大雨**」(2004 年 11 月 12 日、02：01、NHK

ラジオ第一放送、川西アナウンサー)。

　最長の複合語は6-7音節となる。この場合の例は、「生態系」であって、これを中高に読んだことで後半の音節が下がる読みを採集した（2005年1月、18：00、NHKラジオ第一放送、男アナウンサー)。その発音を聞いたときに私は「性体系」と受け取った。新聞でたびたび特集されていることからたぶん一般化してきたと考えられる、非専門家にもなじみ深いはずの生態学用語のアクセントを間違うことは、科学の素養がほとんど無いことを意味すると判断できる。「生態」で発音上まとまった専門用語であることがわかっておらぬから「セイ」と「タイ」との間でアクセント上の一種の切断を行なったのである。

　JRの駅での駅名などのアナウンスの無アクセント化が、たとえば「豊田」「目黒」「目白」で聞かれる。中央線の豊田駅ではホームで1回のアナウンスで連続して2回「豊田」と言っているが、最初のアクセントは正しくしているにもかかわらず、続く後で無アクセントにして不統一にさえもなっているのはなぜか。毎日聞かされて不快である。日本人の悪い特性である、あいまいさを好む、つまり原則を尊ばぬ特性が如実に現れている。

　JRはすべての駅のテープ録音のアナウンスのアクセントを直ちに検査して、正しくないものを録音し直すべきである。豊田駅の駅員に尋ねたら民営化で東北地方の駅員が東京地区に配転されたせいだと言っていた。しかし、上記の問題とするアナウンスの声は若い女のものなので、東北からの配転者のせいとの説明は当たっておらぬと思え、不思議でならぬ。豊田駅の例については真の原因をぜひ知りたいものである。

　次に、東京駅では、成田からのリムジンバスで着いた外国人がプラットホームで無アクセントの「電車」を聞いたならば、外国人にはアクセントに敏感な国民が多いはずであるから理解できずに戸惑うかもしれぬ。首都の中央駅で訛った発音で放送している国は無いはずなので、このアナウンスは国辱ものといえる。

　ところが、驚くべきことには『NHK辞典』にはこの語については無アクセントを初めに載せてあり、第1アクセントの型があろうことかその後ろに〈併記〉してあるのである。「電車」は元来第1アクセントで発音する言葉であり、な

まくら発音した場合に無アクセントとなるのであるから、『NHK辞典』で初めに無アクセントを掲示してあることについてはその編集態度、あるいは調査手法への疑問を大いに感じる。

　上記の他の地名たる「目黒」と「目白」について三省堂のアクセント辞典では後者にのみ無アクセントが併記してあるという不統一は理解不能なり。

　情報系の用語、とくに英語のカタカナ語が無アクセントに発声されることはよく指摘される。しかし日本語起源の言葉がそのように発音されることは困ったものである。たとえば、「画面」と「待機」が挙げられるが、残念ながら『NHK辞典』には無アクセントの併記あり。他のものにはすでに挙げたものがある。

　最後に強烈な例を挙げておく。それは文または句の全体あるいは複合語を無アクセントに発声したものである。「気がかりですね」（2004 年 10 月 28 日、17：50、NHK ラジオ 第一放送、野口ヒロヤス・アナウンサー）。この人は常に訛っており、自分の名前さえも無アクセントで発声しているが、文章全体を無アクセントにした例はさすがに初めてである。NHK ラジオ第一放送、古屋和雄アナは「打ち水」（2005 年 7 月 29 日、23：17，）を無アクセントに読んだ。複合語にまでこれをやるとアクセントに敏感な者だけでなく、一般人もまた奇妙に感じるはずなり。

　「白魚をはじめ」（2005 年 1 月 30 日、00：53、NHK ラジオ 第一放送、宇田川清江アナウンサー）。この人も常に訛っているが、東京都出身とのことなので、不思議なり。北関東に属する多摩地区出身かもしれぬ。

　聞き慣れぬ町の名前も無アクセントにされる運命にある。例は「テシカガチョウ弟子屈町」と「イワダテチョウ岩館町」（2004 年 11 月 15 日、00：45、NHK ラジオ 第一放送、村田昭アナウンサー）。この人は幕末の「志士」も無アクセントにした。弟子屈町の例については同月 17 日の 04：05 の女アナウンサーも同罪。この人ははっきりした発音で好ましく評価していただけに、アクセントについては残念なり。

　動詞を無アクセントにした例は、「重視し」、（2004 年 11 月 21 日、01：00、NHK ラジオ 第一放送、宇田川清江アナウンサー）。

2005年7月29日に採集した、無アクセントに読んだ3件の例を、同じ番組で一度に現れたせいで分類が面倒になったので、一度に示す。TBS-TV、21：35、男司会者「ディーラー」、その番組に出演した一般人「**発表会**」、ゲストの大同工業大学学長「**シャトル**」。

4. 元来無アクセントである言葉の第1音節にアクセントを付けるな

アクセントを間違えると、その間違いアクセントを持つ別の言葉が存在する場合には問題が生じる。最悪例は4音節語の「コウカイ」である。この発音を使った海に関する2つの名称が存在するから、短い文では「紅海」なのか「公海」なのかがわからぬ。

北朝鮮のスパイ船追跡事件の報道で、無アクセントで読むべき「**公海**」を第1音節（日本語音声学では1拍目）にアクセントを付けて発音した例がある。そのニュースを聞いた時には「紅海」での出来事かと思った。この例は、NHKラジオ第一放送の深夜放送である「ラジオ深夜便」から収集したものである。この番組に出ているアナウンサーは無アクセント発音を堂々と電波で全国に撒き散らしている者が多い。

NHKは、立場上日本語の標準となるはずの発音を示す責任がある。ところが、深夜放送に出ている、とくに年配なので恐らくは退職後に再雇用されたはずであるアナウンサーには発音、とくにアクセント、がひどい者が多い。

2音節語は間違いに気づきやすい。見慣れぬ言葉ではとくにそうである。たとえば近年、都会では近郊の農家を訪れること無しには見かけることができぬ「**鍬**」をこのように誤発音したのが2005年4月17日、00：50、NHKラジオ第一放送、榊寿之アナウンサーである。第1音節にアクセントを付けたので「桑」になった。

生物の名前と科学用語とは無アクセントにされやすいのですでに1項目を立ててある。しかし当項目でも記録がある。それは、樹木名「**トウヒ**」（2004年

11月15日、00：50、NHKラジオ 第一放送、村田昭アナウンサー）および「硬水」（同、12月5日、17：35、荒川香菊アナウンサー。この人はよく訛るので、他の項目でもいくつか記録を与えてある）である。

　地名でも親しみが無いものは、地元で無アクセント読みをするにもかかわらず第1音節にアクセントを付けられやすい。その例は、箕面ミノオ（市）の「箕面の森」についてのニュースで「箕面」をそのように読んだのが、2004年11月18日、05：08のNHKラジオ 第一放送、広瀬修子アナウンサーである。ところが誰でも知っている地名である「琉球」でこの間違いを犯したのが、NHKラジオ第一放送の夕方の「地球ラジオ」の、煩雑に訛るので毎度おなじみの後藤繁榮アナウンサーである。

　最近の国会では元来無アクセントである 3–4 音節語のアクセントをわざと変える例が目立つ。その1型は第一音節にアクセントを置いて発声する例が増えている。実例は、「行政」「指導」「背景（拝啓に聞こえてしまう、）」「水温」「支援」。

　驚くべきことには「隣国」について『NHK辞典』が第一音節にアクセントを置く型を併記している。読者がこのアクセントで発声してごらんになれば如何に奇妙かがわかります。このアクセント型で話している地方があるのかが疑問なり。NHK内の誰かの個人的訛り、ひょっとすると調査時の一回限りの誤り、を記録したものとしか思えず。

　NHKおよび三省堂が編集したアクセント辞典では「支援」「債権」「総括」「集落」は第1音節アクセントと無アクセントとの両方を掲載している。第1音節に置いたアクセントを放送で聴いて違和感があるのは、中年後期の年齢となった私などの年配者だけであろうか。

　国会といえば、前総理大臣の名前である小泉のアクセントをニュースの中で10回以上も第1音節に置いたアクセントの型に訛って発音した例がある（2005年1月2日、00：02のNHKラジオ 第一放送）。さらに、NHKラジオ第一放送では同年1月5日、19：25の女アナウンサーでもこのアクセントを記録した。他の例としての人名では「孔子」（2005年5月12日、03：05、NHKラジオ 第一放送、「ラジオ深夜便」、宮川泰夫アナウンサー）があるが、このよ

うな世界的な哲学者あるいは道徳家の名前のアクセントを間違えるということは一般教養が無いと判断されても仕方がない。

　国会以外で耳にした最もひどいこの現象の例としては、NHKラジオで「カレーはいっぱいある」の「いっぱい」を頭にアクセントを付けて発声した例があるが、fullの意味のいっぱいかa cup ofの1杯かが判別不能の状況となっている。

　また他の例「**本校**」は、漢字では同じだが、アクセントが変わると意味が変わってmain campusがthis schoolになってしまうという、最悪の例である（1999年3月3日、00：40、カワムラ・アナウンサー）。

　東京都内（都下にあらず）は無アクセント地帯である関東地方の中で孤立したlanguage islandであって、周りを関東方言に囲まれているせいで、関東弁の影響がひどい。NHKが代議士型（共通語とも自分の出身地方のアクセントとも異なるという意味）アクセントをまねして、政治に関係するすべての言葉の初めを強く言うようにし始めているのではと心配する。

　わけても問題なのは、「**手順**」（2004年11月16日、19：40、NHKラジオ第一放送、フタミ・アナウンサーが第1音節アクセントで読んだ）のように、NHKと三省堂とで記述してある本来のアクセントがそれぞれ、無アクセントと第1音節アクセントとして異なっている点である。ほかの項でも書いたが、どういう調査をしたのか不思議なり。

　しかし、このままアクセント辞典が率先して無アクセント化を認めたら、いくつかの日本語関係の本で指摘しているように、日本語はすべて無アクセントになるであろう。それは困る。

　JRからはすべての型の訛を採集できるので便利なり。豊田駅で終日放送している「十両編成です」では十両と編成との間に間を置いて息継ぎをし、かつ十両を単独で発声するときのように第1音節にアクセントをはっきり置いたテープ放送となっている。昔はこの奇妙な読み方を車両の数をはっきり伝えるためにわざと「十両」で切っているのであると思っていた。

　しかし、この本をまとめたあと、すなわち、あまりにもひどいJRの放送と肉声アナウンスとの間違いアクセントや、敬語などのめちゃくちゃ日本語事例

の蓄積量を目の当たりにすることになった現在では、目的があるのではなく、ただの訛でそのような録音になっていると判断する。JR は東京の山の手出身者を指名して駅の放送用のテープ録音をやり直すべし。

　無アクセント化の問題は新聞でもよく話題になっている。すべての音（文字）の音程を同じ高さにして発音する特徴に注目して、私は「キーボード・アクセント」という用語を与えた。しかし、無アクセント化よりも本項の問題のほうがもっと困った現象である。

　学習院大学の大野普名誉教授が昔、朝日新聞のコラムである「仕事の周辺」に書いた記事によると、「イギリスの BBC とフランス中央放送局での例として、俳優や声優をアナウンサーに採用している。しかし、NHK のアナウンサー室長の青木茂氏の回答では発音の手本を目指してはおらず、ニュースを早く読むように努めている」らしい。

　早く読むのは結構であるが、口を大きく開け、唇を動かしてはっきりした発音とアクセントを実現したうえで早く読むのでなければ正確な伝達が達成されぬ。放送界での早口が黒柳徹子から広まったとも大野は書き、その中で大野は、彼女は正しく発音しているから文字どおり早口なだけであるとした。

　しかし、最近の早口は、関東の落語に出てくるような職人たちの脱落音節生成型の発音なので早口と言うべきにあらずして、ただの不完全で粗野な言葉にしかすぎぬ。戦前と思うが、NHK では東京の山の手の出身者のみをアナウンサーに採用したと聞く。視聴料を取っている放送局が取るべき正しい態度はそういうことである。

　3 音節と 4 音節での雑多な例は、NHK ラジオ第一放送から列挙すると次のとおりである。「**集約**」（2004 年 11 月 24 日、23：15、中村アナウンサー）、「**バール（道具の名前）**」（2004 年 12 月 3 日、05：30、ニュース）、「**懸念**」（2005 年、1 月 14 日、05：00、男アナウンサー）、「（芝刈り機で）**刈って**（いたら）。」（2005 年、1 月 28 日、15：10、野口ヒロヤス）。

　NHK では「**論点**」（2005 年 1 月 18 日、19：20、総合テレビ、畠山智之アナウンサーならびに同日のラジオ第一放送、22：35、男アナウンサーおよび 2005 年 5 月 23 日、05：04、NHK ラジオ第一放送、カサイ・アナウンサー）。

どうもNHKでは「論点」のアクセントを変えようとする陰謀が進みつつあるようである。
　実際、驚く無かれ、『NHK辞典』では「論点」に3種類もの、つまりこの語は3音節語なのですべての型、を容認して並列に表記している。この事実によって、『NHK辞典』の信頼性は失われたと判定する。下衆の勘繰りでは、NHK自身の従業員が行なうアクセントをすべて容認して併記しているのであろうと思える。この辞書では調査方法を説明しておらぬゆえ、もともと信用ならぬが、ここに至ってその価値は無くなったといえる。
　「献花」(2005年5月4日、13：55、日本TV、列車事故のニュースでのナレーター)。
　「献上」と同じアクセントであるはずと類推せずに、なぜ逆転させるのかわからず。あろうことか、『NHK辞典』では第1音節にアクセントを置く型が最初に、続いて無アクセントの型を併記してあるが、しかしこれは配列が逆である。
　さらに事例を挙げ続けると、2005年7月29日、23：00、NHKラジオ第一放送、峯尾武男アナウンサーは全国的にどこでも無アクセントが行なわれているはずである「部会」と「試算」とを、第1音節を高いアクセントで読んだ。これでは後者は「資産」になってしまう。奇妙なので理由を考えてみると、ヒントは、この日は関西発の番組であったということである。そこで、このアナウンサーが大阪かその付近の育ちと仮定すると、標準語、とくに短い音節数を持つそれ、のアクセントは東西で逆転(厳格な意味にあらず)する場合が多いので、それを規則ととらえて機械的に逆転させた可能性がある。
　「篩板（しばん）」(2005年7月27日、21：00、日本TV、「世界仰天ニュース」、男ナレーター)。
　これは生物学用語なので文系人間にはなじみが無く、アクセントに自信が無いはずであるから普通は目立たぬように無アクセントに読むものだが、第1音節にアクセントを置くとは変わったことをする人だ。

5. 元来無アクセントである言葉の第 2 音節以降にアクセントを付けて新語を作るな

例は「**砂**」(2004 年 7 月 9 日、00：01、NHK ラジオ 第一放送、斎藤季夫アナウンサー) および「(味に) **コク** (がある)」(2005 年 3 月 14 日、00：50、NHK ラジオ 第一放送、村田昭アナウンサー)。「**みちのく**」(2004 年 12 月 26 日、01：00、NHK ラジオ 第一放送、広瀬久美子アナウンサー、および 2005 年 6 月 4 日、18：45、NHK ラジオ 第一放送、「地球ラジオ」の後藤繁榮アナウンサー)。同アナウンサーは 2006 年 2 月 11 日 17：50 に「**反面**」を第 3 音節を高く発音した。

6. 第 2 音節以降が高くなる言葉のアクセントを逆転させる型

例は樋口「**一葉**」の「イ」にアクセントを付け、その後は下げたもの (2004 年 11 月 25 日、23：05、NHK ラジオ 第一放送、佐藤アナウンサー)。アナウンサーがこのような読み方をする例を多く収集するにつけ、無アクセント化の流れを押し止める気力が無くなりそうになる。ほかには「**コップ**」(2004 年 12 月 21 日、18：05、NHK ラジオ 第一放送、後藤繁榮アナウンサー) を記録してある。

さらに、常に訛が目立つ NHK ラジオ第一放送「ラジオ深夜便」の宇田川清江アナウンサーは「**落人**」の第 1 音節にアクセントを付けた (2005 年 6 月 6 日、00：45) が、練習曲という意味のフランス語、エチュードのように聞こえて笑ってしまった。

7. 語頭が高いアクセントを逆転させる型

「鎌」を、アクセントで逆転させて、いかなる地方でも行なわれておらぬ型の発声をしたのが 2005 年 4 月上旬の NHK 総合 TV、18：37 の男アナウンサー。この言葉は別の項で触れた「鍬」と同じ農具なのでなじみが無いせいで間違えたと考える。

なじみが少ない地名では地元のアクセントを採用する方が良い。例は、志摩半島の「和具」である。第 1 音節にアクセントがあるのであるが、2005 年 2 月 21 日 NHK ラジオ第一放送、12：20、男アナウンサーは後ろ上がりに読んだ。

数学用語の「鋭角」(2005 年 3 月 26 日、01：10、NHK ラジオ第一放送)。しかし『NHK 辞典』では第 2 音節から後ろが上がる型が初めに、第 1 音節が高い型が次に挙げてある。どのような母集団および標本集団について調査をしたのか、その方法は正しかったのかに疑問がある。早い話が、標準語地域が現存しているかどうかさえも怪しいと私は感じている昨今である。

8. 外来語のアクセントの逆転化

Web site の URL と電子メールのアドレスとで使う文字列の中の単語を区切る役目をする「．(dot ドット)」の「ド」を低く、「ト」を高くして読む者が多いことは驚きである。この奇妙な読み方が番組の性質上頻出する例は、NHK ラジオ第一放送の夕方の「地球ラジオ」である。

この番組では後藤繁榮アナウンサー（岐阜出身）と相棒の荒川香菊はともにいろいろな言葉のアクセントを頻繁に訛るのでいらいらするが、わけても Web サイトの URL を読み上げる際に「．」を上記のように逆転アクセントで読むので「大勢の人々が〈どっと〉押し寄せた」の「どっと」のアクセントの 1 つの型に聞こえる。外来語なのでどのように読んでも良いということにあらず。

無アクセントに読むならばまだしも、原語のアクセントと逆にすることは理由が無いので、やはり原語のアクセントに忠実なほうが良い。英語が苦手な者は往々にして原語のままのアクセントで発声することが恥ずかしく感じる場合があるようであるが、しかし、そうならば毎度おなじみの無アクセントに読むほうがましである。

ここで気づいたことは、促音「っ」の前後が1音節ずつになっている場合に無アクセントに読むことは息が苦しくなるのかもしれぬ。とにかく、URL以外ではピリオドと読む記号「.」については、他の場面では決して使われぬ後ろ上がり読みを止めるべし。それができず、かつ無アクセント読みもせぬくらいならば、「ドット」とは読まずに「ピリオド」と読むべし。

9. 子音⇒h⇒母音方向への1文字脱落型の現象

NHKラジオ第一放送の深夜放送は、定年退職者を再び雇う機会として運用しているようであるが、文脈上他の言葉と完全に誤解してしまうようなずぼら発音になったひどい例を時々経験した。わけても、子音をhに発音し、一方語頭がhで始まる言葉についてはそれを脱落させて母音にするという、**子音⇒h⇒母音方向を代表とする発声エネルギー節約型訛現象**が進行しつつあると感じる。NHKはそのような訛ったアナウンサーを、深夜放送とはいえ、出演させるべきにあらず。

このような訛がなぜ問題かというと、2-3音節からなる短い言葉では平仮名で書くと同じとなるものが多いので、アクセントの本来の役割である言葉識別機能が果たせず、聞いている者の理解を困難にする点にある。そのNHK深夜放送その他の番組で書き留めた、意味が似ているので、文脈上でさえも区別できぬ最もひどい例を中心として次に列挙する。

(1) b⇒母音型

ボーダフォン（Vodaphone）がお送りします⇒「**オーダフォン**」（2005年3

月20日、21：00、テレビ朝日、映画のスポンサーの名前の女読み上げ係）。

(2)　d⇒母音型

段差 dansa を「**アンサ ansa**」と発声したので、英語の answer に聞こえ、聞いた当座は何のことかわからざりしニュースを 2004 年 10 月 23 日 21：45 の NHK ラジオ 第一放送から記録してある。

(3)　g⇒母音型

2004 年 3 月 15 日、23：15 の NHK ラジオ 第一放送、セト・アナウンサーおよび 2004 年 5 月 4 日、18：55、古屋和雄アナウンサーが栃木県を「**トチイケン**」と発音したが、これが鼻濁音の「g」がだらしない発声によって脱落した例である。鼻濁音は言葉の区別の役に立っておらぬゆえ消える方向にあると言われているが、しかし、その将来は硬いガ行となるので、エネルギーが要るからなおさら誤った発音となるおそれがあると考える。

(4)　h⇒母音型

「ha⇒a」の例は、横浜 yokohama⇒「**ヨコアマ yokoama**」（2004 年 5 月 4 日、18：55、天気予報、古屋和雄アナウンサー）。

①　ho⇒o 型

これについては、北海道を「**オッカイドウ**」と発声した例を記録してある。出所は不記録となっている。

②　h⇒母音型が激化して生じた hu 脱落型

極めて多く起こっている型である。「起訴処分は不当」のニュースの中で「**起訴が妥当**」（1985 年 10 月 28 日 22：48、NHK ラジオ 第一放送）。見出しからは「起訴が妥当」では矛盾するのでおかしいと考えて、しばらくたってから「不（hu）」部分を脱落させた「不起訴が妥当」の訛であることに気がついた。また、2005 年 3 月 2 日、22：00、NHK 総合 TV、ニュース、防犯特集の案内人の坂

本、「シンシャ」と何度も発声した。一体全体何なのか意味不明であったので、数分考えたところ、泥棒を防ぐ話なので不審者の訛と気づいた。

　この不審者を「シンシャ」と発声する訛については小見アナウンサーが3月18日の19：30にもやらかしたし、さらに京浜急行バスの車内アナウンスでも「**シンブツを発見したときは**」として記録した。このシンブツは不審物の訛である。このような自堕落発声をする者には、「フ」を発声するときには唇を正しくすぼめてから腹筋を締めて息を強く出す訓練を課すべし。

　③　h⇒母音型の激化の他の型、ho 脱落型

　この例は、東北 touhoku⇒「**遠く touku**」である。

　⑤　k⇒h 型

　2004年5月20日、01：10、NHKラジオ第一放送のアナウンサーが黒海を「ホッカイ」と発音したので、私は場所を北海であると誤解した。他の既存の言葉に受け取ったこの型の訛りは次のごとし。すなわち、「甲府市」⇒「**防府市**」（2002年2月25日21：55のNHK総合TVの天気予報での例）、「広告」⇒「**報告**」、「根拠」⇒「**本拠**」（2005年3月26日、01：10、NHKラジオ第一放送）、「根拠地」⇒「**本拠地**」（2002年9月3日00：05、NHKラジオ第一放送、ニュース）。NHKラジオ第一放送の野球の勝敗のニュースでよく「ホンキョチ」と発音しているがどちらのことか区別できぬ。「公的」⇒「**法的**」、「降伏」⇒「**報復**」（2001年11月18日、16：30、NHK総合TV、ニュース）。「開業」⇒「**廃業**」。これはあまりにもひどくて他の言葉になってしまう例として、他の出版物に転載して欲しいほどなり。「黒い」⇒「**フロイ**」（2004年10月30日、NHK総合TV、新潟地震特集のナレーター）、さらにまだNHK総合TVでは「強化」⇒「**評価**」（2002年9月15日、21：10、ニュース）、「攻撃」⇒「**砲撃**」（2002年9月6日、「そのとき歴史が動いた」番組）、「気をつける」⇒「**火をつける**」（date 不明、23：55、日本TV、広告で）がある。

　まだある。「神奈川県」⇒「**ハナガワケン**」（2004年5月4日、18：55、天気予報、古屋和雄アナウンサー）、「交流」⇒「**放流**」（2004年5月10日、18：

40、NHK ラジオ 第一放送、荒川香菊アナウンサー)、「降水確率」⇒「**放水確率**」(2004 年 12 月 21 日、18：58NHK ラジオ 第一放送、「地球ラジオ」、天気予報、)、「駒場」と「雷」⇒「**ホマバ**」と「**ハミナリ**」(2004 年 10 月 29 日、01：50、NHK ラジオ 第一放送、斎藤季夫アナウンサー)。「金槌」⇒「**ハナヅチ**」(2004 年 11 月 25、23：05、NHK ラジオ 第一放送、ニュース、佐藤アナウンサー)。

NHK ラジオ第一放送のニュースで「八王子医療刑務所に**放置**されていた平沢が」と聞いたが、よく考えたら「拘置」であった。「かづら会」⇒「**はづら会**」(2005 年 5 月 5 日、00：05、NHK ラジオ 第一放送、関野アナウンサー)。

2004 年 11 月 30 日、21：01 のテレビ東京の「なんでも鑑定団」のナレーターによる、「籠」⇒「**はご**」。2004 年 11 月 20 日 21：20、フジ TV、映画「ターミネーター 2」で、「聞くな」⇒「**ヒクナ**」。これは、アナウンサーよりもさらに発音が正しくかつ美しくあらねばならぬ声優が犯した誤りなので、責任が重い。「火山ガス」⇒「**ハザンガス**」(2005 年 2 月 2 日、02：01、NHK ラジオ 第一放送、中村アナウンサー)。「解禁」⇒「**ハイキン**」および、「冠」⇒「**ハンムリ**」(2005 年 3 月 11 日、00：45、NHK ラジオ第一放送、斎藤季夫アナウンサー)。「九時三十分」⇒「**富士三十分**」(2005 年 5 月 6 日、19：35、NHK 総合 TV、ナレーター)。「更迭」⇒「**ホウテツ**」(2005 年 5 月 23 日、05：04、NHK ラジオ第一放送、カサイアナウンサー)。「先ほども」⇒「**サヒホドモ**」(2005 年 7 月 26 日、00：55、NHK ラジオ第一放送、古屋一雄アナウンサー)。「木の魅力」⇒「**日／火の魅力**」(2005 年 8 月 4 日、07：30、NHK 総合 TV、「おはよう日本」の男アナウンサー)。2005 年 9 月 10 日頃、17：00、NHK 総合 TV、相撲放送のアナウンサー (藤井康生？) による相撲取りの一人に関する話題で、「婚約」⇒「**翻訳**」。その相撲取りが内職を始めたのかと思った。

(6) ku ⇒ k 型

最もひどい例は、連続する 2 つのカ行の文字を含む言葉、国際 kokusai が「ksai クサイ」となる例 (たとえば、2004 年 3 月、02：00、NHK ラジオ 第一

放送)がある。まずエネルギーを使わぬようにしようとして第1音節のkを脱落させ、次にはやはり発音するのにはエネルギーが要る母音である、koの母音oを脱落させ、最後には第2音節のuさえも狭母音であるので脱落させてしまったがために4音節(「国際」の際saiのaiは西洋式の二重母音にあらずといわれるので2音節と数える)の言葉を半分の2音節にしたという四重の罪を認めることができる。日本語はロマンス系諸語と同じく開音節語なのであるから、母音を脱落させたら日本語ではなくなる。

　このことを裏返して言うと、関東弁における子音優位現象、とくに摩擦音が目立つということなり。さらに、日本語の他の特徴としては、勁性が強い音節(ツ、チャ行、サ行、パ行、夕行とその拗音)が少ないので穏やかである点が挙げられる(木通、2004)。日本語のこのような根本的特徴を保って永続させるためには、原理原則を大切にする国語の発音あるいは音感教育を東日本、とくに関東、の義務教育段階で実施すべし。

(7)　m⇒母音型
「村上 murakami」⇒「浦上 urakami。」

(8)　n⇒母音型
　h化の段階を跳ばして母音型となる恐ろしい例を記録した。それは、「西側 nisigawa」⇒「いしがわ isigawa」(2005年1月7日、22：10、NHKラジオ 第一放送、男アナウンサー)および、「なんで＝何で nande」⇒「あんで ande」。他の項目で分析した、第1音節の最初、つまり語頭の子音を、次に続く母音から分離し、しかる後に発音をせずに、次に来る母音からいきなり発声しているのである。子音に母音が常に付いているという日本語の本質を壊すような、このような子音と母音との分離を何故に行なうのか不思議である。多分関東育ちのゆえとしか言いようが無し。

(9)　p⇒母音型
「ポール・モーリア楽団」⇒「オール・モーリア楽団」(2005年3月11日、

00：45、NHKラジオ第一放送、斎藤季夫アナウンサー）。この人は常に大量に訛るので、不正確発音の専門家としての反面教師アナウンサーである。ラジオであるせいで顔が見えぬので、想像でしかないが、いったん唇を閉じるのかもしれぬ。しかし、母音を発声する前に唇を離すからこのような発声となることは明白である。何故に子音と母音とを同時に発声せぬか実に不思議なり。まあそれがもし関東弁の特徴であるのならば困ったことなりというしか無し。

(10) p⇒h型

「パン屋」⇒「**ハンヤ**」（2004年6月27日、23：10、NHKラジオ 第一放送）、「プロ野球」⇒「**フロ野球**」（00：08、NHKラジオ第一放送、川口アナウンサー）。

(11) r⇒母音型

「立体駐車場」⇒「**一体駐車場**」（2005年5月6日、19：00、畠山アナウンサー）。舌先が上顎の硬口蓋に当たっておらぬか、あるいはいったん当てても上で述べた型と同じく、舌を離してから母音を発声するせいで弾音のラ行を発音できておらぬのである。近年のNHKの新入従業員研修では発音や早口言葉の訓練をせぬと聞いたような気がするが、それが原因かもしれぬ。しかしこの人は中年なので正統な発音訓練をしたはずであるから、訛の原因が気になる。舌が短いのか、関東育ちかどちらかに違いない。

次の例は、2005年7月27日、21：00、日本TV、「世界仰天ニュース」、男ナレーターによる、「レントゲン撮影」⇒「**エントゲン撮影**」。

(12) sa⇒s型

「くださった」⇒「**くだすった**」（2005年5月8日19：50、NHKラジオ第一放送、玉置宏アナウンサー）。

satta⇒stta となっている。このように音素に分解して表すならば sutta のようになりそうであるが、しかし、明確に表せばこのように聞こえる母音たる u は狭母音であるせいで、普段の発声からして関東育ちらしい玉置宏アナウン

サーには発音できておらず。この人は常にこのように発音している。

(13)　s ⇒ h 型

「3 曲 sankyoku」⇒「ハンキョク」hankyoku（2004 年 6 月 13 日、02：10、NHK ラジオ 第一放送、広瀬久美子アナウンサー）。この人のサ行の発音はいつもハ行になっているので耳障りで仕方が無い。

(14)　su の脱落型

「スポーツ」⇒「ポーツ」をはじめとして頻繁に聞こえる。この脱落の原因は明らかであって、関東弁では、狭い母音である「u」が発音しにくいので脱落させるのである。その上、「s」の部分では舌先が歯茎から離れすぎていることになる。

(15)　t ⇒ 母音型

次の 3 通りがある。

① te ⇒「e」

「低気圧」⇒「エーキアツ」（2004 年 5 月 4 日、20：50、NHK 総合 TV、天気予報）。この係である高田斉アナウンサーはこの言葉を常にこのように訛っている。「天敵」⇒「エンテキ」（2005 年 4 月 12 日、02：20、NHK 総合テレビ、ニュース）。子音 t と母音 e とを同時に「te テ」として発声せぬせいである。さらに例を挙げると、「天井の」⇒「えんじょうの」（2005 年 8 月 16 日、23：05、NHK ラジオ第一放送、ニュース、豊原アナウンサー）。

この型の極度の型が「…して site…」⇒「…しつ sit 十子音」となるものであって、たとえば、「来てくれ kitekure」⇒「来つくれ kitkure」および「待ってくれ mattekure」⇒「待つくれ mattkre」となって tk という、日本語には存在せぬことになっている重子音化現象が生じる例は、落語の登場人物である熊さんと八ちゃん（ハッツァンと読むことはそれこそ「正しい」日本語にはこの言葉以外には存在せずして、この落語の登場人物についてだけ許されることなり）だけにあらずして、東京都の学生のぞんざいな間柄ではよく聞くことがあるし、

また、とある技術情報調査会社の従業員がこの発音をしたことがある。

② ta ⇒ 「a」

「大正」⇒「**アイショウ**」(2005年4—5月、21：00、12 ch-TV、「なんでも鑑定団」の女ナレーター)。「富山市」⇒「**小山市**」(2005年6月26日、12：05、NHK総合TV、登坂淳一アナウンサー)。

このときは食事中であったので耳から後者の誤り発音のように聞いており、少したってから画面を見たら市名の表示により、全然違う市のことであると知った。関東訛が第1音節を脱落させることはよく知られているが、第1音節の子音を脱落させる訛について触れた文献をまだ知らぬ。

とにかく、アナウンサーがそのような方言発音をしては困る。NHK社内の発音訓練はどうなっているのか。時間内にできるだけ多くのニュースを読むことが方針とのことなので、NHKは多量の音素を脱落させる発音を推進しているのか。

③ tou ⇒ 「ou」

「東海道」⇒「**オウカイドウ**」(2005年7月26日、00：55、NHKラジオ第一放送、古屋一雄アナウンサー)。「東京ジャズ・フェスティバル」⇒「**オーキョー・ジャズ・フェスティバル**」(2005年8月8日、07：35、NHK総合TV、男ナレーター)。

(16) t ⇒ h 型

NHKラジオ 第一放送、ニュース、石橋アナウンサーは「体調」を「拝聴」と発音した。訛を直してから出演すべし。この人は「タイジン対人」⇒「ハイジン廃人」もやらかした。発音の専門家であるべき職業の人間なので罪が重い例としては、イタリア考古局の係員の女性に対して雇われた通訳または声優による、「帝国」⇒「**ヘイコク**」(21：45、NHK総合TV) と発声した誤りがある。舌先をどこに置いていたのか理解に苦しむ。「遅刻した (?正しくは何であるのか不明であるが、一応これの訛としておく)」⇒「**ヒコクした**」(2005年3月6日、06：03、NHKラジオ 第一放送、エレーナという人へのインタビュアー。) 次いで同じ放送で、2005年5月11日、02：20、水野節彦アナウンサー

による「堪能」⇒「ハンノウ」。

(17)　t⇒k 型

　中央線の多くの駅のホームのアナウンス、「高尾行き」が「カカオ行き」と聞こえる。どういう発声をしたらタ行がカ行に聞こえる音を出すことができるのか不思議なので東京発音アクセント教室 03-5568-8851 に尋ねたら「機能性構音障害」の可能性があって、舌の先が上の歯茎から離れていることが原因であるとの説明をいただいた。自分で実習してみて納得した。JR に告ぐ、駅構内のすべてのアナウンスを山の手育ちの職員数名で発音査定をして改善せよ。否、それよりも山の手育ちの職員にすべてのアナウンスの吹込み直しをやらせよ。

(18)　z または j ⇒母音型

　「82 銭 hatizyuunisen」⇒「ハチユウニセン hatiyuuni-sen」(2004 年 5 月 4 日、18：55、NHK ラジオの株価の読み上げで、古屋和雄アナウンサー)。「1 時台」⇒「イチイダイ」(2005 年 3 月 11 日、00：45、NHK ラジオ第一放送、斎藤季夫アナウンサー)。このアナウンサーは関東育ちか舌が短いかのどちらかと思われる。

(19)　母音⇒他の母音型

　e⇒i 型として、「石亀さん」⇒「イシガミさん」(2005 年 4 月 12 日、02：20、NHK 総合 TV、ニュース)。

　i⇒e 型として、読売新聞 (2003、p.141、最後の 2 行～次ページの 2 行目) に書いてある「もしもし」→「もしぇもしぇ」や「じかん時間」⇒「じぇかん」といった訛が言葉のプロであるアナウンサーにも見られるとの読者の投書を載せている。私は、この事例を私的場面の会話でのみたびたび経験したが、しかし、公的場面では未記録なのでこの文献を引用しておく。

(20)　子音の完全脱落型

　NHK ラジオ第一放送のニュースで、「意識 isiki」⇒「イッシ issi」と聞こえ

た例を記録した。これはkの音を発声するエネルギーをケチったせいである。

(21) その他

正しい言葉がまったく不明な事例では、「**オハクの道**」（2005年1月1日、18：30、NHKラジオ 第一放送）がある。カ行とハ行の子音脱落が最も著しいのでこれらを「オ」の前に付けて見ると「琥珀」かもしれぬが、アナウンサー名を記録し忘れたので尋ねることができず、真相は闇の中なり。

10.「関東ベエ」の濫用

元来この型の訛は「お前omae」→「オメーome：」のように2つの母音「ae」が「e：」となる型を指すのである。この訛は元の言葉に「e」を含んでいるので音便の一種として理解することが可能なり。

この変形として、アイ「ai」とオイ「oi」→エー「e：」となる型では元の言葉に「e」を含んでおらぬゆえ、通常の音韻変化の法則から外れるので非常な違和感がある。

ところが、最近高校生と中学生の間でこの訛がその規則から完全に外れて、ヤイ「yai」とワイ「wai」が付く言葉を子音を無視し（脱落させ）てエー「e：」と訛る無茶苦茶な拡張を示している。たとえば「早いhayai」と「怖いkowai」では問題の部分「ai」は、規則からはそこだけを「e：」と訛って全体としては「ハィェーhaye：」と「コゥェーkowe：」となるべきであるにもかかわらず、「ハエーhae：」と「コエーkoe：」と発声して半母音「y」と「w」とを脱落させている現象を電車内で耳にする。この型つまり拗音ができぬ東北のズウズウ弁に属するなまくら発音が、ますます進行している事実を目の当たりにすることには辛いものがある。

11. 子音⇒子音型のなまくら発音化

(1) b⇒r 型

　この型は音韻転化の規則から外れた特殊な訛である。似た意味の言葉に誤解し得る例は、「焼きトビ（焼いたトビウオのこと）yakitobi」⇒「**焼き鳥 yakitori**」(2004 年 6 月 29 日、22:30、NHK ラジオ第一放送、女アナウンサー)。

(2) hi⇒si 型

　古来関東訛として有名なのであるが、さすがに放送ではゲスト以外は耳にせぬかというと、さにあらずして、NHK「ラジオ深夜便」(2005 年 2 月 7 日、00:09) では、宇田川清江が、「瞳」⇒「**シトミ**」とやらかした。東京都生まれとのことだが、下町から千葉に近い地区で育ったに違いない。もっとも、この訛は全国的に散在しており、近畿地区でも男どうしの間では、「ヒト」⇒「シト」という場合がある。しかし、私的会話と公的放送とでは立場が違う。

(3) hi⇒ti 型

「光触媒」(2006 年 4 月 14 日、03:08、NHK ラジオ第一放送、ニュース)
⇒「**チカリ触媒**」

　出だしの hi を発声するときに、舌先を上の歯の裏に付けたママにしていたから ti になったのである。この舌先を常に上の歯の裏に付けたママにする行為は、どうも山の手付近を除く関東地方には普通に行なわれているようである。

(4) r⇒l 型

　近年の若者に多い現象である。とくに「れる」と「られる」という、ラ行の音が重なる場合によく耳にする。解剖学的には、舌先を上の硬口蓋に触れさせずに上の門歯の歯茎に触れさせるせいである。しかし舌先の位置をなぜそうするかという原因は不明である。やはり関東弁系の口を開かぬなまくらな発音態

度によるとしか言えぬ。

(5) r⇒n型

ラ行四段活用の動詞の未然形を関東式否定形にした「…らない」を「…んない」とする幼児的な発音が蔓延しつつある。舌先を硬口蓋に付けて発音する音がラ行である。しかし、最近はよく言われていることであるが、舌先の押し付けが弱くなってきていてこの訛となるという、前項のr⇒l型と同じ原因から来ている。NHKラジオ第一放送の深夜放送で2005年3月1日、00：25、遠藤ふき子アナウンサーが「わかんないですね」と言った例を採集した。この「わかんないですね」は東日本では非常に多く行なわれる。東北では「わがんね」として濁音とベエベエ言葉の組み合わせになる。

「わかんない」は、西日本の人間からは幼児語のように聞こえる気持ち悪い訛なり。いかに深夜放送とはいえ、公共放送のアナウンサーが放送の中でこのような関東方言式友達言葉を使ってはならぬ。ところが実は、他の項で解説したように、否定の丁寧表現として「ないです」を使うことが問題なのであって、「わかりません」というべきであった。加えて、語頭の位置の事例では、「列島rettou」⇒「**熱湯 nettou**」（NHKのラジオかテレビで）がある。

(6) s⇒t型

この訛現象は、上の歯茎に常に舌先を付けていて、離さぬことによって生じる。つまり上の歯茎に舌を付けたまま「シ」と発声したつもりになると、生じる音がまったく違ってくるのである。事例は、まず最も多く現れる、「シ si」⇒「チ ti」化として、「司会 sikai」⇒「**チカイ tikai**」（2002年5月5日、22：35、NHKラジオ第一放送、金井ナオミアナウンサー）。「星の流れに」⇒「**ホチの流れに**」（2004年12月9日、03：29、NHKラジオ第一放送、「ラジオ深夜便」、青江ミナ特集で、広瀬修子）。「四国お遍路」⇒「**遅刻お遍路**」（2005年5月3日、03：29、NHKラジオ第一放送、「ラジオ深夜便」、遠藤フキ子アナウンサー）。「正午過ぎ」⇒「**チョウゴ過ぎ**」（2004年11月21日、00：45、NHKラジオ第一放送、宇田川清江アナウンサー）。「秋にさよならする日」⇒「秋に**タヨナ**

ラする日」(2004年11月30日、05：29、NHKラジオ第一放送のニュース)。「話すためのもの」⇒「ハナツためのもの」(2005年1月4日、21：10、テレビ東京、「なんでも鑑定団」の中の広告)。一瞬、何を「放つ」のかと思った。

「水素と酸素sanso」⇒「水素と炭素tanso」(2005年11月15日、18：53、NHKラジオ第一放送、女アナウンサー)。別の元素になっているので重罪なり。2006年3月20日、18：20、NHKラジオ第1、ニュース、中野由貴アナウンサーは化粧品を「ケチョウヒン」と発音した。

(7) t ⇒ s 型
① ti ⇒ si 型

まず出現率が高いti⇒si型を述べる。NHKラジオ第一放送で毎日放送している「地球ラジオ」の番組名が、それを担当している後藤繁榮アナウンサーが告知するときには必ず「子宮ラジオ」と聞こえる。この人の舌の位置が上の歯茎に近づいてはいるが、しかし当たっておらぬことは明らかである。加えて同じ番組内のニュース(2005年2月17日、20：01)で小野アナウンサーが地球を「子宮」と発音した。

「きちんと」⇒「きしんと」(2005年8月10日、07：30、NHK総合TV、ゲストの造形作家)。ti⇒siの型の訛なり。口を開かずにものを言う、関東弁の代表である。

「知的」⇒「私的」(出所が不明ではあるが、たぶんNHKラジオ第一放送。これも前例と同様に、舌先を上の歯茎に押し当て損なって発声するせいである。

② tu ⇒ su 型

他の小分類としてのtu⇒su型では、2001年9月20日、00：50、NHKラジオ第一放送、ニュース、男アナウンサーによる、「五日ituka」⇒「イスカisuka」。ひょっとするとこの不正確発音は、日本語では正しくはtuであって実際英米人が聞くとそのように発音されているといわれる「つ」を英語式のtsuと発音しようとしし損なったとも考えられる。

③ タ行⇒ツァ行化ならびに ti ⇒ si 型

この2型を、同一人物の訛としてまとめて述べる。声優の野沢那智が問題の

人物である。この人はテレビで放映する映画のための吹き替えを専門としているが、東京都内の下町の出身のせいでか、訛がきつくて聞きづらさが放送界随一なり。吹き替え対象映画俳優に不良性を与えるためにわざと訛っているのかどうかはわからぬが、摩擦音を多用することはやめるべし。標準語式の発音訓練を必要とする声優は珍しい。

④　z⇒t (d) 型

「現在 genzai」⇒「**現代 gendai**」(2005 年 11 月 15 日、18：55、NHK ラジオ第一放送、女アナウンサー)。

「情報局 zyouhou…」⇒「**諜報局 tyouhou…**」(2005 年 5 月 26 日、19：25、10ch-TV、「いきなり黄金伝説」番組でのナレーターの発声)。舌先を上の歯茎に付けて発声することが原因での、サ行がタ行になる現象の濁音型である。理論的には dyou としてダ行の濁音になるはずのところ、濁り切らずにタ行になったものである。現代でのザ行は下の歯茎に舌先を当てて発音するべし。

「時間」⇒「**痴漢**」(2005 年 8 月 8 日、21：10、日本 TV、「行列のできる法律相談所」番組、男ナレーター)。

12.　［子音＋母音］のセット⇒［別の子音＋母音］のセット

(1)　キ ki ⇒ シ si 化

東京の放送ではこれが多い。キ ki ⇒中舌音のチ ti となる有名な東北弁（たとえば「君」が「チミ」となるがごとし）の特徴と同じ系統であり、関東弁が大分類上は東（吾妻、アズマ）言葉としてズウズウ弁地方に属することを示す。

(2)　キ ki ⇒ チ ti 化

NHK 総合 TV、2005 年 5 月 18 日、18：35、ニュースで、「偽札の記番号」⇒「**チバンゴウ**」。これは非東北人には「チ」に聞こえる、東北弁の代表たる、中舌音の「ki」である。このアナウンサーは東北出身者かもしれぬ。

(3) サ sa ⇒ シャ sya 化

　関東弁の「鮭」⇒「シャケ」。発声例どころか、堂々と印刷物に現れたのが発声が専門たるNHKアナウンサーの黒田アユミの本（1998）である。北九州その他でサ行が拗音になるのは古代の発音を残しているとの説があるが、なぜ拗音が苦手な東日本に属する関東地方でこの例だけが逆に半母音yを入れるという不統一な訛を示すのかが不思議である。テレビの語源番組で鮭の専門家と自称する人が説明して「製品をシャケ、魚はサケと呼ぶ」と言っていた。しかし小学館『国語大辞典』の「シャケ」の項には「＝鮭」とのみ出ているので、その説は信じられぬ。

13. 言葉の最初の1音節の脱落

　これは、関東地方で早口化が進行しておることに関連する現象である。最初の1音節が母音で始まる場合には「明日 asu」を「ス su」と言うようにその母音を脱落させ、第1音節が子音で始まる場合には聴覚が非常に敏感な者以外には聞き取れぬほどのかすかな子音で済ませてごまかす型であって、放送では一般化しつつある。この訛はほかの言葉に誤解される場合があるので、重大な問題である。放送局は、第1音節をはっきり発声するように口の形と開き方とをとくに関東出身従業員に対して訓練すべし。

　「曇り」⇒「モリ」（2005年8月22日、07：27、天気予報）。第1音節を脱落させる関東訛が天気予報の男担当者には多い。

　2005年8月5日、20：57、NHK総合TV、天気予報係の男は「これだけ厳しい暑さ」から文頭の「こ」を脱落させて「**れだけ**」と発声した。この人はよく第1音節を脱落させるので、関東育ちに違いない。話し方教室に通うべし。

　「この」および「これ」⇒「の」および「れ」（2005年8月4日、07：25、NHK総合TV、天気予報係）と、「こ」を脱落させるという訛発音をした。カ行は発音にエネルギーが要るのでズボラ発音では脱落しやすい。日本語は書いてあるとおりに発音すべし。

2005年7月27日、21：00、日本TV、「世界仰天ニュース」、男ナレーター。この人は常に第1音節を脱落させる癖がある。数分の間に下記の2例を採集した。「とんでもない」⇒「んでもない」、「デカデカと」⇒「カデカと」。
　「sピード（speed）」「bイッグ（big）」「(b)イック・カメラ」（2005年1月3日、21：45、テレビ東京での宣伝放送で）。他に「tオーキョー（東京）」を記録してある。
　特別な例としては、hは世界的に脱落しやすい子音である。ということは東日本では当然脱落させられ、その例は、「hアイ（high）ビジョン」。
　営団地下鉄の車内放送では、「三田線」が「イタ線」に聞こえるが、これは語頭の閉唇音たる子音mの脱落である。しかし不思議な発声をするものであることよ。唇を閉じはするものの、その唇を開くと同時に「い」を発声することなく、唇を開いて母音を発するという、関東、特に北関東育ちの者に特有である、言葉の発声が粗末になる地方性が現れている。義務教育時代での国語の音感教育の欠如または失敗によって、治っておらぬ例である。義務教育時代に日本語の音素の発音訓練あるいは地方によっては矯正の時間を設けることを強く主張する。
　これは敗戦前の時代の琉球での標準語化運動での罰札や方言札を小学校で児童の首からぶら下げさせたという類の問題とは違う、音素の標準化の話である。加えて日本語は書いたとおりに発音すべしとの規範主義の推進が必要であるという話でもある。それに何よりも、発声した言葉のつながりとしての文は音楽的であるべしとの主張でもある。
　JRのプラットホームでの放送で「あがってお待ちください」。どこに上がれと指示しているのかと思ったが、そうではなくて、発声法が悪くて「下がってsagatte」の「s」が脱落した結果として「agatte」になっていたのであった。この例では訛った発音によって意味が「下がって」から「上がって」へとまったく逆になるという、教材として非常に適した例である。
　さらにいうと、この訛は口を大きく開かずに発声するせいである。発声の初めの子音を脱落させるというエネルギー節約型の訛が、最近関東ではテレビなどの放送を含め、市中でも多く見受けられる。

この最悪の例は、子音だけでなくてそれに続く母音をも含めた書き言葉での文字1つが、そっくり脱落する関東弁現象である。たとえば、子音hだけでなくてそれに続く母音uも含めた「フ」が脱落して不思議から「**シギ**」や、服飾から「**クショク**」になったり、「低い」から「hi」が脱落して「**クイ**」となったり、ひどい場合には2音節語「明日」から「あ」が脱落して「**す**」と1音節になって意味不明になったり（2004年11月26日、06：10、NHKラジオ第一放送、男アナウンサー）するものである。

2006年3月2日11：30、NHK総合TV、山本志保アナウンサー、「JR福知山線 hukutiyama」⇒「**クチヤマ線 ktiyama**」。フ hu のまるごとととク ku のウ u とが脱落している。

これは、hとuはもともと脱落しやすい音であるし、一方 i は唇を左右に引くとともに舌を高く盛り上げることによって発音できる音であって、どちらもエネルギーが要るせいで関東弁と東北弁では脱落しやすい音であるから、そのような不幸な音が2つ連続したために両方とも消えてしまったのである。ほかには、不良債権問題「huryou…」⇒「**良債権問題 ryou…**」（意味が逆になってしまっているという、北関東育ちの人に対する発音矯正の必要性を主張するための最適の事例なり）や、「福祉」⇒「**クシ**」を記録してある。

次に多い例は語頭の ki の丸ごとの脱落である。たとえば、2005年、4-5月、テレビ東京、「なんでも鑑定団」番組の女ナレーターによる、「切手 kitte」⇒「って tte」。『NHK辞典』の解説で関東弁での語頭の文字の脱落として挙げられているから、非常に一般的に起こっているようである。短い音節の言葉でこのような訛を起こしたら、伝達が困難になる場合があるので許してはならぬ。

JRのアナウンス、「ドアが開き（閉まり）ますので」が「**ノアが…**」に聞こえる場合が多い。舌を硬口蓋につけたまま破裂させて発声するべきであるにもかかわらず、息を鼻へ抜いてから「お」というからこのような間違った子音になるのである。

さらに、このアナウンスの後に「**ゴジュウイ**ください」という濁音訛が近年の関東地方の方々の駅で聞こえるので困ったものである。これは、「ご注意ください」をだらしなく発声すると生じる。唇を常に半開きにしていて、発声時

に唇を開かぬことに起因するものである。JRはアナウンス用のテープの録音をやり直せ。口を開き、唇を大きく動かして正しく発声できる近畿地方のアナウンサーに録音を頼むべし。

テレビではTBSテレビ、2005年5月4日、21：20、「世界ふしぎ発見」の女ナレーターは、音声で生計を立てているにもかかわらず、ほとんどの言葉の第1音節を発音せぬとんでもない人なり。「不思議な」⇒「**シギナ、**」「特殊なウミヘビ」⇒「**クシュナ…、**」「ネムリブカ」⇒「**ムリブカ**」と、hu、to、neという、音素の種類による法則性が見られぬ、すべての第1音節を脱落させるという、非標準語としての北関東方言を使ってナレーターをやっているおそろしい者なり。

2005年8月10日、07：25、NHK総合TV、女アナウンサーは、「北海道の夏」⇒「**カイドウの夏**」となまくら発音をした。hoは脱落させられやすい組み合わせの音素であるから、喉の奥から十分な量の息を出さなければ発音を正しくできず。すなわち、hはもともと脱落しやすい音素であり、oはエネルギーが要る母音という組み合わせである。

2005年8月8日、07：35、NHK総合TV、「米どころ」⇒「**メどころ**」と発音した。koの脱落。koとkuとは関東弁では脱落させられやすい。

NHKと三省堂、それぞれのアクセント辞典では、関東育ちの人間の方言としてではなく、東京語（元来の定義たる山の手言葉とは異なる定義での）の特徴として、関東地方での第1音節の脱落を共通語扱いに拡張して広めようとしている意図が窺える。これは、断じて許すことができぬ動きなり。

なぜならば、これらの辞書の態度は「ん」を除いた個々の言葉が母音で終わる規則性を持つ開音節語である日本語を、口を動かさずに発声することによって不正確に発音する、つまり訛る、ことを容認している態度であるからであり、その態度は、上記の非合理的な理由に基づくからである。

音素（ここではカナ1つ分の音として仮に定義する）を必ずしもすべて発音することが無い関東弁を共通語として全国に広めるならば、日本語の音読の規則を改訂せねばならぬ。留学生用の日本語教本の中の発音の章もまた書き換えねばならぬことになる。

前記の2つの辞書、とくにNHKのそれ、は訛った関東方言を基準にしてこのような日本語の別系統の正書法（この用語は音声では不適当であるがほかに用語が無きゆえ流用する）を提出しようとしていることになる。関東弁を基礎とする第2日本語を人為的に作ろうとする動きということができる。

　もともと東西の日本語は随分異なるのであるからそれでも良いが、それを認めるならば、尾張以西の西日本では平安文芸を生み出した正統的な日本語を放送局と義務教育教科書とで完全に用いるべし。これが最も合理的な日本語の取り扱い方である。さらに日本語の表記と発音の規則を法律で規定して、東西版の2種類の正書法を制定するのが最も合理的な言語政策である。東日本語の正書法では、たとえば、「二十日」に振り仮名をつけるならば「はつか」と振らずに「つか」と振ることになる。琉球方言はあまりにも違いすぎるので伝達の用をなさず、よって共通語としてはそれが所属する西日本語を用いることとなる。

14. 文末の音節の脱落

　文末で、とくに狭母音の列が来ると、急に息を抜いてしまって発音をせぬ傾向が関東の放送では著しい。いや、狭母音ばかりでなく、「…た」でさえも急に息を抜いてしまって音が聞こえぬような発声をしているアナウンサーやゲストが多い。たとえば、2004年4月3日の20：20のNHK教育TVのナレーターが、「増えていく」を「**増えてい**」と言った例が挙げられる。

　古代から母音を粗末にする子音優位発音が関東弁の特徴であるとの問題点を考え合わせるならば、アクセントに関しての全国調査で使用人口が多いから共通語として東京語を採用して良いとの金田一氏の意見には賛成することはできず。なぜかというと、戦前の山の手言葉を標準語であるとして明治政府は認定したが、しかし、その周辺の野蛮な北関東弁の影響が強すぎるからである。今もなお、東京語の範囲を山の手地区に限るならば、金田一氏の意見に賛成することは可能なり。

　テレビ東京の「なんでも鑑定団」のナレーターは常に、「である」を「**であ**

と発声し、「る」を脱落させている。弾音ができずに英語の（日本人でも音の組み合わせによっては発声しているとの説は別として）側音l（エル）になっている最近の関東での若者を主とする現象に加えて、「ウ」が狭母音であるせいによるなまくら化である。

　事例の記録を怠っているが、東京の放送局のアナウンサーを含めた出演者にかなり多い型として「…です desu」⇒「ツス tss」または「スス ss」となる不正確発音がある。これはまず第一に、東北弁系統で「エ」を正確に発音できぬかまたは消失させる現象の流れであり、「イ」の場合と同じく唇を横に引くことによって発音できる「エ」を、口をだらしなく半開きにしたまま、唇を横に引くことなく発声することによる脱落現象である。

　それに加えて第二点として、「す su」の「u」は狭母音であるせいで東国では脱落してしまう不幸な母音なので、両方のなまくら発声が重なって「e」も「u」もともに脱落したという、なまくら発音の極致なり。とにかく関東以東では五十音図のすべての母音の発音練習、とくに「イ」「ウ」「エ」で唇を動かす訓練を義務教育で厳しく指導せぬならば、日本語（東京語＝伝統的な山の手言葉）がすべて東北弁になってしまいそうであるという恐れが現実化しつつある。

　さらに例を挙げると、2005年8月9日、21：01、テレビ東京、「なんでも鑑定団」、男ナレーターは「茶碗である」の「る」を脱落させた。この人は文末の「る」を脱落させずに完全に発声することがこれまで（私はこの番組を長年にわたって見続けてきた）できたためしがない。このような人を話芸の一種であるナレーション担当者として用いてはならぬ。当然ほかにもいろいろと訛るので、この人に対して私はほとんど怒りに近い感情を持つに至っている。

15.　「〜い」＋「い〜」⇒「〜い〜」
　　　および他の母音での、転化現象

　ローマ字化して表すと「…i」と「i…」という2語が連続すると「…i…」のように接着して1語になる現象をここで取り扱う。頻繁に現れる例では、NHK

深夜放送の終了時に黒田あゆみアナウンサーがいつも告知している「NHKラジオ第一放送です」は「…**大地放送**」に聞こえる。訛って生じた発音を持つ独立した言葉がある場合では、「委員長 iintyou」を「**院長 intyou**」と発音する例 (2005年1月28日、22：01、NHKラジオ 第一放送、ニュース) がある。これらの例は、訛った発音で発声した言葉そのものが他に存在する誤りである。

しかし、それが存在せぬ誤りは当然数知れずであって、たとえば「陪審員」⇒「**バイシイン**」、「第一次」⇒「**ダイチジ**」が挙げられる。ほかには「(藤山)愛一郎」⇒「**アイチロウ**」、「体育」⇒「**タイク**」(2004年11月00:10、NHKラジオ 第一放送、「列島今日の動き」、村田昭アナウンサー)、「水域 suiiki」を「**スイキ suiki**」と発音した例を記録してある。

この中の「体育」⇒「**タイク**」の例は、中学や高校の生徒が電車で、またその教員が学校の中で頻繁に発声している現場を私が30年以上の昔に高校の非常勤講師として教えていたときに実際よく耳にした、関東育ちの無教養人間に見られる傾向である。

この変形もある。それは、「嫌な iyana」⇒「**やな yana**」という、関東育ちの中高生および大学生、特に女子、に多い例である。これは、i の音は唇を横に強く引かなければ発声できぬのに唇をだらしなくして発音するせいで後ろの i が同じ系列の半母音たる y に同化してしまうのである。これは幼児語的な訛であって、若者言葉でもある。ところが、中年でもこの訛をやるらしいことが窺われる書物がある。それは鎌倉育ちの NHK アナウンサー黒田あゆみの著書 (1998) に現れている。この型は i の脱落型あるいは iya ⇒ ya 型とも呼ぶことができる。

変形の他の型は「a・a」⇒「a」である。例は、「アジア・アンド・ワールド azia ando wa-rudo」⇒「**アジアンワールド azian wa-rudo** (私は技術分野の英訳の専門家でもあるので、Asian World という英語として聞いてしまった)」。この中の「ド do」については and として英語風に発声したために消えたと考える。日本語の中で英語を仮名として読む場合は母音をはっきりと、とくに同じ母音が続く場合にはそれらの間ではっきり切って発音すべし。昔はアナウンサー採用試験では早口言葉を課題として出していたようであるが、最近は実施

せぬと見える。

　ひどい変種としては、「1 時台 itizi dai」⇒「**イチイダイ** itii dai」（2004 年 7 月 9 日、00：01、NHK ラジオ 第一放送、斎藤季夫アナウンサー）。この人は長年深夜放送に出ているが、常にこの型の訛で読んでいる。

16.　［子音 A ＋い＋子音 B ＋い］⇒［子音 A ＋いい］とする訛

　語頭でならまだしも、言葉の途中でも五十音図の i の列の音が重なると後ろの子音を脱落させる場合が多い。たとえば 2003 年 8 月 26 日、00：50 の NHK ラジオ第一放送のニュースで「サッカーの**一位**リーグ予選」と言ったが、聞いたことが無いリーグ戦の名前であるので、おかしいと思って考えたら「**一次**」であろうと思い至った。このスポーツを知らぬ者（私）にとっては判別できぬ、舌先を歯茎に付けておらぬなまくら発音である。

　この「一次」を「**イチイ**」と訛る発音を続けて繰り返したという、発声の専門家たるアナウンサーがやらかしたとは思えぬ事例としては、2005 年 3 月 27 日、02：05 と 03：05 の両方の NHK「ラジオ深夜便」の中のニュース担当関野アナウンサーの「**一次的**」と「**一次停止**」とである。この人は常にこのように発声している。

　この型のもう 1 つの例は、2003 年 8 月 29 日、23：00 からの NHK 総合 TV の特集「博多山笠」でナレーターが「**櫛田ユイ**」と何度も言ったことである。何度聞いてもその言葉、つまり正しい発音を予想できなかった。最後のほうで画面に「**櫛田入り**」と表示が出ていたのでようやく文字がわかった。

　ではなぜこのようにかけ離れた発音が生じたのか。それは、iri の初めの「イ」は口を左右に強く引かねば発音できぬ音なので、だらしない半開きの口元ではドイツ語の U-umraut 的なあいまい音の「ユ」になる。では後ろの ri はというと、日本語の r は硬口蓋に強く舌先を押し当ててから弾くようにはねることによって発音せねばならぬのでエネルギーが要り、口元（唇）がだらしないと舌先が硬口蓋に接触さえもせぬことになる。その結果として子音「r」が脱

落して母音「i」が残るという両現象が合わさって、「入り」が［ユイ］と聞こえる音を作ってしまったのである。これは極めて珍しい例である。

17.「う」と「お」を含む音節を脱落させるな

　これは、「う」と「お」が語頭に来たときに生じやすい、関東特有の現象である。「口から水」という文字列から「ku」を脱落させて発声したアナウンサーがおり、**「チカラミズ、力水」**と聞こえた。

　「姿テレビ」（2005年5月3日、22：20、NHK総合TV）については、食事をしながら画面を見ずに聞いていたので発音だけからは何のことかわからず、しばらく聞いていたところ、「薄型テレビ」とわかった。

　発音が訛っていることに加えて、中身が専門的にあらざる、「薄い型のテレビ」という句から助詞と活用語尾とを削って短縮した新しい複合語を作ったことが原因となって、声からだけではすぐに意味がわからぬ結果となったのである。アナウンサーは語頭に「ウ」と「オ」とが来る語のこれらの音素を脱落させぬように喉の筋肉の収縮を訓練すべし。

　2006年1月1日、01：15、NHKラジオ第一放送、「ラジオ深夜便」のアンカー、遠藤フキ子は、「初天神 hatutenzin」を「はってんじん hattenzin」と発声して、「つ tu」の母音 u を脱落させて促音便とした。一般人であって、かつ咳き込んで話す場合とは違い、発音のプロであるべきアナウンサーなのであるから、非難されるべき職業意識の無さなり。

18. 長母音、二重母音、および「ん」を短母音化あるいは脱落させるな

(1) 長母音の短母音化の例

　日本語には西洋音韻学で言う長母音と二重母音は存在せずとの説はさておき、市中の看板で「納豆」と書いたその脇に「**なっと**」と長母音を短音化させた仮名が振ってあったのには笑ってしまった。関東（東国）人は奈良時代から母音が苦手であって、長母音ならば単音化してきたが、未だにその訛が抜けず、とくに語末の長母音を短母音化させて、看板に堂々と書いている珍しい例である。

　とくに私が関東地方に40年間住んで耳障りに感じてきた訛の最悪の公式は、4音節の言葉で二重母音で始まり、その後ろが長母音である場合に必ず長母音が単音化することである。この現象は女に多く認められるようであるが、しかし、どういう理由でそうなるかは、説明がつかぬ。正確に伝えようとの意志が無いからであることは確かである。日本の閉鎖社会内での仲間意識からきている。

　最近よく耳にする事例は「大丈夫」⇒「**ダイジョブ**」である。なぜ関東地方で流行っているかというと、dai が二重母音であり、その後ろに同じ音節数の長音 zyou が来るから母音嫌いの関東訛となるのは必定なのである。

　2005年1月7日、22：10、NHKラジオ第一放送、男アナウンサーならびに日付は不記録のNHK総合TVで草柳アナウンサーが「金融機関」を「**禁輸機関**」と発音した。これは両者が同類の言葉なので誤解を生む可能性がある。この誤りは2005年8月4日、07：30、NHK総合TV、「おはよう日本」の男アナウンサーもやらかした。

　NHKのラジオとテレビの両方の夕方の交通情報でいつも訛っているのが「**団子坂**」である。私は自動車を運転せぬため、長い間面白い名前の坂があるものよと思っていたが、ふとしたことから最近、この坂の正しい名前が「談合

坂」であることを知った。この例をはじめ、関東育ちと思えるアナウンサーまたは道路公団の女広報係がひどい訛で重要な情報を流していることを知ったときは驚いた。もっとも、この訛の原因は、読み上げるための時間が短すぎるにもかかわらず、文字が多いときに生じる現象である可能性がある。

(2) 歴史的には二重母音、現実には長母音、の短母音化の例
「指名手配」⇒「**シメテハイ**」と「関係」⇒「**カンケ**」。いずれも「eiまたはe:⇒e化」している。

(3) 言葉の後ろの「ん」の脱落の例
NHKニュースでは野球の結果の読み上げで通常、「三振に」を「さんしに」と、さらに「山陰san'inの沖」を「三位san'iの沖」と発声している。

19. 連続する2つの長母音からなる言葉の後ろを短母音化させるな

「地震では落ち着いて**コウド**（行動）してください」（2002年11月5日、21：29、NHKラジオ 第一放送、ニュース）。「防衛交流の」⇒「**コウリュの**」（2005年5月13日、03：00、NHK「ラジオ深夜便」のニュース係の佐藤アナウンサー）。

20. 連続する2つの［子音＋母音］セットからなる文字列の後ろを脱落させる早口の罪

「つづいています」⇒「**ついています**」（2005年3月18日、19：05、NHK総合TV、畠山アナウンサー）。早口というよりはむしろ訛が強いと言って良い。この人については、ニュースで毎日出てくるので仕方なく顔を見ざるを得ぬこ

とが辛い。この例では「tuzu(ite)」⇒「tu(ite)」となっている。

アナウンサーの発音をアクセントを中心として批判する目的で開設してある Web site（http://www5a.biglobe.ne.jp/~accent/koramul.htm）で、畠山の多量の誤発音の詳しい記録が公開されていることを発見したので、削除されておらねばご一読あれ。

21. 短母音を長母音化させるな

　NHK ラジオ第一放送の深夜放送の遠藤ふき子アナウンサーは、短母音を長母音化させ、また無アクセントで読む専門家である。短母音を2倍の長さに伸ばして音韻学的データに従った完全な長母音にしているので、耳障りの悪さが天下一品となっている。たとえば、2004年3月15日の「ラジオ深夜便」。この深夜放送は高齢者を主な対象に置いていることが理由でわざと長くしていると考えることは可能である。しかしながら、意味のまとまり（英語で言う句＝phrase）の切れ目でそうする場合は息継ぎの意味があると理解できるからまだしも、さにあらずして、意味がまとまっている句の中間で突然2倍の長さに伸ばされたら聴取者の耳は驚いてしまう。NHK「ラジオ深夜便」は年寄り向けを意識しているからということで意図的にひどく長音化させているのであるとしてもなお、他のアナウンサーはそのように極端に母音を伸ばしてはおらぬので、この人の発声の奇妙さは突出している。

　このような極端な演技的発音は止めるべきである。とにかく耳障りの程度がひどくてたまらぬ。笑ってしまうことには 2004年11月30日、02:45に投書の文章を批評して、「このような美しい言葉を聞いていると（『読んでいると』がこの文脈では正しい）最近の乱れた言葉は…」と言ったのには開いた口が塞がらぬ。自分の乱れた言葉（発音）を矯正してから他人の批判をせよ。私もこれを他山の石とせねばなるまい。本書の中に誤りが無きことを祈るばかりでございます。

22. 促音の脱落

「ニッチョウノ日朝の」⇒「**ニチョウノ**」(2002年5月5日、19:05、NHKラジオ 第一放送、ニュース)「実質的に」⇒「**ジシテキニ**」(2004年11月18日、19:20、NHK総合TV、ニュース、畠山智之アナウンサー、ならびに2005年5月13日、02:05、NHK「ラジオ深夜便」のニュースの佐藤アナウンサー)を記録した。後者の、促音「っ」のあとでついでに非促音の「つ」をも脱落させる事例は、脱落を特徴とする関東弁発声なり。職業上ひどい早口になってしまうとはいえ、アナウンサーとは思えぬ。まず肝要なるは、口を大きく開けて発声することなり。

佐藤アナウンサーについては、「ラジオ深夜便」が高齢者向けにゆっくりとした発声が売り物であるにもかかわらず、この人が担当するニュースだけは別という不統一の罪がある。「ラジオ深夜便」のニュースは、「アンカー」という「ラジオ深夜便」全体の司会者とは異なる者が担当するので、ゆっくりした発声の適用を除外していると思える。そのような不統一では高齢者はニュースを聞き取れぬかもしれぬとは考えぬということである。ニュースだけは非高齢者向けなのか。

23. 助詞の脱落

2005年3月22日のNHK総合TVの相撲中継で、正面担当の親方が「**早い勝負を決め行った**」と発声したが、これは「決めに行った」のつもりで発話している。この型の助詞脱落発音は、相撲取りへのインタビューで相撲取りおよび親方が返答する場合にちょくちょく耳にする。

東京の放送局では、動詞に「という」が付いて「…るという」の形の表現を、助詞「と」を脱落させた「…る*いう」の形で発声する事例を国会答弁やゲス

トからたびたび聞く。これは、ジョアン・ロドリーゲスが書いた「坂東者は言葉を飲み込む」という関東弁の特徴の影響を顕著に現している。

24. サ行とザ行とは舌先を下の歯茎に付けて発音せよ

　関東の放送局でのサ行とザ行とについては、舌先を下の歯茎とは違って、上の歯茎に付けているとしか思えぬ、タ行に聞こえる発音の例がテレビから多く聞こえる。著者が記録した例では、「ジュウサンコ十三湖」⇒「**ジュウタンコ**」および「サンガツ三月」⇒「**タンガツ**」（2004年11月16日、22：25のNHKラジオ第一放送、ニュース、中島ユウコ・アナウンサー）。
　次の2例は他の論で既出であるが、必要上再掲する。
　「水素と酸素 sanso とを反応させて」⇒「水素と**炭素 tanso**」（2005年11月15日18：53、NHKラジオ第一放送、女アナウンサー）。
　「現在 genzai 出ている注意報」⇒「**現代 gendai**」（2005年11月15日、18：55、NHKラジオ第一放送、同上の女アナウンサー）。珍しくも同じ誤り種を連続して採集した。
　私の目の前で話している人に舌先の位置を尋ねるやり方で調査したことが無いので証拠はないが、耳から聞いたところでは舌先の位置の問題と判定する。とくに若い女にこの幼児的な発声が多い。口を開かずに話す東日本型の訛であると判定する。
　古代ではサ行の発音には上と下とのそれぞれの歯茎に舌先を当てて区別して発音していたとの説はさておき、現代ではタ行と間違えるようなことを避けるために、ザ行はすべて下の歯茎に舌を当てて発音すべし。

25. 拗音およびウ列母音のなまくら発声によるイ列化

　私が記録した、実害がある、別の同類の言葉への転化を含む例は、「**主流**」⇒「**支流**」、「**輸入**」⇒「**移入**」（2004年6月29日、23：57、NHKラジオ第一放送、ニュース）。これは、山下（2004）によると、関東育ちの者の母音「ウ」の発音は元来あいまいであることで説明できる。エネルギーを使って正しく唇の形を作って発音しておらぬせいである。

　実害の無い例としては、「…選手」を「…センシ」と読んだ例（2005年12月6日、23：13、NHKラジオ第一放送、石平（ひょっとして自分の姓をも訛っていればニシヒラかもしれぬ）アナウンサー）、「出身」⇒「**シッシン**」、さらにはほかには「首都」を「**シト**」と読んだ例（2004年12月21日、18時台、NHKラジオ第一放送、「地球ラジオ」番組、荒川香菊アナウンサー）、ほかには、「ストックホルム」⇒「**シトックホルム**」（date不明、NHKラジオ）を記録してある。

　さらに、読売新聞を「**ヨミイリ…**」と発音した（2005年1月18日、19：20、NHK総合TV、ニュース、畠山智之アナウンサー。）

　唇の筋肉を動かす訓練をたっぷりとやってからニュースを読め。

26. 発音の表記法違反

　近年、長母音の表記を「ウ」ではなくて「ー」とするようになってきているが、これは内閣告示によってこのようにすることが正しいことになったのか。東京都の住宅でたとえば「**コーシャハイム**」となっている例は、行政機関であるがゆえのある種の権威を、誤った表記法に対して付与している点で問題である。

27. 特殊業界での早口に起因する意味不明表現

大相撲で行司が毎日の最後および千秋楽の最後の取り組みで宣言する口上は、半分ほどが聞き取れず意味不明なので昔から悪名高い。日本相撲協会がその聞き取れぬ言い方を直そうとせぬのは大いに不思議なり。国技と勝手に僭称しているのであるならば、正しく、美しい、明瞭な日本語の発音を行司に訓練させるべし。

28. 息継ぎが不適当

(1) 複数の漢字熟語からなる複合語を無原則に息継ぎをして発音する罪

この型の複合語を音読する場合には、構成成分たる熟語間の切れ目で息継ぎをすべきである。そうせぬと意味不明あるいは間違った意味にとられる場合がある。これに関しては、「反*国家分裂(*)法」と発声すべきであるにもかかわらず「反国家*分裂法」と読む例を採集してある（ここで*は半拍くらいの間を置く意味の記号なり。2005年3月27日、03:05のNHK「ラジオ深夜便」の中のニュース担当の関野アナウンサー)。

後者の読み方をすると、「国家に反逆する分裂法」となり、法が国家に逆らうとの意味になるので論理がおかしくなる。

他の例では、JRの駅の間違った息継ぎによるテープ放送たる「10両*編成です」を別の個所で、すでに述べた。

(2) 長い文や節を息継ぎをせずに読むことで理解不能になる事例

「死亡した男が持っていた爆弾を爆発させた」(2005年5月1日、01:01、「ラジオ深夜便」、関野アナウンサー)。「が」の次で息継ぎをせずに、「爆弾を」の次でわずかに息継ぎをしたので、動詞「爆発させた」に対する行為者としての

主語が誰なのか、一瞬疑問が生じた。

(3) 駅のアナウンスで文の途中で息を吐き出す罪

たとえば立川駅のホームのアナウンス「**各駅停車…行き**」という文で、必ず「車」で息を抜いてほとんど聞きとれぬように発声するのは何故であろうか不思議で仕方がない。肺活量の不足によって息切れがして発声できぬのかもしれぬ。細かく分析すれば、英文法的に完全文を作ってみると、「各駅停車であるところの…行き」となるので、息を抜かずに続けて発声すべきである。

ところが「各駅停車」の位置で体言止めの形になっているので、中止法的に休みをとるのかもしれぬ。説明はさておき、聞いていて文の途中で声が消えることは気になってならぬ。書いてあるとおりにすべて発声せよ。

29. 語末の二重母音の後ろを脱落させる罪

中央線の車内放送では「武蔵小金井です」をたいていの場合には「**武蔵小金**」と言っている。二重母音嫌い、長音嫌いのずぼら発音が伝統たる関東弁によると思われる。アナウンスの矯正をJRの教育担当部署に強く要望する。そのカリキュラムでは、母音、とくに「イ」「オ」「ウ」の唇の形を身に付けさせるための口唇体操を、腹式呼吸法とともに課すべし。

30. 促音便の濫用

2005年8月3日、JR中央線の豊田駅のホームのアナウンスでは「8時8分始発の電車が」の「8分ハチフン」を、「**ハップン**」と発音するテープを流している。これのどこが問題なのかがわからぬ人は、公式場面と音便使用の発音をして良い内輪の場面とを区別せぬ人なり。友達どうしで急ぎの話ならば促音便を使っても良いが、促音部分を長音のような2拍分も取ってゆっくりと発音し

つつ「ハップン」と放送されると、公的場面で私的会話を聞いた感じを強く受けて違和感がある。

31. 現代の日本語に無い音で外来語を読む罪

　スポーツの「チーム」を「ティーム」と読むアナウンサーがいる。しかも舌先の面積を広くべったりと上顎に押し付けているらしいせいでねっとりした発音となり、英語の発音にもなっておらず。現代の日本語には琉球方言をのぞいて「ティ」という発音は無いのであるから、公共放送でそのような読み方を流すべきにあらず。他人が書いた原稿に「ティーム」と書いてあったとしても、読む専門家であるアナウンサーの態度としては「チーム」と読むべきである。
　加えてこの問題には他の面もある。それは、すべてのカタカナ語を原語の発音で正しく読んではおらぬということである。「th」や「f」や「v」を原語どおりに発音してはおらぬということなり。つまり不統一の罪を犯しております。なぜ「ティーム」だけをニセ英語式に読むスポーツ担当のアナウンサーが結構いるのか。

32.『NHKアクセント辞典』における矛盾

　本第2部の最後では、関東（鎌倉）で育ったNHKアナウンサーの黒田あゆみ氏でさえもが、第1音節にアクセントを置いて発音していたと自著（1998）で言っている「スシ鮨」と「熊」について、第2音節に置いたアクセントのみを記載していることを典型例とする、『NHKアクセント辞典』の調査手法に異議ありと強く言っておく。
　実際、秋永（2001）のアクセント辞典の「熊」の項では、第1アクセントを新しい型として併記してあることから考えるに、2音節という短い音節数の言葉のアクセントについては、どの型が多数派であるのかを慎重に調査すべきで

あることを示している。

　そこで、2005年5月10日にメールでNHK放送文化研究所に調査手法を問い合わせたところ、放送用語担当者からの返答では「『アクセント辞典』改訂にあたっては、一般の方を対象にした調査はおこなっておらず、アナウンサーを対象に調査を実施した」とのことであった。昔と違ってNHKのアナウンサーは東京の山の手出身者だけを採用していることにあらざるように思わせられるような、無アクセント化を中心とするおかしなアクセントのアナウンサーがテレビならびにラジオに多く出演しているので、さらに深く調査手法を批判すべく、再度メールで5月10日に次のように尋ねた。

　「『アナウンサーを対象に調査した』とのことについてさらに伺います。NHKの現在働いている全アナウンサー（「ラジオ深夜便」を含めて）の義務教育終了までの居住地の調査資料があれば、東京都出身ならば区と市とまで、他県ならば県名をお答えください。この資料は問題の辞典の性質に関する核心部分なので、それが存在せぬ場合はこの辞典の基礎資料を得るための調査手法の統計的な理解に関して問題が生じますので社内調査をしてお答えくださいますか。その場合は完了予定日をあらかじめお知らせください。」

　この質問に対して次のような返答を得た。「本題のご質問（アナウンサー調査資料）については、これまでに例のないご依頼です。ご依頼にお答えすることができるかどうかを検討させていただきます。ただ、『和英・技術翻訳研究所』の赤塚様がなぜこのようなご依頼をされるのか、私どもには十分に理解できない点もございます。」

　最後の文からは批判を避けるべく防衛体勢に入った匂いがする。さてこの「検討」の結果を報告してくるや否やが楽しみであったところ、本書のゲラを校正し終えるまでに返事が来ず。

　加えて気に入らぬ点は、どういう意図を持ってかわからぬが、私の姓名をインターネットで検索して『和英・技術翻訳研究所』のサイトを運営していることを知り、私が出した質問メールでは署名欄の肩書きを初めに大学教員と書いてあるにもかかわらず、後に追加で書いておいた翻訳関係のほうの名称を使って質問の隠れた意図を探って怪しんでくるとは性格がねじ曲がっている。

さらに NHK 辞書の問題点は関東地方の脱落発音の音節を容認して掲載していることなり。秋永（2001）の辞典でもそうしているとは言え、山の手言葉を中心とする東京語を標準語とするという合理的あり方をねじ曲げて、東京都特別区の外の北関東方言を優遇するかのような編集方針を、日本の中央文化を周辺部へ伝達するための中心となるべき放送局が取ってはならぬ。
　NHK は東京都特別区の外の、とくに北関東地方の方言たる訛りアクセントを採用する方針なのか。日本語は、文を「読む」場合には書いてある文字をすべて発音する言語であるという大原則を変えることが許されるわけが無い。言語の扱いを指導する役割を持つ辞書は理論的であるべきである。加えて辞書の説明の記述では、無教養を表す無アクセントを容認する立場を取ってはならぬ。100 年後に日本語のすべての言葉から高低アクセント差が無くなるとしても、現在は正統的な立場を守ることがすべての辞書の使命なり。
　つまり、裁判所と同じく、世の中の流れから少し遅れてついていくことが、望ましい辞書編集の態度なり。辞書編集者が先走って、音感的に好ましからざる無アクセント化を容認し、そのように訛った例を正しいかのようにすべて掲載してはならぬ。
　国語審議会（2001 年に廃止され、文化審議会国語分科会が実質的に活動を受け継いでいる）でそのような一方言の悪しき特徴を許容する読みを採用することを決めたのか。発音についてとは違うが、岩波書店が広辞苑で「出る釘は打たれる」を載せていることに関して言葉の許容範囲の広げすぎを激しく非難し、「いま、国語辞典は恐ろしい勢いで規範としての役割を捨てつつあります。すなわち野蛮化しています」と言う萩野（2001）にまったく共感する。完全に適切なるご指摘であって、大いに同意する。とくに「野蛮化」についてはよくぞ言うてくだされた、なり。
　NHK の『アクセント辞典』の付録には、「共通語の母音の無声化」という章がある。しかし、この表題には矛盾を含んでいる。「…化」は標準からの隔たりを言うのであるから、それが「共通語の」となると矛盾表現となる。正しくは「関東弁の」であるべし。細かく表現するならば「昔の山の手言葉を除く関東弁の」となる。さらに「個人差がある」と書いてあるからなおさら、この現

象を取り上げて法則性を論じてはならぬ。秋永（2001）では同じ論題を「東京語では」と表現しているので、限定してあって好ましい。

　NHK 辞書の改訂に関する調査手法を述べた加治木（1998）の中心となる考えで問題となる点は、無アクセントを今後も容認していくらしい方針が強く出ている点である。NHK が 1934 年に「放送用語ならびに発音改善調査委員会」を作った頃に、アナウンサーを募集する要項ではっきりと東京の下町言葉を方言として拒否した（水原1994）が、しかし、その立場を変更して、野蛮な無アクセント北関東方言を容認することにしたということなり。NHK は無アクセント地帯で行なわれる北関東弁つまり栃木、茨城、および福島弁を共通語にしようとたくらんでいるのか。無アクセントによって文全体の抑揚を無くす「キーボード発音」を推進する立場を、全国への影響力が最大である巨人たる NHK が全国に広めるべきにあらず。言葉は、話すときに抑揚が多くて音楽的であるべきであるから。

33. 漢字熟語の長音を促音便化する罪

早急

　国会議員と放送関係者は「さっきゅう」と読んでいるが、促音便は音楽的にあらざるゆえこれを避けて、長音を使って「そうきゅう」と素直に読むほうが耳にとって柔らかく聞こえて心地良い。

第3部

正しく美しい日本語を全国に浸透させるための提言

第1部と第2部とで細かい分析を行なった結果として、現代のとくに関東地方の日本人がその母語を書き、話す場面で生じさせている好ましからざる変化を整理することができた。その成果を示す表題が各々の見出しであり、見出しの概略が目次である。もともと子音優位の発声をする関東地方での、さらにこの好ましからざる変化を正統なものに矯正すべしという立場こそ、私が本書で伝えたい主張である。

　好ましからざる変化のうち、無アクセント化については、それを容認する解説付きでアクセント辞典を出版したNHKおよび無アクセント型を併記しているアクセント辞典を出版した点でやはり同罪となる三省堂とは反対の立場である。

　なお、ここでいう「正しく」と「美しい」とはそれぞれ、文法違反を犯さずに一義的に伝達できること、音楽的な抑揚があること、である。後者に関しては、東京弁を評して歯切れが良いとの好意的な評価が往々にしてなされるけれども、これは逆に言えば個々の言葉のアクセントが近畿系の5種類に比べて3種類と少ないせいで、文全体の音楽的な抑揚がない「キーボード発音」であるということである。そのような物言いは「美しい」とは言えぬ。

　金田一（1998：p. 98）によれば、アメリカの言語学者であるマリオ・ペイが、イタリア語とスペイン語とともに、日本語を世界の言語の中で最も響きが美しい言葉であるとして誉めているそうである。そしてその理由は「ん」を除いてはすべての言葉が母音で終わる開音節からなることにある。明瞭さとともにこの美しいという点が発声では最も大事なのであるから、近年激しく進行している無アクセント化は言うに及ばず、もともと子音優位であって母音の脱落がはなはだしい関東弁が及ぼす、山の手言葉を代表とする東京弁への影響を排除するように、義務教育の国語の時間での発声法および音感教育が必要なり。

　一義的伝達を成し遂げるための作文教育を考えると、義務教育機関での「国語」の教員に適している人材は、理系大学院出身者で英語が得意な者であると確信するので、彼らを取得教員免許の教科の種別にかかわらず採用すべし。

　日本語教育、とくに論理的で誤解のない論述系の文章を書くための訓練を生徒や学生に対して施す役割は、文学部国文科出身者には不適である。なぜならば、彼ら自身がそれを訓練してこなかったはずなので、通常無理であると思わ

れるからである。この推量が、根拠無き偏見ならばよいが。いずれにせよ、現職の教員に対する研修による再教育は必須と言える。

　義務教育の旧来の授業で国語の時間に作文を書かせると、それは文芸作品の読後感想文や遠足についての感想文の類になってしまっており、しっかりしたパラグラフ構造によって意見を述べたり論証したりする文章を構築する訓練になっておらぬ。この現実を踏まえると、上記のような過激な提言をすることには意義がある。

　加えて、小学校で朗読の時間を設け、口を大きく開けてはっきりした発音で話す訓練の授業が焦眉之急である。小学校の教員は芸術以外の全教科を受け持つから、受け持っている児童の日本語の発声法への影響が大きい。そこで、関東では児童や生徒への影響が大きい義務教育、わけても小学校の教員としてはやはり山の手出身者以外は適さず。むしろ母音の正しい発声を教える教員としては、母音を粗末にせずにきちんと発声している、九州と山陰とを除く西日本、とくに母音を完全に発音できる点で近畿圏出身者が適している。

　「著者が言いたいことは次のどれか」の類の大学入学試験の国語の問題に対する正解については、題材にされた文芸作品の著者自身にインタビューした記事によるとそのようなことを登場人物に言わせてはおらぬとの返事が得られたとの記事を読んだことがある。この事実からわかることは、著者の意図とは違っていて誤っていると言うべき「正答」をもとにした出題をするというばかげた作問をするのが、大学文学部の入試出題担当教員である。

　文学部の出身者を作文教育から締め出すべし。今日のデジタル時代ではますます事実と主張とを誤解無きように伝達する技術が執筆活動でも求められている。したがってそのような文章を書く能力を、とくに若年の義務教育と高校との国語または日本語の時間に訓練することが緊急に望まれる。このような主張は過激ではあるが、問題意識を持っていただくには良い刺激となると信じる。

　義務教育の教科書の文芸作品以外の掲載文章の中に方言を断り無く載せるな。文科省の教科書検査係はそのようなことをこそ訂正すべきである。そのような掲載をされている方言の代表例は、「はにかむ」と「（ぼく）んち」という関東弁である。近畿圏での私の義務教育時代に前者の例に出くわしたが、教員に

よる説明が無かったせいで、まったく意味不明語として永く心に残ったことを思い出す。

批判や非難ばかりしてきたので、この辺で誉めることもせずばなるまい。NHKラジオ第一放送に時々出ておられる青木裕子アナウンサーは、まず尊敬表現に関して「多彩なご活躍をなさっている」と独立の尊敬動詞を使うことができるし、さらには、こちらのほうがラジオでは耳に心地良くて嬉しいのであるが、話し方がゆっくり（同じ「ラジオ深夜便」番組の他の女アナウンサーの過度なのろのろしゃべりとは違う）、はっきりしているので耳に大変心地良い。声と話し方に惚れました。おそらく口を大きく開いておられるので正確な発音となっていると思う。

1. 東日本での義務教育で拗音と母音との発音訓練を厳しく実施せよ

拗音を生み出すための半母音であるyが脱落する傾向が、とくに若い女性に強く現れている。たとえば「お正月」を「**おそうがつ**」、「シャープペンシル」を「**サープペンシル**」、「二週間」を「**にすうかん**」、「輸出」を「**いしつ**」というのが私が耳にした例である。最後の例が出現した場面と同じNHKラジオのニュースのアナウンサーには、「巡視船」⇒「**ジンシセン**」、「首都圏」⇒「**シトケン**」と言った者がおる。

この現象は、東北つまり東国系の訛である。東京都が関東に位置するせいで、山の手育ちの者以外では東北弁の系統を引きずっていることに起因する。意識してエネルギーを使い、口を横に強く引いて五十音図の「イ」の列およびその系統のyの発音をすることができぬという筋肉使用能力の欠陥に、あるいはそのようにする意志の有無に起因しているのである。

さらに言うならば、この発音能力の欠陥は出っ歯と関係がある場合があると思われる。その意味は他の個所で書いたので省く。さらに、敗戦前で言えば下町と山の手という住み分けによる社会階層の差も顔貌つまり顔の骨格に関係す

るかもしれぬ。それが原因となって「十五円二十銭」を「**ズウゴエンヌズッセン**」としか言えぬ東北弁、つまり「ズウズウ弁」が伝染してきている可能性も否定できず。

　いつの頃から東京都では口を開かずに訛った発音をする者達が増えてきたのであろうか。やはり language island の宿命として、首都が関東にあるせいで、北関東から労働者が流入することによるズウズウ弁の影響は避けられぬのであろうか。ああ、ゆゆしき事態なり。

　しかし、既出の 1987 年の朝日新聞に掲載されたコラムで大野名誉教授は、京都出身の女学生さえもが「女子大」を「ゾス大」と、「千葉県」を「ツバ県」と発声したのを聴いたことがあり、このままでは日本語は「シ」と「ス」および「チ」と「ツ」の区別を失うであろうと予想なさった。その現象と同じ北関東弁の影響によるなまくら発音化である。

　音素が少ないポリネシア語化しつつあるとも言える。氏が挙げた例のうちの前者は、さらに分析すると私がこの項で述べた半母音を脱落させるズウズウ弁化である。

　半母音の脱落と同類のなまくら発音としては、「ち」を「つぃ」と発音する者がある。東北弁で「い」と「え」を区別して発音できぬことの原因と同様であって、唇をしっかりと横に引かぬからこういうあいまい発音になる。あるいは他の原因としては、出っ歯のせいで唇が突出していて口を横に引くと前歯が出てしまうので恥ずかしいとの無意識で口を開かずに発声するからかもしれぬ。

　東日本では拗音と母音との発音演習授業を小学校で実施する必要があることが明らかである。母音については「オ」と「ウ」を唇を丸めて発音する訓練を課すことが望ましい。

2. 関東および東北、すなわち東国、および九州での発音矯正が必要

　無アクセント問題については、東京都の銀座にある日本音調教育研究会東京発音アクセント教室のイントネーション科（アクセント科）のホームページ http://www5a.biglobe.ne.jp/~accent/ into.html では、下記地域の出身者はアクセント感覚に乏しいので高低感覚を養うための訓練を十分に行ない、自分の声を自由に操れるようになることが必要であると書いてある。そのA地域とは岩手南端、宮城、山形南東半、福島、栃木、茨城、埼玉東端、静岡市北部、福井市、三重県南端、愛媛県西部、福岡県南端、佐賀、長崎、熊本、宮崎、鹿児島、沖縄である。

　小学校では山の手または近畿圏出身者の国語教員による五十音図の発声練習科目を設けよ。とくにすべての母音の口の形の訓練に力を注げ。何よりも関東弁はジョアン・ロドリーゲスにも「物言いが荒く鋭い。言葉を飲み込む（とくに長母音と二重母音と拗音の発声ができずに「っ」と促音便にしてしまうという意味）」と言われた習性が根強く残っており、さらに、あろうことか完全なるコミュニケーションを実現する意志を持ってはっきり発声することを好まぬ地域性があるので、口を大きく開けて発声する訓練が必須である。

　小学校での発音授業には関東地方では山の手出身者以外は適さず、またむしろ近畿圏で育った人のほうが母音の正しい発声を教えるのには適しているといえる。テレビにたまに出てくるときに眺めていると、唇をまったく開かぬ最悪の腹話術的な発話が元東京大教授であった中部邁氏に見られるので、氏がテレビに出たら反面教師としてよく口元を注視すると良い。

　野卑な言葉である「**デカイ**」や否定辞の訛たる「**ネェ**」が、共通語とは違うことはわかるけれども、民間テレビでの芸人達の関東弁の粗野な言葉の影響もあって、関東で一般に行なわれている言葉であると誤解し、友人関係を作るためにはそのような粗野な言葉であっても身に付ける必要があると、西日本か

ら関東地方の大学に入った学生が、無意識に感じてしまうという動機付けが問題である。このことによって、山の手言葉とは違う系統の粗野な（北）関東弁が全国に広まっていくことを私は恐れる。

関東、とくに北関東弁は耳で感じても粗野な方言であって、江戸期であっても落語の登場人物で北関東の農村から来た下男の言葉として「デケエ」またはさらにその訛である「エケエ」として誇張して話されている。これからもわかるように、「関東ベエ」は粗野な言葉であるから、西日本出身の学生は共通語ならぬ関東方言をまねすることが無きよう、出身高校の進路指導教員が注意を与えることが望ましい。

さらに言うならば、学生数に占める関東出身者の割合が高い大学に入学した西日本出身者の場合がとくに問題なり。論を進めやすくするために山手線内、とくに中央線の西側、を狭い意味の東京語（この用語は『NHKアクセント辞典』の金田一の解説にある）の行なわれている範囲であるとするならば、この地域は、野卑な関東弁の海に浮かぶ言語孤島なのである。

そこで当然、上記のような大学の学生は東京語以外の関東地域出身者が多数を占めることになるはず（統計データを調べずに予想しているので実態は違うこともあろうが主張のあらすじは変わらず）なので、西日本出身の学生はその影響を受けやすい状況にあるといえる。この危険性に気づかせる必要がある。

たとえばNHKラジオ第一放送、日曜00：30からの、かなり長い間続いている「老いを豊かに」という番組で解説をなさっている福祉ジャーナリストの村田幸子さんは、最近では日本人離れしたと言わざるを得ぬことが嘆かわしいのであるが、喉の奥から声を出す、いわゆる「腹から声を出す」と言われる発声法でお話しになるので、聞いていて実に耳に気持ち良い、特筆すべき方なり。たびたび講演をなさったであろうが、その機会ごとに発声法を研究して自己訓練なさってきた賜物と考える。

留学生用の日本語教科書に母音の無声化（の規則）の章が設けてあるものがあることは問題である。留学生には「正統的」日本語を教えるべきであることに異論があるはずが無い。このような関東訛りが正統的日本語であるかのごとき章を設けて留学生に教えるべきにあらず。たとえば「何と言った」または「何

と言うた」を「なんつった nantstta」などと多数の母音を脱落させる無教養階層の関東訛りは共通語でも標準語でもない。そのような粗野な訛りを、あろうことか、留学生に教え込むとはどういう編集態度であることか。関東地方の大学への留学生への関東訛りに対する聴解力をつける目的であるとしても、学問的には非難されるべし。

　この問題を逆の面から考えるに、近畿地方の大学への留学生用に特別に編集した日本語教科書があるかどうか、そしてその中に母音を脱落させずに正しく開音節を発音することに注意を向けさせてあるかが別の問題となる。

　関東訛りを標準語と勘違いする者が日本語を専門とする者の中にも存在する。たとえば、NHK 辞典の p.227 の桜井茂治による「共通語の発音で注意すること」の記述の中の用語「共通語」に込めてある意味に問題がある。桜井の意味は、「東京都の下町方言を含む関東弁」のことなり。母音を脱落させる訛りが特徴である下町方言を共通語に含めてはならぬ。この節の中で桜井は母音脱落の規則を記述している。共通語という日本語は特定の文字列では母音が脱落する言語なりと言っていることと同じである、恐ろしい暴説なり。

3. サセ使役形の運用能力の回復方法

　サセ使役形の運用能力が低下してきていることを防ぐためには、日本語教育と英語教育でともに、自動詞と他動詞との区別を、とくに目的語と受動態とを使って良いかどうかに関係させて、注意させるべし。とくに高校およびそれ以下の学校でこれらの区別を取り上げる機会が無い原因は、日本語教育と同様、論理的な、つまり一義的な、英文を書く演習をさせぬからである。

4. 敬語法その他の重要な問題に関する正書法を政府が決めて公示せよ

　とくに公共輸送機関をも含む接客場面での文中の「ます」の濫用による耳障りを無くすためには、一文内では最後の動詞についてのみ敬語を使うことが望ましいとの正書法を公示する必要がある。日本語には政府が決めた正書法が無いことが小学校での指導が行なわれておらぬ原因になり、大人になってからの乱れを助長している。

　人名用漢字のような、論理に無関係であり、かつ伝達に影響が無い、些細なことばかり審議せずに、もっと高度な敬語法での禁止事項や無生物主語に受動態を使うことの禁止を取り扱うべし。ここでは禁止例ばかりを示したが、実際、禁止事項を個別に例示して指定し、公示することが日本語の乱れを食い止める効果的方法であると考える。これには発音、とくに母音の発音、での口をほとんど開かずにものを言うことが不正であるとの記述も加えるとさらに良い。

5. できる限り漢字熟語を排して大和言葉を使おう

　学問の用語以外でむやみに漢語を使うと、漢字が表意文字であることが災いして、「**わかったつもりになる**」せいで意味を誤解しやすくなる。とくに理解を妨げる熟語は、似た意味の漢字を1文字ずつ組み合わせて二字熟語を作った場合なり。日本人にはこの類の二字熟語を作る癖があることが根本問題なり。

　漢字2字の熟語を作る理由は、1文字の音読みは耳で聞いた場合に何のことかわからぬことになり、言葉として成立せぬからである。それならば二字熟語を作る前に既存の大和言葉を使うことをなぜ考えようとせぬのか。

　大和言葉を使うことで字数が短くなる場合が多いことも利点なり。とくに

「サセ使役形」についてはそうである。これの大和言葉への変換例としては、「移動させる」⇒「移す」と「乾燥させる」⇒「乾かす」とを挙げておく。

引用文献

2002年度作文教育研究会（2003）趣旨説明。「2002年度作文教育研究会編作文教育改善のためのデータベース・ツール活用」に収載。国立国語研究所。PP i–ii。

NHK放送文化研究所（編）（1998）NHK日本語発音アクセント辞典（新版）。

秋永一枝（2001）新明解日本語アクセント辞典。三省堂。

朝日新聞校閲部（2005）まっとうな日本語。朝日新聞社。

イー・オリョン［李御寧］（1982）「縮み」志向の日本人。学生社。

池上彰（2000）日本語の大疑問。講談社。

和泉絵美・伊佐原均（2004）電子情報通信学会技術研究報告 104：35–40。

井上史雄（1999）敬語はこわくない。講談社。

伊藤たかね・萩原裕子、杉岡洋子（2004）電子情報通信学会技術研究報告 104：53–58。

上西俊雄（2004）英語は日本人だから教えられる。羊泉社。

大阪工業大学言語表現研究会（2005）言語表現ハンドブック。晃洋書房。

大類雅敏（1988）句読点おもしろ事典。一光社。

岡田靖子（2005）英語イマジネーション教育における高頻度語彙の比較：母語話者教師の発話分析から。In：JACET英語辞書研究会・英語語彙研究会合同ワークショップ：英語の辞書・語彙。2005年3月26日、10：30–17：40。2pp。

萩野貞樹（2001）みなさん これが敬語ですよ。リヨン社。

金谷武洋（2004）英語でも主語は無かった。講談社。

北原保雄（2004）問題な日本語。大修館。

木通隆行（2004）日本語の音相。小学館スクウェア。

金田一春彦（1998）共通語の発音とアクセント。日本語発音アクセント辞典（新版）：90–122。NHK放送文化研究所（編）。

工藤力男（2005）日本語学の方法。汲古書院。

黒田あゆみ（1998）言葉で凛と！女をあげる。PHP研究所。

講談社校閲局（1992）日本語の正しい表記と用語の辞典〔第2版〕。

河野英俊（2003）場面別これが正しい接客の敬語です。中経出版。

小坂貴志・板垣政樹（2003）（日→英）技術翻訳のA to Z。研究社。

小浜逸郎（2000）なぜ人を殺してはいけないのか。羊泉社。

佐々木瑞枝（1994）外国語としての日本語。講談社。

佐竹秀雄・西尾玲見（2005）敬語の教科書。ベレ出版。
佐藤琢三（2005）自動詞文と他動詞文の意味論。笠間書院。
柴崎秀子（2004）電子情報通信学会技術研究報告 104：11-16。
柴田武（1995）日本語はおもしろい。岩波書店。
杉本つとむ（2005）語源海。東京書籍。
関口雄司（1995）あなたも出版社から本が出せる。実務教育出版。
高嶋俊男（2006）お言葉ですが 530。日本の敬語論。週刊文春 4 月 13 日号。
高辻他（1996）法令用語辞典。学陽書房。
つくば言語文化フォーラム（2001）「た」の言語学。ひつじ書房。
辻谷真一郎（2003）翻訳入門。ノヴァ。
礪岡昭夫（2002）知らずに使っている間違い日本語。学研。
外山滋比古（1987）日本語の論理。中央公論社。
中野幾雄（1991）動詞で決まる技術英語。工業調査会。
成田高宏（2003）第二言語としての日本語作文に対する評価の実態調査―文法形式面と内容構成面をめぐって。「2002 年度作文教育研究会編作文教育改善のためのデータベース・ツール活用」に収載。国立国語研究所。PP 79-88。
野口悠紀雄（1996）「超」整理日誌。ダイヤモンド社。
日向茂男（2000）面白いほど身に付く敬語の練習帳。中経出版。
平山輝男（1960）全国アクセント辞典。東京堂。
本田勝一（2003）わかりやすい日本語の作文技術（大活字版）。オークラ出版。
町田健著（2000）日本語のしくみがわかる本。研究社。
松村明（1995）大辞林、第二版。三省堂。
三島浩（2001）テクニカル・ライティング。共立出版。
水野貴明（2004）Web 検索エンジン Google の謎。ソーテック社。
水原明人（1994）江戸語、東京語、標準語。講談社。
峰布由紀（2003）形態素情報つき日本語作文コーパスデータベース設計の試み―第二言語としての日本語の習得研究に向けて。「2002 年度作文教育研究会編作文教育改善のためのデータベース・ツール活用」に収載。国立国語研究所。PP 89-107。
文部省国語調査室（1946）句読法（案）（大類、1988 中に引用さる）。
山井教雄（2005）ジローとパスカルのヘンな日本語、日本人。月刊現代、12 月号：333-341。
山下好孝（2004）関西弁講義。講談社。
横田耕一（2005）女性天皇をどう考える。朝日新聞 10 月 28 日、朝刊、p.13。
読売新聞新日本語企画班（2003）新日本語の現場。中央公論社。

あとがき

　大学で時々教え、専門たる海洋植物学の英語論文を執筆する修行の傍ら、特許明細書英訳を主とする技術翻訳を 20 余年間続けてきた過程で、日本語では、関係詞を欠くという構造上の欠点をはじめとする問題も影響して、一義的な伝達が成功しておらぬ文が多いことを痛感してきた。しかし、日本語に責任は無く、日本人の脳があいまいな思考を好むから非論理的な文が生まれるとの外山（1987）の主張に賛成する。

　山井（2005）は日本人のあいまい好みを次のようにわかりやすく解説している。「No」が言えない日本と言われる原因は、日本語の構造的欠陥にある。その欠陥とは「あなた」と「わたし」とが完全に独立した 2 つの個ではなくて運命共同体であると考えることに起因する。つまりヘソの緒でつながった母と胎児のような関係が、日本人が考える「あなた」と「わたし」の関係なのである。このような関係の「あなた」が「わたし」に対してよもや反対などするわけが無いと考えている。つまり日本語の一人称と二人称とは確立しておらぬのである。

　民主主義の根本原理は「自己主張」と「個人の確立」であるから、人称の中身があいまいであって意見の相違を嫌うという態度は非民主主義的であると言うことができる。「多数決の原理」は手続きであって、「民主主義」という思想とは関係が無いことを日本人の大多数はわかっておらぬこともまた問題である。私はこのことが長年気になっており、思考の改革運動をする必要があると考えておりました。そのためには、使う言葉の改革から始めることが、操作的なので取り組みやすいと考えたことも、本書を世に問う動機の 1 つであります。

　人称の区別をあいまいにしたまま、一〜三人称のすべてを考えなければ完全には運用することができぬ敬語を発達させてきたことは矛盾の極みである。「個人の確立」ができておらぬゆえに、謙譲語「いただく」の使い方の間違いが普通になってきているのである。あろうことか、敗戦後にアメリカ型民主主義

を政治体制として取り入れたにもかかわらず、実態は「選挙」という「多数決の原理」を運用しておるだけであって、「あなた＝わたし」という、個人の未確立状態はまったく変わっておらず。

　大学進学者が多くなってきている昨今であるから、大学で厳格な思考方法を身に付けたはずの若者があいまいな表現を多用するようになってきていることも私には不思議なことなり。レジャーランド化したと言われて久しいが、理系学部も含めて大学という名前の保育園が増えているのか。すでに大学全入時代に突入したことが恐ろしい。反論されたら人格を否定されたように受け取るというような、日本人に特有と言われる感情的反応を示すことなく、心（臓）ではなく脳で「あなた」と「わたし」とを峻別する訓練として、義務教育で「論述文の執筆」と「debate演習」とを授業に取り入れることが望ましい。

　考えは言葉で表すのであるから、以上述べたことを考えるならば、本書がベスト・セラーになった場合にのみ（有り得ぬことなので残念ではあるが）、普通の日本人が一義的伝達（はやり言葉ではコミュニケーション）技法を身に付けることが期待できる。これはまた、英語がうまくなることでもある。さてさて、どれほどの方々に読んでいただけるやら。そして日本人のあいまい好きがいつになったら治るやら。私には死期が近づいているので大いに心配なり。

　他人の文や発言を批判的に分析する書物の中には著者自身が誤りを犯しているものが少なくありません。まさに「校正恐るべし」であります。実際、本書でも引用したように、敬語の指導書や翻訳技法の参考書にも誤りが見られます。その誤りには、校正での見逃しの結果であるとは思えぬ、著者の無知を露呈しているとしか思えぬ事例も見かけます。出版することは恥を後世に残すことなりとも言われますので、とくに本書のような内容の書物では私自身も不安が消えません。しかしながら、日本語による一義的伝達の実現と耳に心地良い抑揚での発言とを広めたいと願う私の意図を汲んでくださり、ご意見・ご感想またもし万一私の不注意および無知による誤りがあれば、編集部宛にメール（info@kyoiku.co.jp）等でご連絡くださるように願う次第です。運良く改訂版を出す機会に恵まれるならば訂正いたします。

　最後に本書をまとめる際の立場をふたたび述べれば、官庁、放送、旅客運送、

さらには外食店その他の商店での応対を含む公的場面では正統的または伝統的と言える平安文芸に発するとともに構造上一義的伝達をかなえる文を書き、発音をすべきというものであります。それゆえ、家族内や友人間のような私的な場面での会話や手紙へ適用することまでは強いて望んではおりません。「言葉は変わるものであるから派」の方々にはとくにこの立場をご理解くださるように願う次第であります。

　草稿を批判的に読んでくださった元東京都立大学理学部教員の渡辺信敬氏にお礼申し上げます。くわえて、初校を提出した後でも、多量追加と変更とを受け入れてくださった大学教育出版編集部の皆さん、さらには直したゲラを詳しく読んでくださった佐藤社長に感謝いたします。

2007年6月

著　者

■著者紹介

赤塚　伊三武（あかつか　いさむ）

出　　生：1944年　三重県津市生まれ
最終学歴：1971年　東京都立大学（院）博士課程理学研究科中途退学

主な出版・研究・学界活動歴：

1980年から副業として技術翻訳、とくに特許明細書の和英翻訳に従事

1984年　訳書「科学論文作成マニュアル」233pp を協同医書出版社から出版

1986年　博士を授与さる（北海道大学）

1989年　サンパウロ大学海洋生物研究所での Workshop on Cultivation of Seaweeds in Latin America で日本における海藻養殖に関する招待講演を実施

1989年　国際科学財団（ストックホルム）の研究助成先評価委員

1990年　Introduction to Applied Phycology. 30 chapters, 683pp をオランダの SPB Academic Publishing から出版

1991年　合衆国 North Carolina 大学での第4回国際藻類学会で次回大会のための第1回国際組織委員会に委員として出席

1992年　ナミビア大学での International Workshop on Sustainable Seaweed Resource Development in Sub-Saharan Africa で日本の海藻養殖についての招待講演を実施

1993年　Biology of Economic Algae. Vol. I., 14 chapters, 670pp をオランダの SPB Academic Publishing から出版

2001-2005年　東京薬科大学の大学理事

2004-2007年　三重県庁のサイエンス・アカデミー代表者会議の委員

専門分野：海洋植物学、和英技術翻訳技法、日本語伝達技法

許すな！　悪文と不正確発音
──正統的な日本語能力養成のために──

2007 年 9 月 10 日　初版第 1 刷発行

■著　者──赤塚伊三武
■発行者──佐藤　守
■発行所──株式会社　大学教育出版
　　　　　〒700-0953　岡山市西市 855-4
　　　　　電話（086）244-1268　FAX（086）246-0294
■印刷製本──モリモト印刷㈱
■装　丁──原　美穂

Ⓒ Isamu Akatsuka Printed in Japan
検印省略　落丁・乱丁本はお取り替えいたします。
無断で、本書の一部または全部の複写・複製をすることを禁じます。
ISBN978-4-88730-781-0